普通高等教育工程造价类专业系列教材

项目采购与合同管理

主　编　徐水太
副主编　薛　飞
主　审　邹　坦

机械工业出版社

在现代工程项目管理中,项目采购与合同管理发挥着至关重要的作用。本书介绍如何规范、高效、经济地进行高质量项目采购与管理,全面反映了工程项目采购与合同管理的理论、法律知识和操作方法。全书共 8 章,内容包括项目采购与合同管理概述、项目采购管理与模式、项目采购计划、工程项目采购、项目采购控制、PPP 项目采购与合同管理、项目合同管理、索赔管理等。

本书吸收了国内外项目采购与合同管理的最新成果,内容新颖,体系完整,具有较强的针对性、实用性和可操作性,不仅可作为高等院校工程管理、工程造价、物流工程等专业的教材,也可作为管理类硕士研究生的教材,还可作为从事项目采购管理的专业人士的参考书。

本书配有 PPT 电子课件,免费提供给选用本书作为教材的授课教师,需要者请登录机械工业出版社教育服务网(www.cmpedu.com)注册后下载。

图书在版编目(CIP)数据

项目采购与合同管理/徐水太主编. —北京:机械工业出版社,2022.9

普通高等教育工程造价类专业系列教材

ISBN 978-7-111-71196-4

Ⅰ. ①项… Ⅱ. ①徐… Ⅲ. ①项目管理–采购管理–高等学校–教材②经济合同–管理–中国–高等学校–教材 Ⅳ. ①F224.5②D923.6

中国版本图书馆 CIP 数据核字(2022)第 121334 号

机械工业出版社(北京市百万庄大街 22 号　邮政编码 100037)
策划编辑:刘　涛　　　　　责任编辑:刘　涛　单元花
责任校对:张亚楠　王明欣　封面设计:马精明
责任印制:邓　敏
三河市国英印务有限公司印刷
2022 年 9 月第 1 版第 1 次印刷
184mm×260mm・12.25 印张・303 千字
标准书号:ISBN 978-7-111-71196-4
定价:39.80 元

电话服务	网络服务
客服电话:010-88361066	机　工　官　网:www.cmpbook.com
010-88379833	机　工　官　博:weibo.com/cmp1952
010-68326294	金　书　网:www.golden-book.com
封底无防伪标均为盗版	机工教育服务网:www.cmpedu.com

前　言

项目采购与合同管理是工程项目管理的重要组成部分，几乎贯穿了整个工程项目生命周期。项目采购作为企业管理的核心内容之一，直接影响企业的盈利能力和市场竞争力，决定着企业的生存和发展。企业通过项目采购与合同管理来规范采购行为，规避采购风险，确保对成本、质量、进度进行控制，从而决定了项目的目标能否高质量地实现。

在我国工程项目管理领域，项目采购与合同管理还比较薄弱。伴随着工程建设领域竞争的日益激烈，项目采购与合同管理已成为工程项目管理的一个核心内容。因此，工程项目的各参与方都应该认真学习和总结采购与合同管理的知识和经验，以高水平的采购管理能力保证项目高质量地完成。

本书立足于工程管理、工程造价、物流工程等专业人才的培养，内容紧跟工程项目管理发展的趋势，依据国家颁布的相关法规的规定，全面反映了工程项目采购与合同管理的理论、法律知识和操作方法。

项目采购与合同管理涉及的知识面很宽，包括技术、经济、法律和管理等领域，是一项综合性很强的经济活动。本书分为项目采购与合同管理概述、项目采购管理与模式、项目采购计划、工程项目采购、项目采购控制、PPP项目采购与合同管理、项目合同管理、索赔管理等8章，方便读者能够全面地学习掌握项目采购与合同管理的相关知识，具备从事项目采购与合同管理相关业务的能力。本书不仅可作为高等学校工程管理、工程造价、物流工程等专业的教学用书，也可供管理类硕士生使用，还可作为从事项目采购管理的专业人士的参考书。

本书由徐水太担任主编，薛飞担任副主编，邹坦教授担任主审。江西理工大学经济管理学院袁北飞、罗邦能、张胜龙、王吉威、王诗琪、宗香、陈美玲等在资料收集、文字整理等方面做了大量工作。

本书得到江西理工大学及其经济管理学院培育项目（成果）的支持与资助，在此深表感谢。

由于项目采购与合同管理的理论和方法还需要在工作实践中不断丰富、完善和发展，加之编者的学术水平和实践经验有限，书中难免有错误和不当之处，恳请读者和同行批评指正，并表示衷心的感谢。

编　者

目 录

前言
第1章 项目采购与合同管理概述 ……… 1
1.1 项目采购概述 …………………… 1
 1.1.1 项目及采购的含义和特点 …… 1
 1.1.2 项目采购的含义和分类 ……… 3
 1.1.3 项目采购的特点 ……………… 5
 1.1.4 采购的地位、原则及任务 …… 5
1.2 项目合同管理概述 ………………… 7
 1.2.1 项目合同管理的基本概念 …… 7
 1.2.2 项目合同的特点与作用 ……… 9
思考题 …………………………………… 10
第2章 项目采购管理与模式 …………… 11
2.1 项目采购管理的各参与方 ……… 11
2.2 项目采购管理的功能、目标及
 主要过程 ………………………… 13
 2.2.1 项目采购管理的功能 ………… 13
 2.2.2 项目采购管理的目标 ………… 14
 2.2.3 项目采购管理的主要过程 …… 15
2.3 项目采购风险管理 ……………… 16
 2.3.1 项目采购风险管理概述 ……… 16
 2.3.2 项目采购面临的风险 ………… 18
 2.3.3 项目采购风险识别 …………… 18
 2.3.4 项目采购风险分析 …………… 19
 2.3.5 项目采购风险应对 …………… 20
2.4 项目采购管理模式 ……………… 21
 2.4.1 传统项目采购管理模式 ……… 21
 2.4.2 协同项目采购管理模式 ……… 22
 2.4.3 设计—建造项目采购管理
  模式 …………………………… 23
 2.4.4 设计—管理项目采购管理
  模式 …………………………… 24
 2.4.5 设计—采购—施工交钥匙
  项目采购管理模式 …………… 25
 2.4.6 BOT项目采购管理模式 ……… 26
思考题 …………………………………… 28
第3章 项目采购计划 …………………… 29
3.1 项目采购计划概述 ……………… 29
 3.1.1 项目采购计划的定义 ………… 29
 3.1.2 项目采购计划制订的过程 …… 30
 3.1.3 项目采购计划的管理 ………… 30
 3.1.4 项目采购计划的影响因素 …… 32
3.2 项目采购需求与调查 …………… 34
 3.2.1 项目采购需求 ………………… 34
 3.2.2 项目采购调查 ………………… 36
3.3 项目采购计划的编制 …………… 39
 3.3.1 编制采购计划的目的 ………… 39
 3.3.2 编制采购计划要考虑的问题 …… 40
 3.3.3 编制采购计划的依据 ………… 40
 3.3.4 编制采购计划的原则 ………… 43
3.4 编制采购计划的工具与技术 …… 44
 3.4.1 自制或外购分析 ……………… 44
 3.4.2 专家判断 ……………………… 46
 3.4.3 合同类型的选择 ……………… 48
 3.4.4 短期租赁与长期租赁 ………… 51
3.5 采购方案的选择 ………………… 51
 3.5.1 分散制采购与集中制采购的
  选择 …………………………… 52

3.5.2 工程分包 …………………… 53
3.6 采购计划的审批与执行 …………… 55
　3.6.1 采购计划的审批 …………… 55
　3.6.2 采购计划的执行 …………… 55
思考题 …………………………………… 56

第4章　工程项目采购 …………………… 57
4.1 工程项目采购概述 ………………… 57
　4.1.1 招标投标的产生和发展 …… 57
　4.1.2 工程项目招标应该具备的
　　　　条件 …………………………… 60
　4.1.3 强制招标的范围和规模标准 …… 61
4.2 工程项目采购程序 ………………… 62
4.3 工程项目采购方式 ………………… 68
4.4 工程项目招标采购 ………………… 71
　4.4.1 招标准备工作 ……………… 71
　4.4.2 开标 ………………………… 77
　4.4.3 评标 ………………………… 78
　4.4.4 定标 ………………………… 83
思考题 …………………………………… 85

第5章　项目采购控制 …………………… 86
5.1 项目采购成本控制 ………………… 86
　5.1.1 采购成本的概念 …………… 86
　5.1.2 采购成本的构成 …………… 87
　5.1.3 影响采购成本的因素 ……… 89
　5.1.4 货物采购的成本控制方式 … 90
　5.1.5 采购计价 …………………… 91
　5.1.6 项目采购成本控制的方法 … 92
5.2 项目采购质量控制 ………………… 94
　5.2.1 采购物资的检验 …………… 94
　5.2.2 不合格物资的处理 ………… 95
　5.2.3 采购物资质量控制的措施 … 95
5.3 项目采购进度控制 ………………… 98
　5.3.1 项目采购进度概述 ………… 98
　5.3.2 采购订单管理 ……………… 98
　5.3.3 采购进度管理 ……………… 101
　5.3.4 经济订货采购模型 ………… 104

5.4 项目采购结算控制 ………………… 106
　5.4.1 采购货款结算步骤 ………… 106
　5.4.2 采购结算方式 ……………… 107
　5.4.3 采购付款步骤 ……………… 108
思考题 …………………………………… 108

第6章　PPP项目采购与合同管理 …… 109
6.1 PPP模式概述 ……………………… 109
　6.1.1 PPP模式的概念 …………… 109
　6.1.2 PPP项目采购的内涵 ……… 110
　6.1.3 PPP项目采购的特点 ……… 111
6.2 《政府和社会资本方合作
　　项目政府采购管理办法》
　　简介 ………………………………… 112
　6.2.1 《PPP项目采购办法》的制定
　　　　背景 …………………………… 112
　6.2.2 《PPP项目采购办法》的主要
　　　　内容 …………………………… 112
6.3 PPP项目的采购方式及采购
　　流程 ………………………………… 113
　6.3.1 PPP项目的采购方式 ……… 113
　6.3.2 PPP项目的采购流程 ……… 114
6.4 PPP项目采购合同管理 …………… 123
　6.4.1 《合同指南》简介 ………… 123
　6.4.2 《合同指南》的主要条款 … 124
思考题 …………………………………… 134

第7章　项目合同管理 …………………… 135
7.1 合同概述 …………………………… 135
　7.1.1 合同的法律特征 …………… 135
　7.1.2 合同遵守的基本原则 ……… 136
　7.1.3 合同的形式 ………………… 136
　7.1.4 项目采购合同的内容 ……… 137
　7.1.5 货物采购合同 ……………… 138
　7.1.6 施工合同 …………………… 140
　7.1.7 勘察合同 …………………… 143
　7.1.8 设计合同 …………………… 144
　7.1.9 监理合同 …………………… 145

7.2 项目采购合同管理的过程 …… 147
　7.2.1 合同管理的依据 ………… 148
　7.2.2 合同管理的工具和技术 …… 149
　7.2.3 合同管理的结果 ………… 150
　7.2.4 货物价款的结算 ………… 150
　7.2.5 工程价款的结算 ………… 151
7.3 项目采购合同的变更、解除
　　和终止 …………………… 153
　7.3.1 合同的变更 ……………… 153
　7.3.2 合同的解除 ……………… 155
　7.3.3 合同的终止 ……………… 156
7.4 项目合同纠纷的处理 ………… 157
　7.4.1 合同纠纷概述 …………… 157
　7.4.2 合同纠纷的解决方式 …… 159
7.5 违约责任 …………………… 165
　7.5.1 违约责任的特点 ………… 165
　7.5.2 合同违约行为的种类 …… 166
　7.5.3 违约责任的承担方式 …… 166
　7.5.4 违约责任的免除 ………… 168
思考题 ………………………… 168
第8章 索赔管理 ………………… 169
8.1 索赔概述 …………………… 169

　8.1.1 索赔的概念及特征 ……… 169
　8.1.2 工程索赔的分类 ………… 170
　8.1.3 工程索赔的原因 ………… 172
　8.1.4 工程索赔的依据 ………… 172
8.2 施工索赔程序 ……………… 173
　8.2.1 施工索赔的一般程序 …… 173
　8.2.2 索赔文件 ………………… 174
8.3 工期索赔 …………………… 176
　8.3.1 工期延误的概念 ………… 176
　8.3.2 工期延误的分类 ………… 177
　8.3.3 工期索赔的分析和计算
　　　　方法 …………………… 178
8.4 费用索赔 …………………… 180
　8.4.1 费用索赔计算的基本原则 … 180
　8.4.2 索赔费用的组成与计算 … 182
8.5 反索赔 ……………………… 185
　8.5.1 概述 ……………………… 185
　8.5.2 反索赔的内容 …………… 186
　8.5.3 反索赔的主要步骤 ……… 187
　8.5.4 反索赔报告 ……………… 188
思考题 ………………………… 189
参考文献 ………………………… 190

第1章 项目采购与合同管理概述

1.1 项目采购概述

1.1.1 项目及采购的含义和特点

1. 项目的含义和特点

"项目"广泛存在于人们的工作和生活中,并产生重要影响。"项目"一词广泛应用在社会经济文化生活的各个方面,如建筑工程项目、研发项目、IT 项目等。人们经常用"项目"表示某一事物,因此,"项目"已成为一个专业术语,有特定的含义。但如何用通俗简洁的语言概括和描述这一词汇,目前还未达成一致意见。纵观国内外,管理学专家为项目下了许多定义。美国项目管理协会(Project Management Institute,PMI)通过其颁布的项目管理知识体系(Project Management Body of Knowledge,PMBOK)将项目定义为:"项目是为了完成某独特的产品或服务而做出的临时性努力"。英国标准化协会发布的《项目管理指南》将项目定义为:"具有明确的开始点和结束点、由某个人或某个组织所从事的具有一次性特征的一系列协调活动,以实现所要求的进度、费用以及各功能因素等特定目标。"德国国家标准 DIN69901 将项目定义为:"项目是指在总体上符合如下条件的唯一性任务(计划),具有特定的目标,具有时间、费用、人力和其他资源限制条件,具有专门的组织。"ISO 10006 将项目定义为:"具有独特的过程,有开始日期和结束日期,由一系列相互协调和受控的活动组成,过程的实施是为了达到规定的目标,包括满足时间、费用和资源等约束条件。"

总之,项目是在一定的约束条件下(如资源、质量、资金、时间等),具有特定目标的一次性活动或任务。项目是为创造独特的产品、服务或成果而进行的一次性(或临时性)工作。项目的一次性是指项目具有明确的起点和终点。

由项目的定义,可以归纳得出项目具有以下特征:

(1)一次性或单件性 项目的一次性或单件性是项目最显著的特征。任何项目从总体上看都是一次性的、不可重复的,都必然经历前期策划、批准、计划、实施、运行等过程,直到结束。项目的一次性,意味着一旦在项目实施过程中出现较大失误,其损失就不可挽回。项目的一次性或单件性决定了只有根据项目的具体特点和要求,有针对性地对项目进行科学管理,才能保证项目一次性成功。

项目的一次性是项目管理区别于企业管理最显著的标志之一。通常的企业管理工作，特别是企业的职能管理工作，虽然具有阶段性，但它是循环的、有继承性的；而项目管理却是一个独立的管理过程，它的组织、计划、控制都是一次性的。

（2）目标性　目标是项目存在的前提，任何项目都有预定的目标。目标可以概括为能效、时间和成本。

1）能效。例如，某工业产品开发项目，能效目标包括产品的特性、使用功能、质量等方面。

2）时间。项目的时间性目标主要是指一个项目必须在限定的时间内完成，通常由项目的准备时间、持续时间和结束时间构成。例如，某城市的地铁工程在某年某月某日正式通车。

3）成本。成本目标是以尽可能少的消耗（投资、成本）实现预定的项目目标，达到预期的功能要求，获得预期的经济效益。

（3）约束性　项目的约束性主要源于项目的成就条件，主要有资金约束、人力资源和物质资源约束、其他条件约束等。

1）资金约束。无论是科研项目、工业产品研发项目还是建设项目，都不可能没有资金方面的限制。通常情况下，计划必须按照投资者所具有的或能够提供的资金情况进行项目策划，必须按照项目的实施计划合理安排资金使用计划。例如，建设项目的限额设计，就充分体现了资金对项目的约束性。

2）人力资源和物质资源约束。一个项目从前期策划、批准、设计、计划、实施到运行，每个阶段都必须有与之相适应的人力资源进行组织、协调和管理工作，以保证项目的实现，如建设工程项目需要技术咨询类、管理类、鉴定类以及具体操作的各技术工种类的人力资源，如果缺乏某一方面的人力资源，实现项目目标会缺乏保障。除此之外，任何项目的完成都要有必需的物质资源，同时也受其约束，如建设项目需要的物质资源主要有建筑材料、完成建设项目的各种建筑施工机械、实验设备、仪器仪表等。在完成项目过程中缺乏某些物质资源，项目可能会发生变更，以至于需要修正项目设计方案。

3）其他条件约束。例如，技术、信息资源、地理条件、气候条件、空间条件的限制，有的项目可能还会受历史文化背景的限制。

（4）整体性　任何项目中的一切活动或资源的投入都是相互关联的，一起构成密不可分的统一的整体，如果缺少某些活动、过程或资源的投入，项目就会受到影响，甚至失败。

（5）不可逆性　项目是按一定程序进行的活动，不可逆转，必须保证一次成功。因此项目具有一定的风险性。

2. 采购的含义和特点

采购是指个人或单位为满足个体需求或为保证生产经营活动的有序开展，在一定条件下，从供应市场获取服务、产品作为生产资源的一项经营性活动。世界银行将采购定义为"用不同方式，通过一定努力从外部获得货物、工程、服务的整个采办过程"，这里的采购着重指建设项目。

（1）采购具有狭义和广义之分　狭义的采购即购买商品。对企业来说，采购是指企业根据实际需求制订采购计划，经由管理人员审核通过、选择供应商，再经商业谈判确定价格以及相关条件，最终签订采购合同并按要求收货、付款的过程。这种购买商品以满足单位或个人需求的活动，是最普遍的采购方式。个人或企业为了满足消费或生产的需求，都会以购买的方式进行采购活动。因此这种狭义的采购需要具有一定的支付能力。

广义的采购是指除了以购买的方式换取商品外，还可以采用各种途径进行物品使用权的获取，以达到个体或企业的目的。广义的采购主要通过租赁、借贷和交换等途径完成。

为了全面理解采购，可结合采购具有的以下特征来把握：

采购是从资源市场获取资源的过程。生产经营者在经营过程中需要各种资源，这种资源包括生活资料、生产资料，可分为物质资源诸如原材料、场地、设备等，以及非物质资源如服务、信息、技术等。资源市场是由能提供这些资源的供应商组成的，而需求方通过采购则可以获取相应的资源。采购的作用就是人们能够从市场中获取自己所需的相应资源。

（2）采购是商流与物流的统一　采购既需要使用户获得商品的使用权，也需要通过运输使物质实体转移至用户手中。采购过程实际上是这两个方面的有机统一，缺一不可，只有这两个方面都实现了，采购才算完成。

（3）采购的本质是一种经济活动　作为一种经济活动，采购在企业经济活动中是非常重要的组成部分，要求组织者遵守经济规律、追求经济效益。采购保证了用户的经营活动正常进行，这是采购带来的经济效益；而采购需要用户付出一定的成本。因此如何使采购成本最小化，从而使采购经济效益最大化，也成了企业追求的目标。企业要实现这个目标，必须做到科学采购。

1.1.2　项目采购的含义和分类

项目采购和一般的采购不同，它的采购对象不仅包括物品，也包括雇用承包商实施工程建设和聘用咨询专家从事咨询服务等。PMBOK 将项目采购定义为："为达到项目范围而从执行组织外部取得货物、服务所需的过程。"

其实，为了完成项目，各方从外部获取货物、服务的活动都可称作项目采购。按不同的分类方法，项目采购可以分为不同的种类。

1. 按照采购内容进行分类

项目采购的内容十分广泛，大至囊括项目全过程，也可以对项目各个阶段如预可行性研究、可行性研究、勘察、设计、材料及设备采购、工程施工、生产准备、竣工与验收进行采购。一般以建设项目来说，项目采购按照采购内容可分为如下三类：

（1）工程采购　工程采购就是以工程招标或其他商定的方式选定工程承包单位。承包单位既承担和认同规定的施工任务，也附带一些合同规定的服务，但附带的服务价值不超过工程本身的价值（人员培训等）。工程采购分为招标准备、招标、决标成交三阶段。

（2）货物采购　这是实物性质的有形采购。业主或者货物需求方通过招标等方式买入建筑材料（钢筋、水泥等）、设备（电梯、空调系统等），以及相关的服务，如人员培训、调试、维护等，但注意条件是附带服务的价值不大于货物本身具备的价值。虽然大宗货物合同采购的合同文本不同，但是仍可以归入货物采购中。

（3）咨询服务采购　这指的是以除了货物或工程之外的内容为对象进行的采购。咨询服务采购存在于项目整个周期中，这与之前提到的货物采购不同，属于一种无形的采购，并且范围非常广泛，内容大致可做如下分类：

1）项目投资前的可行性研究或准备工作服务。

2）项目规划以及招标文件编制。
3）项目管理、施工监理等执行、监管性服务。
4）技术支持与人员培训。

项目采购的分类并不是互不相容，也不是一定相互独立，例如采购设备的时候可能也需要采购付费的高级培训课程，因此将项目采购进行分类时，可以看哪一种采购所占份额更大来进行决定。

2. 按照采购方式分类

项目采购按是否通过招标分类，可分为招标采购和非招标采购。

招标采购指的是招标人发出招标公告或投标邀请书，然后在通过投标人所提交的投标文件进行综合评估对比以确定中标人，并与其签订采购合同的一种采购方式。此类采购方式比较常见。根据相关法规，承包商、施工监理、大宗材料以及设备的采购都应该使用招标采购方式。在世界银行贷款项目规定的采购方式里，招标采购分为国际竞争性招标、有限国际招标、国内竞争性招标等。

非招标采购分为国际国内询价采购、直接采购以及自营工程。

3. 按照采购主体进行分类

项目采购按照采购主体分类，可分为个人采购、家庭采购、企业采购、政府采购和其他组织采购。

（1）个人采购　个人采购是指消费者为了满足自身生活需要而发生的购买行为。个人采购一般是单一品种、单次、单一决策、随机发生的，带有很多的主观性和随意性，即使采购失误，也只影响个人，造成的损失不会太大。

（2）家庭采购　家庭采购是指在家庭生活中，家庭成员为了家庭生活需要进行的采购活动。

（3）企业采购　企业采购是市场经济下一种最重要、最主流的采购。企业是大批量商品生产和流通的主体，为了实现大批量商品的生产与流通，就需要大批量商品的采购。企业采购可以分为生产企业采购以及流通企业采购。生产企业采购是指为了生产活动而进行的采购，采购标的物以生产物料为主，以非生产物料为辅；流通企业采购是指所采购的物品是用来再销售的，或者是用来生产再销售的，采购标的物包括生产性原材料、零部件、组件或流通经营所需的各种成品等。

（4）政府采购　政府采购也叫作公共采购，一般是指国家机关或是事业单位为了实现行政或社会管理职能，使用财政性的资金进行采购货物服务的行为。这类采购有如下特点：
1）资金都是国家统一拨款。
2）采购过程公开透明。
3）采购目的不是为了营利，而是为了实现政府职能和社会公共利益。
4）政府采购有严格的法规规定，要在严格的管理条例的限制下进行。
5）由于政府采购是国家行为，所以具有宏观经济层面的意义，能够起到保护民族工业扶贫、鼓励科技创新、推动本国经济发展等作用。

（5）其他组织采购　其他组织采购包括事业单位（如公立学校、医院、文体单位）、军队等的采购活动，基本部分与政府采购差不多，具有公共属性，并且以公款采购物品为主。

1.1.3 项目采购的特点

1. 采购对象往往并不单一,有可能十分复杂

工程项目采购周期长、阶段多,因此对象种类多,供应量也大,比如材料的品种分类,机械设备的种类,并且劳动力又涉及各种工种以及级别,讲究专业性。由于采购是为了保证经营活动的正常进行,因此在时间、质量、价格、合同责任等方面都有较为精确的要求和联系。一个采购项目的所有活动流程必须紧密协调,形成一个严密的体系,因此采购需要有缜密计划。

2. 采购具有不确定性

项目采购有时由于项目生产的不确定性,采购的数量和需求也会进行相应的变更。业主或是订购方应该实时把控订单进度,避免因为不确定性造成损失。

3. 采购的供应过程比较复杂

项目采购总体上看是混合型的采购,包括工程、货物和服务采购,而且各类采购之间有着十分复杂的关系。一旦确定好采购,往往要经历一些复杂的招标采购过程、合同的实施过程和资源的供应过程。每个环节必须紧密相扣,才能够确保采购的正常进行和项目的顺利实施。

4. 采购是动态的过程

采购是一个动态的过程,而非静态过程,采购计划会随着市场变化以及施工进度不断更改。因此,在制订采购计划时,要实时动态管控,否则一旦做出不切实际的采购计划,就会导致工程返工、材料多进、早进、错进,致使资源浪费,甚至导致资源供应链出现变化。在制订采购计划时,一定要切实考虑设计和计划(实施方案和工期),不应被动地受制于此,而应积极地去进行制约,以作为实施方案和工期的前提条件,这样才能够确保施工进程有条不紊。

5. 采购有相关规定约束

在工程采购领域,国家有专门的法律法规,采购时需要严格执行,同时企业内部也有相关管理条例及严密的管理组织和程序对采购的各项环节进行严格把控,以免违纪违法现象的发生。

6. 采购以质量为核心

质量是产品的生命,企业根据质量控制的时序,将质量划分为采购品质量控制、过程质量控制及产品质量控制。由于产品中价值的60%左右是由采购环节中供应商提供的商品决定的,因此产品的生命首先由采购品的质量确保。采购不仅能降低采购货物的价格,并且能够通过多种方式增加企业价值,这些方式主要有支持企业战略、改善库存管理、稳步推进主要供应商关系、密切了解供应市场趋势等,因此加强采购管理,对于企业的提升具有重要意义。

1.1.4 采购的地位、原则及任务

1. 采购的地位

(1)采购的价值地位 分析企业的产品成本构成,会发现其产品成本的一半以上都来自原材料及零部件的采购费用,具体的占比因企业所在行业的差异而不同。从世界范围来

说，一个典型的企业，一般采购成本（包括原材料、零部件）要占60%左右，而企业员工工资和福利占20%左右，管理费用占15%左右，利润占5%左右。在我国的企业中，采购成本要占60%以上。显然，采购成本是企业成本管理中的主体和核心部分，采购是企业管理中最有价值的部分。

一些企业，用于企业管理、员工薪酬和福利的费用占产品成本的40%以上，忽视了采购成本的合理管控。实际上，采购成本具有很大的降低潜力，一旦通过科学规划管理的方式将采购成本降低，年度资产回报率将会大大提高。

(2) 采购在供应链中的重要地位　在商品生产和交换的供应链中，企业既是顾客，又是供应商。为了满足最终顾客的需求，企业都力求以最低的成本将高质量的产品以最快的速度投入市场，以获取最大的利润。

从供应链的角度看，企业为了获取尽可能多的利润，都会想方设法地加快物料和信息的流动，因为占成本60%的物料以及相关的信息都来自供应商。供应商提高其供应可靠性及灵活性、缩短交货周期、增加送货频率可以极大地改进订购企业的工作，如有效缩短了生产总周期、提高生产效率、减少库存、增强市场风险承受能力等。

(3) 采购质量好是产品质量好的必要条件　质量是产品的核心竞争力。因此，生产企业都以质量控制的程序将其划分为来货质量控制、过程质量控制及出货质量控制。由于产品价值中60%是经采购由供应商提供的，所以企业产品质量不仅要在企业内部进行控制，更多地应控制在供应商的质量过程中，这也是上游质量控制的体现。供应商上游质量控制得好，不仅可以为下游质量控制打好基础，同时也可以降低质量维护成本、提升企业信誉。

(4) 采购是企业实行科学管理的开端　采购作为产品生产的第一个环节，自然成为企业控制成本、控制产品质量的第一个环节，因此一个企业要想进行科学管理、形成系统的管理方法，一定要先从物料采购、零部件采购管理入手，形成科学的采购管理后将直接促进产品的生产加工走向科学化管理。

2. 采购的原则

(1) 规范化原则　采购是一项经济活动，并且影响产品生产的流程，它往往涉及较多参与方，资金数目也较大，因此采购人员在采购过程中要遵循法律法规和规章制度。例如，采购大宗货物时要符合运输流向，否则造成交通堵塞会带来经济损失和社会利益损害。

(2) 质量适合需要原则　质量是采购时需要着重考虑的因素，采购人员还要考虑采购的材料、设备、服务是否符合需要、恰好适度。也就是说，若一味地追求高质量采购，忽略了本身产品需求并不高，则会造成采购成本过高、效益低下；为了低价格而追求低质量货物则会影响产品质量保证的需要。

(3) 核算原则　采购核算是指运用价值或实物形式，对采购成本、采购效益和采购数量进行核算、分析、检查的过程。采购经济效益不是唾手可得的，从某种意义上说，它是采购核算的必然结果。

(4) 长期稳定采购关系原则　产品一般具有稳定的生产计划和需求，因此采购计划也是较稳定的，寻找能够稳定提供产品的厂商、建立长期采购关系是所有企业采购时的原则。建立稳定的采购关系的条件是：采购双方生产和消耗稳定，有共同开发的产品和技术项目。尽量稳定采购关系是采购的主要渠道和方式，它有利于巩固采购关系，保证采购商品的质量和供应，也有利于采购双方的生产经营，使整个产品供应链处于科学稳定的管理之中。

（5）效益原则　采购作为经济活动，自然需要追求经济效益最大化。从宏观上看来，采购追求经济效益可以帮助增加商品在市场流通的整体效益。从微观上看来，采购追求经济效益则可以帮助企业实现资产回报率最大化，实现良好的经济效益。

（6）技术先进性原则　这里的技术先进性指的是坚持采购的商品（货物或服务）的先进性。先进技术指的是在当下的时代背景下广泛应用、淘汰了旧时代同类技术的技术手段。先进性的定义可以在国内范围或扩展至国际范围。在进行采购时，这项原则要求订购方：

1）坚持标准采购，杜绝被市场淘汰的产品流入供应链环节。

2）坚持技术政策采购。对引进的原材料、技术和产品，要合理消化、杜绝浪费、尽量提高使用效率，转化为自身优势，避免盲目引进浪费资源。

3）在国际采购中注意先进性、适度性和实用性的有机结合。

3. 采购的任务

（1）保证企业生产经营活动按计划进行　采购活动是因为企业产生了订单，而订单生产需要原材料才能进行，因此采购活动是为了保证企业生产活动有序进行而存在的。采购的产品质量、数量、价格、到货时间都会影响企业的经营活动，因此没有采购环节的正常进行就不会有良好的生产经营秩序。

（2）保证原材料的质量进而保障产品质量　在签订采购合同时，明确规定产品的规格、型号等信息，并且要签订解决产品质量争端的协议，用以保证采购的原材料质量，并且交货时需要严格查看货品是否符合合同标准，否则不予接收，这是使产品质量达到期望的前提。

（3）降低产品成本　产品成本的主要成分是采购成本，以我国企业为例，采购成本一般占60%以上，若能有效控制采购成本则能显著降低产品成本。

（4）降低产品库存　如果产品库存较多，若能保证原材料的稳定供应则能减少产品库存，使原本的库存资金用于企业生产经营的其他方面，促进企业的改革与发展。一般来说企业的库存成本占货物价值的20%~40%。若企业能减少100万元价值的商品库存，就能够增加100万元的流动资金，同时减少了20万~40万元的库存成本，可将其转化为企业管理或战略规划等投资。

（5）建立稳固而灵活的供应商配套机制　采购时要寻求长期稳定的合作关系，以确保原材料的供应不会出现延迟或质量不达标等问题，这有利于提升产品产量、降低库存；同时，为了应对供应商临时更换造成的风险，企业需要有供应商备选方案，以期灵活应对采购过程中出现的各类问题与风险。

1.2　项目合同管理概述

1.2.1　项目合同管理的基本概念

1. 合同

合同指的是平等主体的自然人、法人、其他经济组织（包含国内国外）之间建立、变更、终止民事法律关系的协议。它用于约束双方按既定规范执行事务，确保了双方的法律权利不受到侵害。从法律上讲，合同是市场经济中交易的基本法律形式，因此合同关系是一种民事法律关系。

合同由主体、客体和内容三部分组成。

主体，又称民事权利义务主体，是指民事法律关系的参加者，也就是在民事法律关系中依法享受权利和承担义务的当事人。从合同角度看，主体就是签订合同的双方或多方当事人，包括自然人、法人和其他经济组织。

客体，是指权利主体的权利和义务共同指向的对象，它包括物、行为和精神产品。物是指由民事主体支配、能满足人们需要的物质财富，它是民事法律关系中常见的客体。行为是指人的活动及活动的结果。精神产品也称智力成果。

内容，是指签约人之间相互的权利和义务，如工程合同约定的质量、工期、价格等。

合同编在《中华人民共和国民法典》（简称民法典）中具有十分重要的地位。这种重要性体现在两个方面：

（1）在整个民法体系中的重要性　这主要体现为四个"最"：条文数量最多，《民法典》共1260条，合同编就有526条，条文数约占整个民法典的一半；复杂程度最高，涉及极为复杂的理论和实践问题；裁判运用最多，在司法和仲裁实践中，合同案件远多于其他民事案件；规则的变动幅度最大，与以前的《合同法》相比，合同编增加了136条，删除了37条，修改了153条。

（2）在社会经济生活中的重要作用　它是民事主体实现意思自治的重要工具，是优化营商环境的重要方式，是促进社会主义市场经济健康有序发展的重要保障，更是推进国家治理体系和治理能力现代化的重要手段。

2. 项目合同

项目合同是指发包方和承包方为完成指定的项目，明确相互之间的权利和义务而达成的协议。项目合同是项目实施过程中的各个主体之间订立的，它不只是一份合同，而是由各个不同主体之间签订的不同合同组成的合同体系。

项目合同属经济合同的范畴，具有下列法律上的特征：

（1）合同是一种法律行为　这种法律行为使签订合同的双方当事人产生一种权利和义务关系，受到国家强制力即法律上的保护，任何一方不履行或者不完全履行合同，都要承担经济上、法律上的责任。

（2）合同是当事人双方的法律行为　合同的订立必须是合同双方当事人意见的表示，只有双方的意见表示一致时，合同方能成立。

（3）双方当事人在合同中具有平等的地位　双方当事人应当以平等的民事主体地位来协商制定合同，任何一方不得把自己的意志强加于另一方，任何单位和机构不得非法干预。这是当事人自由表达其意志的前提，也是合同双方权利、义务相互对等的基础。

（4）合同应是一种合法的法律行为　合同是在国家的法律制度下，双方当事人按照法律规范的要求达成协议，从而产生双方所预期的法律效果。合同必须遵循国家法律、行政法规的规定，并被国家承认和保护。

（5）合同关系是一种法律关系　这种法律关系不是一般的道德关系。合同制度是一项重要的民事法律制度，它具有强制性，不履行合同要受到法律的制裁。

1.2.2 项目合同的特点与作用

1. 工程项目合同的特点

合同的主要条款包括当事人的名称或姓名和住所、标的、数量、质量、价款或者报酬、履行期限、地点、方式、违约责任等。工程项目合同与一般经济合同相比，具有以下特点：

（1）合同的标的物具有特殊性　合同的标的物是工程项目。工程项目具有固定性的特点，而其对应的生产具有流动性。由于时间、地点、技术、经济、环保等条件的不同，造成了工程项目具有一次性的特点，无法按重复的模式去组织建设。工程项目建设产品体积庞大，消耗资源多，涉及面广，投资额度大。工程项目建设在自然条件影响下，不确定因素多等。合同标的物的特殊性决定了工程项目合同管理的复杂性。

（2）合同履行的期限长　项目合同的履行期限长，是由工程项目实施周期长决定的。由此也决定了合同管理的长期性，必须保证合同各方在享有约定权利的基础上履行合同中约定的义务；同时，也必须加强对工程项目各种合同的整体管理，保证各种构成要素之间的协调配合。

（3）合同包含的内容多　工程项目建设涉及诸方面的因素和多方面的法律关系，这些都要反映到合同中。因此，项目合同往往分写成好几个文件，既要涵盖项目实施过程中的各个环节，又要包含项目实施过程中的各种条款。例如，除了一般性条款（如范围、质量、工期、造价等）外，还会有一些特殊性条款（如保险、税收、专利、文物等），条款有的多达几十条。

（4）合同涉及面广　工程项目实施过程中会涉及多方面的关系。例如，业主可能聘请招标公司或工程管理公司进行项目管理；承包方则会涉及工程分包方、材料采购与供应方。在大型工程项目中，甚至会有几十家分包单位，而国际工程招标投标中，还会涉及国外的工程单位。工程项目合同中必须明确所涉及的各方关系，订立相应的条款。这就决定了项目的合同涉及面广、管理复杂的特点。

（5）合同风险大　工程项目所固有的一次性、固定性、涉及面广、投资额大、易受自然因素影响等特点，造成了合同的风险性，而建筑业市场的激烈竞争又加剧了这种风险。因此，在签订合同的过程中必须仔细斟酌，避免承担风险责任，并要善于把握和利用可能的风险因素获利，使己方在今后的合同执行中居于有利地位。

2. 工程项目合同的作用

（1）计划作用　通过合同条文的周密规定，可保证建设项目按实施计划、在规定的计划工期内顺利建成。

（2）组织作用　通过项目合同，明确规定了建设项目有关各个环节的协作配合，实现投资、勘测设计、施工、安装和竣工验收诸环节的严密组织和协调实施。

（3）监督作用　通过项目合同条文的制约，实现合同有关各方面的监督，对建设项目的建设工期、施工质量和建设费用起到有力的保证、监督作用。

（4）管理作用　为了严格执行项目合同，项目有关各方都要加强管理工作，提高工作效率，进行科学管理，以达到顺利建成工程并获得计划利润、扩大再生产的目的。

（5）解决纠纷的依据　项目合同是解决合同各方在合同执行过程中发生的各种纠纷的最基本的依据。

思 考 题

1. 如何理解项目的概念？
2. 广义的采购和狭义的采购有什么区别？
3. 简述采购的分类。
4. 采购的原则有哪些？
5. 简述工程项目合同的特点。

第 2 章
项目采购管理与模式

2.1 项目采购管理的各参与方

不同的项目管理模式有不同的参与方,但即使是同一个角色(如建筑师),也可能在不同合同类型和不同工程项目阶段承担不同的职责。这里要强调的是,并不是每种模式都需要下列全部角色,而是依据各国的惯例,特别是业主方的需要而定的。

1. 业主

业主(Owner)是工程项目的提出者、组织论证立项者、投资等重要事项的决策者、资金筹集者和项目实施的总体组织者,也是项目的产权所有者,并负责项目生产、经营和偿还贷款。业主可以是政府部门、社会法人、国有企业、股份公司、私人公司以及个人。

业主的性质影响项目实施的各个方面,许多国家制定了专门的规定以约束公共部门业主的行为,尤其是在工程项目采购和合同管理方面。相对而言,私营业主在决策时有更多自由。

英文中 Employer(雇主)、Client(委托人)、Promoter(发起人、创办人)在工程合同中均可理解为业主。开发房地产的业主称为开发商(Developer)。

2. 业主代表

业主代表(Owner's Representative)是指由业主方正式授权任命的代表,并在业主授权范围内代表业主行使对工程项目进行控制的权力和承担义务。

业主与业主代表是委托与被委托的合同关系,业主以书面形式将业主代表的批准和授权范围通知承包商,业主代表的任何上述权力均被认为已从业主处得到批准。业主代表根据与业主签订的服务协议成为业主的代理人,在工程建设过程中对承包商实施监督和管理,以期圆满地实现业主对所建工程拟定的目标。

业主代表一般具有合同中规定的业主的全部权力,但无权修改、终止合同,也无权免除承包商的任何责任。为了圆满完成业主委托的工作,业主代表应具备较丰富的经验和较高的管理能力。业主代表可以是业主内部的专业雇员,也可以是一家由业主指定的独立的咨询公司。

3. 承包商

承包商(General Contractor/Main Contractor/Prime Contractor)通常是指承担工程项目施

工及设备和材料采购的公司、个人或几个公司的联营体。如果业主将一个工程分为若干独立的合同（Separate Contract），并分别与几个承包商签订合同，则凡直接与业主签订承包合同的都叫承包商。如果由一家公司将整个工程或其中一个阶段的工作全部承包下来，则叫总承包商。

在国外还有一种工程公司（Engineering Company），一般是指可以提供从投资前咨询、设计到设备采购、施工等贯穿项目建设全过程总承包服务的公司。这种公司多半拥有自己的设计部门、规模较大、技术先进。在特殊项目中，这种大公司甚至可以提供融资服务或管理服务。

4. 建筑师/工程师

建筑师/工程师（Architect/Engineer）均是指不同领域和阶段负责咨询或设计的专业公司的专业人员。他们的专业领域不同，在不同性质的工作中担任的角色可能不一样。

咨询工程师一般简称为工程师，是指为委托人提供有偿技术和管理（也可能是技术或管理）服务，对某一工程项目实施全方位的监督、检查和协调工作的专业工程师。工程师是项目建设过程中非常重要的角色，其管理水平、经验和信誉等对工程的实施影响很大。

建筑师是指按照相关文件明确规定的拥有建筑师专业注册资格的个人或实体。

虽然建筑师/工程师在大多数情况下为业主方服务，但也可接受承包商的委托，提供服务，只是不能在一个工程项目中同时为业主和承包商服务。建筑师/工程师提供的服务内容很广泛，可以涉及各自专长的不同专业性工作，一般包括：项目的投资机会研究、可行性研究、项目评估、工程各阶段的设计、招标文件的编制、施工阶段的工程监理、竣工验收、试车、培训、项目后评价以及各类专题咨询等。

建筑师/工程师虽然本身就是专业人士，但由于在工程咨询工作中涉及的知识领域十分广阔，因而建筑师/工程师在工作中也常常要雇佣其他的咨询专家作为顾问，以弥补自己知识的不足。

5. 分包商

分包商（Subcontractor）是指那些直接与承包商签订合同，分包一部分承包商与业主所签订合同中的任务的公司。业主和工程师不直接管理分包商，他们对分包商的工作有要求时，一般通过承包商处理。

许多专业承包商和小型承包商在某些领域有特长，在成本、质量、工期控制等方面有优势。在大型工程项目中，专业承包商和小型承包商都是分包商的角色。

指定分包商（Nominated Subcontractor）是业主方在招标文件中或在开工后指定的分包商或供应商。指定分包商仍应与承包商签订分包合同。广义的分包商还包括供应商与设计分包商。

6. 供应商

供应商（Supplier）是指为工程实施提供工程设备、材料和施工机械的公司或个人。一般供应商不参与工程的施工，但是有一些设备供应商由于设备安装要求比较高，专业性强，往往既承担供货，又承担安装和调试工作，如电梯、大型发电机组等。

供应商既可以与业主直接签订供货合同，也可以直接与承包商或分包商签订供货合同，这要视合同中的具体规定而定。

7. 工料测量师

工料测量师（Quantity Surveyor，QS）是英国等一些国家或地区对工程经济管理人员的称谓，在美国叫作造价工程师（Cost Engineer）或成本咨询工程师（Cost Consultant），在日本叫建筑测量师（Building Surveyor）。

工料测量师的主要任务是为委托人（一般是业主，也可以是承包商）进行工程造价管理，协助委托人将工程成本控制在预定目标之内。工料测量师受雇于业主时，协助业主编制工程的成本计划，建议采用的合同类型，在招标阶段编制工程量表及计算标底，也可在工程实施阶段进行支付控制，直至编制竣工决算报表。工料测量师受雇于承包商时，可为承包商估算工程量，确定投标报价或在工程实施阶段进行造价管理。

不同的合同类型、不同的项目采购管理模式有不同的参与方，即使是同一个参与方（如建筑师），也可能在不同合同类型和不同的实施阶段中，承担不同的职责。

在项目采购与合同实施的整个管理过程中，应该特别提倡参与各方的协作精神，共同实现项目的既定目标。在合同条件中，合同双方的权利和义务有时表现为相互矛盾、相互制约的关系。但实际上，实现合同目标是一个相互协作解决矛盾的过程。在这个过程中，工程师起着十分重要的协调作用。一个成功的项目，必定是业主、承包商、工程师以及所有参与合同管理的各方按照一种项目伙伴关系，以协作的团队精神共同努力完成项目。

2.2 项目采购管理的功能、目标及主要过程

2.2.1 项目采购管理的功能

项目采购管理具有生产成本控制、产品质量控制、生产供应控制、促进产品开发等四大功能。

1. 生产成本控制功能

虽然在现代企业的产品成本中，各类企业采购的原材料及零部件成本占企业生产总成本的比例不同，但一般都在30%～90%，平均水平在60%左右。从世界范围来说，一个典型的企业，一般采购成本（包括原材料、零部件）要占60%左右，而企业员工工资和福利占20%左右，管理费用占15%左右，利润占5%左右。显然，采购成本（包括原材料、零部件）是企业成本控制的主体和核心。那么，控制采购的原材料及零部件成本是企业成本控制中最有价值的部分，所以可以说采购管理具有控制企业生产成本的功能。当今很多企业经营管理人员似乎并没有注意到这一点，为了提高企业生产效益，在研究成本控制时，将大量的时间和精力放在企业管理费用及工资和福利上面，惯用的手法是裁减员工、消减福利等，即所谓的"减员增效"，这种忽视采购的原材料及零部件成本控制的做法收效甚微。

2. 产品质量控制功能

质量是产品的生命。采购物料不只是价格问题，更多的是质量水平，如质量保证能力、售后服务、产品服务水平、综合实力等。有些物品买得很便宜，但如果经常不能正常工作，需要维修，这就大大增加了使用成本；如果买的是假冒伪劣商品，就会使企业蒙受更大的损失。一般企业根据质量控制的时序可将其划分为采购品质量控制、过程质量控制及产品质量

控制。

由于产品价值的约 60% 是经采购由供应商提供的,毫无疑问,产品的质量主要由采购品的质量控制来保证。也就是说,产品的质量不仅要在企业内部控制,还要更多地进行上游质量控制。供应商上游质量控制得好,不仅可以为下游质量控制打好基础,还可以降低质量成本。可见,企业通过采购将质量管理延伸到供应商,是提高产品质量的基本保证。这也说明了采购管理具有控制产品质量的功能。

3. 生产供应控制功能

有了稳定的供应才有稳定的生产。在生产过程中,即使 99% 的物料到位,只要有 1% 的物料不能按时到货,也将迫使生产中断。所以,采购的生产供应控制功能对工程项目起着主导作用。

为了满足顾客越来越高的最终需求,企业力求以最低的成本将高质量的产品以最快的速度供应到市场中,以获取最大的利润。这就要求企业按库存生产,及时满足顾客的需求。但是库存的增加会使企业的库存成本相对增加,这也会增加企业的风险。企业要解决这一矛盾,只有将供应商纳入自身的生产经营过程中,将采购及供应商的活动看成是自身供应链的一个有机组成部分,最大限度地做到以销定产、按需供应,才能加快物料及信息在整个供应链中的流动,从而可以将顾客所希望的库存产品向供应链前端延伸为半成品,进而向前延伸为原材料,这样既可以减少整个供应链的物料及资金负担(降低成本、加快资金周转等),又可以及时将原材料、半成品转换成最终产品以满足客户的需要。

4. 促进产品开发功能

产品开发与采购密切相关,没有采购支持的产品开发方案的成功率会大打折扣。随着科技的进步,产品的开发周期在极大地缩短。企业通过采购让供应商参与企业产品开发,不仅可以利用供应商的专业技术优势缩短产品开发时间、节省产品开发费用及产品制造成本,还可以更好地满足产品功能性的需要,提高产品在整个市场上的竞争力。通过这种方式,采购能够对产品的持续革新和改进做出积极贡献,进而帮助企业在其最终用户市场取得更为强大的竞争地位。一些相关著作也表明,采购具有促进产品开发的功能。

2.2.2　项目采购管理的目标

项目采购管理的目标是走出传统采购认识误区,充分发挥现代采购的功能,为企业生产经营的成功、提高企业在市场上的竞争力等方面做出贡献。

1. 适时适量

适时适量是项目采购管理非常重要的目标之一。采购不是购买货物越多越好,也不是购买得越早越好。货物买少了不行,因为当生产需要的时候,没有货物供应会产生缺货,影响生产;但是货物买得过多,不但占用了较多的资金,而且还要增加仓储,增加保管费用,造成了浪费,使成本升高。货物买迟了不行,因为也会造成缺货;但是买早了也不行,买早了会增加存储时间,相当于增加仓储、保管费用,同样提高了成本。因此,要求采购适时适量,就是要求采购做到既保证供应,又使成本最小。

2. 推进产品开发

在采购过程中,企业应该充分发挥供应商的专业优势,让其积极参与产品开发或过程开发,将供应商纳入企业的整体研发中。而且,通过适当的调整或修饰,供应商能够对企业产品开发起到推进作用。因此，在采购过程中，不能只购买供应商的老产品，还要与供应商的产品开发同步进行，这就要求采购的同时要研究供应商的产品，发现供应商新的产品。

3. 提高产品质量

项目采购通过不断改进采购过程以及加强对供应商的管理，保证采购原材料的质量，从而实现提高企业产品质量的目标。

如果一个企业能将质量管理精力的 1/4~1/3 花在供应商的质量管理上，那么企业自身的质量（过程质量和产品质量）水平就可以提高 50% 以上。因此，项目采购管理的又一个重要目标就是将质量管理延伸到供应商，形成一个质量保证体系。

4. 提升企业竞争力

采购管理也能够以一种间接的方式对企业竞争力的提高做出贡献，这也是项目采购管理的目标之一。这种间接贡献以产品品种的标准化、质量成本的降低和产品交货时间的缩短等形式出现。例如，在产品标准化方面，采购可以通过减少产品种类来对降低成本价格做贡献，这可以通过具体的标准产品的标准化（而非供应商品牌）和（或）标准供应商得以实现。这会降低对某些供应商的依赖性，更好地使用竞标的方法，并减少库存物品。

项目采购管理的目标不仅是以最少的资金买最好的商品，而是尽可能地发挥采购的作用，为企业在降低生产成本、提高产品质量、提供最新信息、推进产品开发、提升企业竞争力等方面做出更大的贡献。

2.2.3 项目采购管理的主要过程

项目采购管理的主要过程包括：

1）采购计划编制：决定何时采购何物。
2）询价计划编制：生成需求文档，确定可能的供应商。
3）询价：获得报价、投标、出价，或取得建议书。
4）供应商选择：从潜在的供应商中选择供应商。
5）合同管理：管理与供应商的关系。
6）合同收尾：合同的完成与未尽事宜的解决，包括任何未尽事宜的决议。

图 2-1 是项目采购管理的主要过程。

这个过程包含的环节之间，以及它与项目管理知识体系定义的其他知识领域的过程相互影响。根据项目需要，每个环节都包含了一个或多个人或团体的共同努力。虽然这里各个环节是彼此独立、相互有明确分界的，但是在实践中，它们可能会交叉重叠。

项目采购管理主要是从买方—卖方关系中的买方（业主方）的角度进行讨论的。在项目的许多层次上存在买方—卖方关系。根据应用领域的不同，卖方可以称为承包商、供应商、分包商、咨询者或卖主等。

卖方通常以项目方式管理其工作，在这种情况下：

1）买方成为客户，并且是卖方的一个重要的项目参与方。
2）卖方的项目管理人员应关注项目管理的所有过程，而不仅是项目采购管理的过程。
3）项目采购管理过程中的合同条件一般由买方制定，是卖方许多过程的关键性输入。合同本身实际上可能就包括输入。合同可能会限制项目队伍的选择。

项目采购管理假定卖方在执行组织之外。然而，其中的多数探讨同样适用于卖方组织内部、各分部之间签订的正式协议。

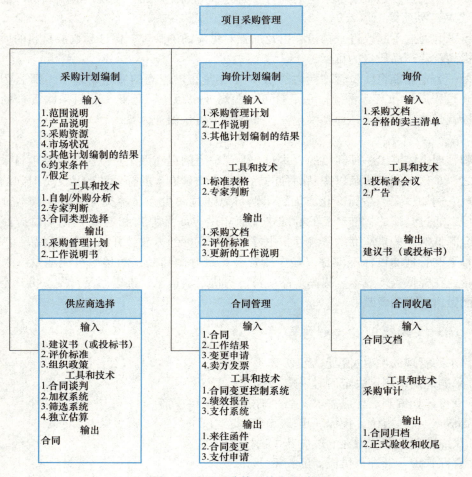

图 2-1　项目采购管理的主要过程

2.3　项目采购风险管理

任何经济活动都有不确定性，因此要以经济活动获取利益就要承担相应的风险。风险和收益是相关联的，通常收益越大，风险越大。因此我们评价一项经济活动时，除了要考虑取得的收益外，还要考虑可能因此承受的风险，以及采取何种措施能够最大限度地降低风险。

2.3.1　项目采购风险管理概述

1. 实施项目采购风险管理的必要性

企业通过风险分析，可以加深对项目采购风险的认识与理解，从而合理地拟订风险应对方案，减少或分散风险，并且可以提高项目采购计划的可信度，有利于改善项目团队内部和外部的沟通。

企业实施项目采购风险管理可以推动项目采购组织和管理层掌握有关风险的资料和数据，以便改进管理；还可以为以后的规划和设计工作提供反馈，以便在规划和设计阶段就采取措施防止风险和避免损失。

企业实施项目采购风险管理能够将处理风险后果的各种方式更灵活地结合起来，在项目采购管理中减少被动，提升项目成功的概率。

企业通过对风险深入地研究，可以使决策更有把握，更符合项目采购的方针和目标，从总体上减少风险，保证项目采购目标的实现。

2. 项目采购风险管理的基本原则

（1）经济性原则　企业制订风险管理计划时应以总成本最低为目标，即风险管理也要考虑成本，以合理、经济的方式处置安全保障目标。

（2）战略上蔑视，战术上重视的原则　一些风险较大的采购项目，往往会造成采购人员心理和精神上的紧张不安。这种忧虑心理会严重影响采购人员的工作效率和积极性。这时企业应通过有效的风险管理让采购人员了解项目虽然有一定的风险，但管理部门已经识别了全部不确定因素，并且已经做出了妥善安排和处理，这是战略上的蔑视。项目采购管理部门要坚持战术上重视的原则，认真对待每一个风险因素，制订出完善的风险管理方案。

（3）满意原则　不管采用什么方法，投入多少资源，项目采购的不确定性是绝对的，而确定性是相对的。因此，企业在项目采购风险管理过程中要允许存在一定的不确定性，只要能达到要求即可。

（4）社会性原则　项目采购风险管理计划和措施必须考虑周围地区及一切与项目有关并受影响的单位、个人等对该项目采购风险影响的要求；同时风险管理还应充分注意有关方面的法律法规，确保项目采购风险管理的每一步都具有合法性。

3. 项目采购风险管理的阶段

项目采购风险管理包括风险识别、风险分析、风险应对和风险监控四个阶段，如图2-2所示。

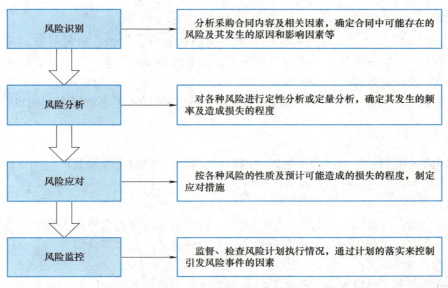

图2-2　项目风险管理的阶段

2.3.2 项目采购面临的风险

1. 外因型风险

外因型风险主要源于外部环境因素，这种风险主要来自供应商和自身难以避免的不可抗力风险因素。

（1）价格风险　在项目采购中由于利益的驱使，供应商有可能操作投标环境，在投标前相互串通，有意抬高价格，使采购方蒙受损失；此外，在价格相对合理的情况下批量采购后，这种材料可能出现跌价，引起采购价格风险。

（2）质量风险　在采购过程中，激烈的市场竞争有可能导致材料供应商提供的样品质量与批量材料质量的不一致，出现以次充好的现象，使材料的质量不符合要求，从而给采购方带来严重的损失。

（3）贬值风险　在采购过程中物资设备因社会技术不断进步，而人们的专业知识未能达到应有水平，不能适应社会技术发展的要求，进行盲目采购而发生所采购材料或设备的贬值所引起的风险损失。

（4）合同欺诈风险　由于市场环境复杂多变，因此存在合同欺诈风险。合同欺诈主要包括以虚假的合同主体身份签订合同，以伪造、假冒、作废的票据或其他虚假的产权证明作为合同担保，接受采购方预付款后逃之夭夭签订空头合同，而供货方本身是"皮包公司"，将骗来的合同转手倒卖，从中牟利，而所需的项目物资无法保证，合同签订后，供货商失约违反合同或终止合同，不能正常供货，而影响工程进度造成合同风险损失。

2. 内因型风险

内因型风险是指由于内部管理不善和制度不健全而引发的问题和风险。

（1）采购计划风险　项目采购部门及相关使用部门计划管理不科学、不周全，导致采购中的计划风险，如采购数量不准、供货时间不留余地、质量标准不明确等使采购计划发生较大偏差而影响整个采购工作。

（2）采购合同风险　合同订立不严格，合同条文不严密，权利义务不明确，合同管理混乱等都属于采购合同风险。

（3）验收风险　由于人为因素造成所采购物资在品种、规格、质量等方面未能达到合同条款的要求，而管理者又未能在材料使用或设备安装前及时发现和纠正存在的问题，使之造成损失而引发验收风险。

（4）采购责任风险　经办部门或人员责任心不强、管理水平不高等引起的风险。

2.3.3 项目采购风险识别

对于风险的识别，要求必须了解合同内容和关键点、风险来源及其产生的条件，常用的方法有以下六种：

1. 流程图法

这是指根据合同谈判、签订、生效、履行、违约处理至合同有效期满等整个流程去识别风险因素。在实际工作中多采取调查问卷法、专题讨论法、德尔菲法等。

2. 文件审查法

这是指对合同文件以及合同标的、内容和主体相关的各种法律法规、技术规范、部门规章、管理制度、工作计划、采购货物的说明文件等内外部文件信息进行从整体到细节、按层次、按专业的审查，以便能尽早从中识别存在的风险。

3. 信息收集法

可用于风险识别的信息收集方法很多，如头脑风暴法、会议形式和 SWOT 分析法等。

4. 现场观察法

企业深入合同相关方现场，了解合同双方的资质、资信情况，观察合同履行的现场情况，有助于通过现场某些静态和动态因素判断风险的隐患所在。

5. 核对表法

风险识别所用的核对表可根据历史资料、以往类似的知识以及其他信息来制定。核对表上应逐项列出所有可能的合同风险，然后逐项加以识别，但核对表难免会有漏洞，所以应该尽可能地去发现标准核对表上未列出的相关事项。

6. 图解分析法

图解分析法的相关技术包括因果图、相关图、变化趋势图和系统图等，这些技术均可以用来识别风险。

2.3.4 项目采购风险分析

1. 技术风险

技术风险是指与项目采购有关（直接或间接）的技术进步或技术应用效果发生变化，使采购目标可能出现损失。技术风险分为技术应用风险和技术进步风险。由于各种原因，技术的实际应用效果可能达不到预期水平，使项目遭受损失，形成应用风险。此外，技术的进步会使项目的相对技术水平降低，从而影响项目的竞争力，或者技术进步的速度低于预期，从而导致项目无法按原计划进行等，都会产生技术进步风险。

2. 经济风险

经济风险是指由于经营管理不善、市场预测失误、价格波动、供求关系发生变化、通货膨胀、汇率变动等导致经济损失的风险。

3. 政治风险

政治风险是指由于政局变化、政权更迭等引起社会动荡而造成财产损失及人员伤亡的风险。它通常表现为罢工、战争、抢劫、经济封锁等，严重影响项目采购的顺利完成。

4. 市场风险

市场风险是指由于市场情况的不确定导致目标出现损失的风险。具体来讲就是市场需求量、需求偏好、价格以及市场竞争等方面有可能发生不利的变化，从而使项目采购的经济效果达不到预期的水平。

5. 政策风险

政策风险是指由于政策的改变而导致项目采购出现损失的可能。政府政策涉及范围较广，对项目采购有重要的影响。

6. 信用风险

信用风险是指由于项目采购相关主体（企业、个人或其他组织）不守信用导致目标出现损失的可能。项目采购涉及大量合同，如果有违反合同的行为发生，甚至停止合同，项目采购毫无疑问将受到损失。

7. 道德风险

道德风险是指由于有关行为人道德变化（主要是指道德水准下降）而可能导致的目标损失的可能。该风险在高新技术项目采购中相当明显，应该引起重视。

8. 自然风险

自然风险主要是指气候与环境的变化造成的风险。自然力的作用造成的财产损毁或人员伤亡的风险属于自然风险。天气的突然变化及自然灾害，如水灾、火灾、风灾、地震等不可抗力会严重地拖延项目采购进度并增加费用。

2.3.5 项目采购风险应对

项目采购风险的应对措施通常有回避风险、转移风险、自留风险和风险后备等。

1. 回避风险

回避风险是指当项目采购的潜在风险太大，不利后果太严重，又无其他应对措施时，主动放弃项目或者改变项目最初的目标和方案，从而规避风险的一种策略。这种风险应对的目的是尽可能避免人、财、物等的损失。回避风险是一种消极应对方法，尽管许多风险因素能够避免，但不是所有的风险因素都能消除，特别是一些工程类的项目采购，一旦开始就会发生较大的资金投入，采用回避策略，意味着采购项目损失在即。

回避风险的方法包括主动预防和完全放弃两种。主动预防是指从风险源入手，将风险的来源彻底消除。完全放弃这种方法比较少见，是最彻底的回避风险的方法，但也会带来其他问题。因此，企业在采取回避风险的措施之前，必须对风险有充分的认识，对威胁出现的可能性和后果的严重性有足够的把握。采取回避措施，最好在项目活动尚未实施时，放弃或改变正在进行的项目，一般会付出巨大的代价。

2. 转移风险

转移风险是指将风险转移给参与该采购任务的其他人或组织，又叫作合伙分担风险。它的目的不是降低风险发生的概率和不利后果，而是借用合同或者协议，在风险事故一旦发生时将损失的一部分转移给有能力承受或控制项目采购风险的个人或组织。实行这种策略要遵循两个原则：第一，风险承担者应得到相应的回报；第二，对于具体风险，谁最有能力管理就让谁分担。风险转移的方式有外包、保险和担保等。

（1）外包 外包是一种很好的非财务性风险转移策略。例如，将采购任务外包给专业的采购公司。外包日益流行，外包可以使企业专注于自己的核心竞争力，而将不擅长的领域外包给擅长的公司，有助于企业效益的提高，同时也转移了相关方面的风险。

（2）保险和担保 保险和担保都属于财务性风险转移，是风险转移常用的方法。保险是指项目组向保险公司交纳一定数额的保险费，通过签订保险合同来对冲风险，以投保的形式将风险转移到其他人的身上。根据保险合同，风险事故一旦发生，保险公司将承担投保人由风险事故造成的损失。

担保是指为他人的债务、违约或失误负间接责任的一种承诺。在项目采购管理上担保是指银行、保险公司或其他非银行金融机构为项目风险负间接责任的一种承诺。此种风险转移方式常用于风险较大的大型项目采购。项目承包商会请银行、保险公司或其他非银行金融机构在投标、履行合同、归还预付款等方面向业主做出担保承诺。

3. 自留风险

自留风险即风险接受措施，其具体方法包括防损和减损、分散风险等。合同风险多种多样，很难预先完全识别并加以预防。企业对于有些可以预计的而且是可以承受的风险或不能预计的风险，可以作为自留风险。

（1）防损和减损　企业应对自留风险主要是要采取切实可行的措施，将风险损失降到最低。

（2）分散风险　分散风险也是风险控制的有效措施，比如可以指定多个供应商，以防供货在时间、数量和质量方面不符合要求的风险。

4. 风险后备

对于难以预料或难以避免的风险，为保险起见，企业需要提前制定一系列的预备措施，以备风险事件发生时应急之用。比如，应对延期风险，可以在关键路径上设置一个时差；应对超支风险，可以在合同预算中单列风险应急费；应对技术风险，可以为先进技术的正确使用准备一笔专用资金。后两种后备措施中的费用可以称为风险准备金。

2.4　项目采购管理模式

由于项目建设无论是对各国政府还是对私营机构来说一般投资额很大，提高项目管理的水平可以创造巨大的经济效益，因此多年来各个国家和一些国际组织一直对项目采购管理模式和方法进行不断地研究、创新和完善。

2.4.1　传统项目采购管理模式

传统项目采购管理模式又称为设计—招标—建造模式（Design-Bid-Build，DBB）。这种模式下的项目各参与方的关系如图2-3所示。

这种项目采购管理模式由业主与设计机构（建筑师/咨询工程师）签订专业服务合同，委托建筑师和（或）咨询工程师进行项目前期的各项有关工作，待项目评估立项后再进行设计。在设计阶段进行施工招标文件的准备，随后通过招标选择承包商。业主和承包商订立项目的施工合同，有关工程的分包和设备、材料的采购一般由承包商与分包商和供货商单独订立合同并组织实施。业主单位一般指派业主代表与咨询工程师和承包商联系，负责有关的项目管理工作，但在国外，大部分项目实施阶段的有关管理工作均授权建筑师或咨询工程师进行。建筑师或咨询工程师和承包商没有合同关系，但承担业主委托的管理和协调工作。

在传统项目采购管理模式下，项目实施的过程，如图2-4所示。

传统项目采购管理模式的优点：①由于这种模式已长期、广泛地在世界各地应用，因而管理方法较成熟，各方都熟悉有关程序；②业主可自由选择咨询和设计人员，对设计要求可以控制；③业主可自由选择咨询工程师负责监理工程的施工；④可采用各方均熟悉的标准合同文本，双方均明确自身应承担的风险，有利于合同管理和风险管理。

传统项目采购的管理模式的缺点：①项目周期较长，以致推迟投产时间，不利于业主的资金周转；②管理和协调较复杂，业主的管理费用较高，特别是前期投入较多；③建造师/

工程师对项目的施工工期不易控制;④对工程总造价不易控制,容易产生变更,变更时容易引起较多的索赔;⑤当出现质量事故时,设计和施工双方容易互相推卸责任。

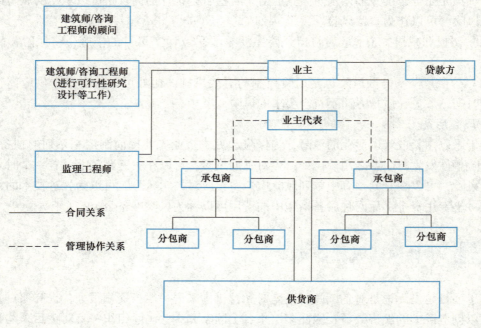

图 2-3 传统项目采购管理模式

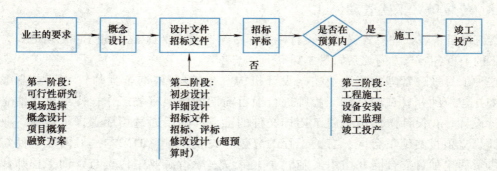

图 2-4 在传统项目采购管理模式下,项目实施的过程

2.4.2 协同项目采购管理模式

协同项目采购是指与供应链上的伙伴建立一种协同商务的伙伴关系,并以此作为采购和流程再造的策略。它是基于供应链环境下的采购作业流程,包括制造商内部协同采购和制造商外部协同采购。协同采购必须借助协同商务平台。协同商务平台如图 2-5 所示。

1. 制造商内部协同

由于采购行为涉及品种、数量、渠道等信息,而这些信息的获得需要来自制造商内部的采购、销售、设计、生产部门的信息,只有当这些部门协同合作时,才能达到高效的采购效果。尤其是随着新产品、新材料的增加,需要采购的品种数量也大大增加,更需制造商内部协同。

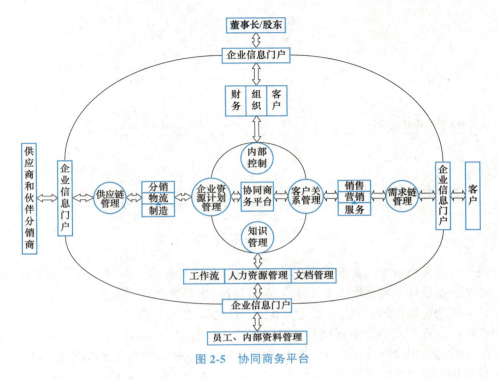

图 2-5　协同商务平台

2. 制造商与供应商的外部协同

协同通常是指制造商和供应商在共享提前期、库存、需求等方面的信息基础上，根据供应商的供应情况实时在线地调整制造商的计划和执行交付的过程。同时，供应商也要根据制造商的实时在线库存、计划等信息实时调整自己的计划。外部协同可以使供应商在不牺牲服务水平的基础上降低自己的库存。

由于采购作业流程是一个动态连续的过程，所以对它的管理可以纳入企业计算机管理信息系统，以采购管理子系统的方式实现包括采购计划、采购订单、收货、确认发票、付款业务、账表查询、期末转账等几部分的控制功能。

2.4.3　设计—建造项目采购管理模式

设计—建造项目采购管理模式是一种简练的项目采购管理模式。FIDIC（国际咨询工程师联合会）1995年出版的《设计—建造与交钥匙合同条件》、1999年出版的《工程设备与设计/建造合同条件》和《设计采购建造（EPC）/交钥匙项目合同条件》都是基于这种项目采购管理模式而编制的。设计—建造项目采购管理模式的组织形式如图2-6所示。

在项目原则确定后，业主只需选定一家公司负责项目的设计和施工。这种采购管理模式在投标和签订合同时是以总价合同为基础的，设计—建造总承包商对整个项目的成本负责。企业首先选择一家咨询设计公司进行项目的设计，然后采用竞争性招标方式选择各个承包商。当然，企业也可以利用自己公司的设计和施工力量完成一部分工程。

在这种方式下，业主方首先招聘一家专业咨询公司代企业拟定拟建项目的基本要求，然后授权一位具有专业知识和管理能力的管理专家为业主代表，在项目期间作为与设计—建造总承包商的联络人。

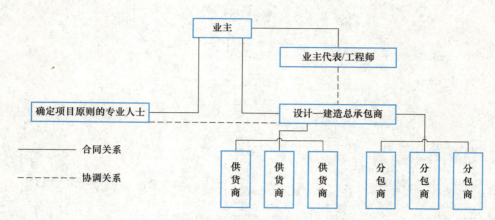

图 2-6 设计—建造项目采购管理模式的组织形式

在设计—建造项目采购管理模式中，也有两种不同的形式，以适应不同种类项目的需要。一是竞争型设计—建造程序，二是谈判型设计—建造程序。

设计—建造项目采购管理模式的主要优点：①在项目初期选定项目组成员，连续性好，项目责任单一，有早期的成本保证；②可以采用施工管理（Construction Management，CM）模式，减少管理费用，减少利息及价格上涨的影响；③在项目初期预先考虑施工因素，可减少由于设计错误、疏忽引起的变更。

设计—建造项目采购管理模式的主要缺点：业主对最终设计和项目实施过程中的细节控制能力降低，工程设计可能会受施工者的利益影响。

2.4.4 设计—管理项目采购管理模式

设计—管理项目采购管理模式是同一实体向业主提供设计和施工管理服务的工程管理方式，在通常的 CM 模式中，业主分别就设计和专业施工过程管理服务签订合同。在这种情况下，设计师和管理机构是同一实体。

设计—管理项目采购管理模式的实现可以有两种形式：形式一是业主和设计—管理公司与施工总承包商分别签订合同，由设计—管理公司负责并对项目实施进行管理，如图 2-7a

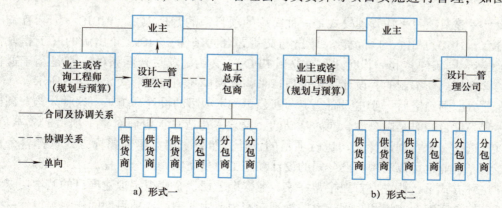

图 2-7 设计—管理项目采购管理模式的两种形式

所示；形式二是业主只与设计—管理公司签订合同，由设计—管理公司分别与各个单独的分包商和供货商签订合同，由其施工和供货，如图 2-7b 所示。这种方式可看作 CM 与设计—建造两种模式相结合的产物，这种方式也常常用于承包商或分包商发包阶段以加快工程进度。

2.4.5 设计—采购—施工交钥匙项目采购管理模式

设计—采购—施工（Engineering—Procurement—Construction，EPC）交钥匙项目采购管理模式即承包商为业主提供包括设计、施工、设备采购、安装、调试直至竣工移交的全套服务，有时还包括融资方案的建议。这种模式的合同各方的关系，如图 2-8 所示。

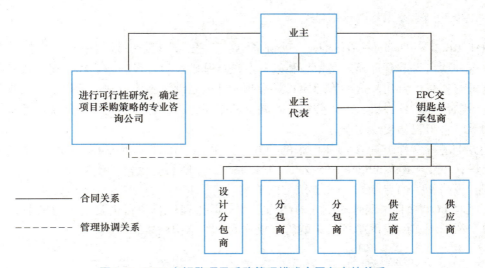

图 2-8　EPC 交钥匙项目采购管理模式合同各方的关系

EPC 交钥匙总承包商的工作范围大致包括：

（1）设计（Engineering）　设计除包括设计计算书和图纸外，还包括"要求说明"中列明的设计工作，如可行性研究、配套公用工程设计、辅助工程设施的设计以及结构/建筑设计等。

（2）采购（Procurement）　采购包括获得项目的融资，购买土地，购买各类工艺、专利产品以及设备和材料等。

（3）施工（Construction）　由总承包商负责全面的项目施工管理，如施工方法、安全管理、费用控制、进度管理、设备安装调试以及工作协调等。

这种模式与通用的设计—建造项目采购管理模式类似，但承包商往往承担了更大的责任和风险，由业主代表对项目进行直接的较宏观的管理，不再设置工程师。业主代表具有业主子合同中委托的全部权力，包括设计管理、质量、工期管理以及支付、变更等权力。

EPC 主要应用于以大型装置或工艺过程为主要核心技术的工业建设领域，如通常包括大量非标准设备的大型石化、化工、橡胶、冶金、制药、能源等项目，这些项目共同的特点即工艺设备的采购和安装与工艺的设计紧密相关，成为投资建设的最重要、最关键的过程。FIDIC《设计采购施工（EPC）/交钥匙合同条件》（1999 年第一版，新银皮书）即适用于这种模式。

设计—采购—施工交钥匙项目采购管理模式的优点：①由单个承包商对项目的设计、采购、施工全面负责，项目责任单一，简化了合同组织关系，有利于业主的管理；②EPC项目属于总价包干（不可调价），因此业主的投资成本在早期即可得到保证；③可以采用阶段发包的方式来缩短工期；④能够较好地将工艺的设计和设备的采购和安装紧密结合起来，有利于项目综合效益的提升；⑤业主方承担的风险较小。

设计—采购—施工交钥匙项目采购管理模式的缺点：①能够承担EPC大型项目的承包商数量较少；②承包商承担的风险较大，因此工程项目的效益、质量完全取决于EPC项目承包商的经验及水平；③工程的造价可能较高。

2.4.6 BOT项目采购管理模式

BOT（Build—Operate—Transfer）项目采购管理模式即建设—运营—移交项目采购管理模式。这种项目采购管理模式是依靠私人资本进行基础设施建设的融资和建造，或者说是基础设施国有项目民营化。这种管理模式是指政府开放基础设施建设和运营市场，吸收私有资金，授予项目公司特许权，由该公司负责融资和组织建设，建成后负责运营及偿还贷款，在特许期满时将工程移交给政府。

世界上还有多种由BOT演变而来的模式，如BOS（Build—Operate—Sell），即建设—运营—出售；ROT（Rehabilitate—Operate—Transfer），即修复—运营—移交等。这些模式的基本原则、思路和结构与BOT并无本质上的差别。

下面对BOT项目采购管理模式的结构框架、运作程序及项目主要参与方的职责和业务做简单介绍。图2-9是BOT项目采购管理模式的典型结构框架。

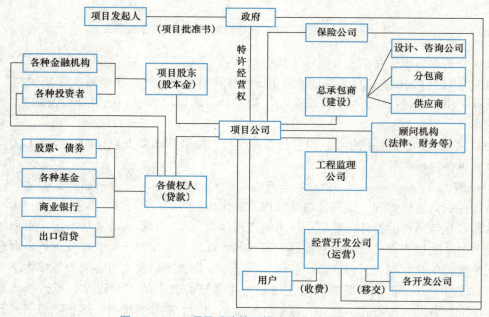

图2-9 BOT项目采购管理模式的典型结构框架

1. BOT项目采购管理模式的结构框架和运作程序

（1）项目的提出和招标 拟采用BOT项目采购管理模式建设的基础设施项目，一般由当地政府提出，大型项目由国家政府部门审批，一般项目由地方政府审批，往往委托一家咨询公司对项目进行初步的可行性研究，随后颁布特许意向，准备招标文件，公开招标。BOT项目采购管理模式的招标程序与一般项目的招标程序相同，包括资格预审、招标、评标和通知中标。

（2）项目发起人组织投标　项目发起人往往是很有实力的咨询公司、财团或大型工程公司的联合体。项目发起人申请资格预审并在通过资格预审后购买招标文件进行投标。BOT项目的投标显然要比一般项目的投标复杂得多，要对BOT项目进行深入的技术和财务的可行性分析，才有可能向政府提出有关实施方案。BOT项目资金一般来自两个方面：一是项目公司股东的资金，占10%~30%；二是向金融机构融资，占70%~90%。在这个过程中，项目发起人常常要聘用各种专业咨询机构协助编制投标文件，要花费一大笔投标费用。

（3）成立项目公司，签署各种合同与协议　中标的项目发起人往往就是项目公司的组织者。项目公司的参与方一般包括项目发起人、大型承包商、设备和材料供货商、国有企业等。在国外，有时当地政府也入股。此外，还有一些不直接参加项目公司经营管理的独立股东，如保险公司、金融机构等。项目发起人一般要提供组建项目公司的可行性报告，经过股东讨论，签订股东协议和公司章程，同时向当地政府的市场监督管理局和税务局注册。项目发起人首先和政府谈判，草签特许权协议，然后组建项目公司，完成融资交割，最后项目公司与政府正式签署特许权协议。然后，项目公司与各个参与方谈判签订总承包合同、运营养护合同、保险合同、工程监理合同和各类专业咨询合同等。

（4）项目建设和运营　这一阶段项目公司的主要任务是委托工程监理公司对总承包商的工作进行监理，保证项目的顺利实施和资金支付。有的工程在完成一部分之后即可交由运营公司开始运营，以早日回收资金。同时，还要组建综合性的开发公司进行综合项目开发服务以便从多方面盈利。在项目部分或全部投入运营后，即应按照原定协议优先向金融机构偿还贷款和利息，同时也考虑向股东分红。

（5）项目移交　在特许期满之前，应做好必要的维修以及资产评估等工作，以便按时将BOT项目移交政府运行。政府可以仍旧聘用原有的运营公司或另找运营公司来运行项目。

2. BOT项目有关各方的职责和义务

（1）主要参与方的政府、项目公司、金融机构

1）政府是BOT项目的最终所有者，其职责为：①确定项目，颁布支持BOT项目的政策，②通过招标选择项目发起人，③颁布BOT项目特许权，④批准成立项目公司，⑤签订特许权协议，⑥对项目进行宏观管理，⑦特许期满接受项目，⑧委托项目经营管理部门继续项目的运行。

2）项目公司的主要职责有：①项目融资，②项目建设，③项目运营，④组织综合项目开发经营，⑤偿还债务（贷款、利息等）及分配股东利润，⑥特许期终止时，移交项目和项目固定资产。

3）金融机构包括商业银行、国际基金组织等，一般一个BOT项目由多个国家的财团参与贷款以分散风险。金融机构的作用有：①确定项目的贷款模式、条件及分期投入方案；②在发起人拟定的股本金投入和债务比例下，对项目的现金流量偿债能力做出分析，确定财团投入；③必要时利用财团信誉帮助项目发行债券；④监督资金运用；⑤与项目公司签订融资抵押担保协议；⑥组织专项基金会为某些重点项目融资。

（2）作为其他参与方的有关公司、承包商、供货商及代理银行

1）专业咨询公司对项目的设计、融资方案等进行咨询，对施工进行监理；法律顾问公司替政府（或项目公司）谈判签订合同。

2）承包商负责项目设计—施工，一般也负责设备和材料采购。

3）运营公司主要负责项目建成后的运营管理、收费、维修、保养。收费标准和制度由运营公司与项目公司确定。

4）开发公司负责特许协议中特许的其他项目开发，如沿公路房地产、商业网点等。

5）代理银行。政府代理银行负责外汇事项，贷款财团的代理银行代表贷款人与项目公司办理融资、债务、清偿、抵押等事项。

6）保险公司为项目各参与方提供保险。

7）供货商负责供应材料、设备等。

思 考 题

1. 简述项目采购管理的功能。
2. 简述项目采购管理的主要过程。
3. 项目采购管理的各参与方有哪些？
4. 采购风险因素一般包括哪些？
5. 简述采购风险管理的程序。
6. 工程项目采购管理模式有哪些？
7. 设计—采购—施工（EPC）模式的基本特征是什么？
8. 简述 BOT 模式含义及其运作程序。

第 3 章
项目采购计划

3.1 项目采购计划概述

3.1.1 项目采购计划的定义

采购计划是根据市场需求、企业的生产能力和采购环境容量等确定采购的时间、采购的数量以及如何采购的作业。项目采购计划是建筑企业年度计划与目标的一部分。制订项目采购计划是整个采购管理工作的第一步。

施工企业制订项目采购计划主要是为了指导采购部门的实际采购工作，保证产销活动的正常进行和企业的经营效益。因此，一项合理、完善的采购计划应达到以下目的：

(1) 避免物料储存过多，积压资金　库存实质上是一种闲置资源，不仅不会在生产经营中创造价值，而且会因占用资金而增加产品的成本。也正因为如此，准时生产和零库存管理成为一种先进的生产运作和管理模式。在企业的总资产中，库存资产一般要占 20%～40%。物料储存过多会造成大量资金的积压，影响到资金的正常周转，同时还会增加市场风险，给企业经营带来负面影响。

(2) 预估物料或商品需要的时间和数量，保证连续供应　在企业的生产活动中，生产所需的物料必须保证能够在需要的时候获得，而且能够满足需要。因此，采购计划必须根据企业的生产计划、采购环境等估算物流需要的时间和数量，在恰当的时候进行采购，保证生产的连续进行。

(3) 使项目采购部门事先准备，选择有利的时机购入物料　企业要抓住有利的采购时机并不容易，只有事先制订完善、可行的采购计划，才能使项目采购人员做好充分的采购准备，在适当的时候购入物料，而不至于临时抱佛脚。

(4) 确立物料耗用标准，以便管制物料采购数量以及成本　通过以往的经验及对市场的预测，采购计划能够较准确地确立所需物料的规格、数量、价格等标准，这样可以对采购成本、采购数量和质量进行控制。

(5) 配合企业生产计划与资金调度　项目采购活动与建筑企业的生产活动是紧密关联的，是直接服务于生产活动的。因此，项目采购计划一般要依据生产计划来制订，确保采购适当的物料来满足生产的需要。

3.1.2 项目采购计划制订的过程

项目采购管理的首要任务是制订项目采购计划,并按计划安排好项目采购工作以实现项目的目标。项目采购计划制订的过程就是确定从项目组织外部需要采购哪些产品,从而能够更好地满足项目需求的过程,如图 3-1 所示。在项目采购计划中,应该说明是否需要采购、采购什么、何时采购、如何采购、采购多少等内容。

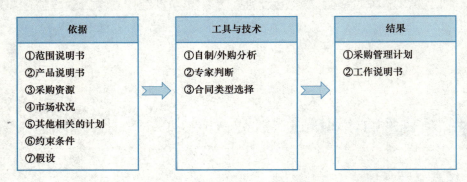

图 3-1 项目采购计划制订的过程

当项目从执行组织之外获得产品时,每项产品都必须经历一次从询价计划到合同收尾的过程。当项目不从执行组织之外获得产品时,就不必执行从询价计划到合同收尾的过程。

此外,采购计划还应考虑可能的卖方,特别是当买方希望以合同签订施加一定程度的影响或控制时更是如此。

3.1.3 项目采购计划的管理

项目采购计划管理与企业日常运营中的采购计划管理,既有不同的地方,又有许多共性的地方。企业日常运营中的一些采购计划管理方法和技术也可以应用于项目采购管理。当然,项目采购计划管理有很大的独特性,在开展项目采购计划管理中所需的采购计划管理方法和原理主要涉及以下四个方面的内容:

1. 采购什么

项目采购计划管理中的第一大要素是"采购什么",首先要决定项目采购的对象。项目采购计划管理要求采购的产品应满足四个条件:其一是适用性(项目外购的产品不一定要有最好的质量,但一定要符合项目实际的质量要求);其二是通用性(项目外购的产品最好能够通用,在项目采购中尽量不使用定制化的产品);其三是可获得性(能够在需要的时间内,以适当的价格,及时得到要采购的产品);其四是经济性(在保证质量的前提下,从供应来源中选择成本最低的,以降低项目成本)。项目组织应首先将项目采购需求写成规范的书面文件,注明要求的详细规格、质量和时间,然后将它们作为日后与供应方进行交易和开展采购合同管理的依据性文件。这种关于"采购什么"的规范性文件的主要内容应包括:产品名称、产品规格、产品化学或物理特性、产品所用材料、产品制造要求与方法、产品用途或使用说明、产品质量标准和要求等。

2. 何时采购

"何时采购"是项目采购计划管理中的第二大要素,这是指项目组织需要安排和计划采购的时间。因为采购过早就会增加库存量和库存成本，而采购过迟又会因库存量不足而导致项目停工待料和工期拖延，造成资源的浪费。经济采购批量模型是一种很好的选择采购时机的定量方法。

项目采购的实施从制订采购计划、比价、合同谈判与签订、订货到产品入库必须经过一定的时间间隔，所以企业在决定"何时采购"时需要从采购的产品投入项目使用之日算起到推测出合理的提前期，从而确定适当的采购订货时间和采购作业时间。

对于项目采购计划管理而言，必须依据项目的工期进度计划和资源计划以及所需产品的生产和运输时间，合理地确定产品的采购订货时间。同时，为了项目进度需要，采购产品的交货时间也必须适时，而且只能有少许提前而不能有任何推迟，这是项目采购计划管理必须遵循的重要原则之一。

3. 如何采购

"如何采购"主要是指在项目采购过程中采用何种工作方式，以及项目采购的大政方针和交易条件。项目采购计划管理这方面的工作包括：是否采用分批交货的方式，采用何种产品供给与运输方式，具体项目采购产品的交货方式和地点等。例如，如果采用分期交货的采购方式，对每批产品的交货时间和数量必须科学地制订计划、安排并在该采购合同上明确规定；同时一定要安排和约定项目所需产品的交货方式和地点，以确定究竟是在项目现场交货还是在买方所在地交货；另外，还必须安排和确定项目所需产品的包装和运输方式，明确究竟是由项目组织负责运输，还是由买方负责运输，抑或是由第三方物流服务上门负责运输；最后，还要计划、安排和确定项目采购的付款方式与各种付款条款，诸如预付定金、违约罚款和各种保证措施等。另外，还有一些其他方面的问题也必须予以安排和考虑，如项目采购合同的类型、格式、份数、违约条款等，这些都是需要在项目采购计划管理这一工作中确定的。

4. 采购多少

这是有关项目采购数量的管理。任何项目所需产品的采购数量一定要适当，所以都需要进行计划管理。项目所需要的产品的采购数量管理必须根据项目的实际情况决定，如大型工厂建设项目所需生产资源多而且消耗快，所以"采购多少"可以使用经济订货批量模型和经济生产批量模型等方法来决定。另外，在计划、安排和决定"采购多少"时，还应该考虑批量采购的数量优惠等因素，以及项目存货的资金时间价值等方面的问题，所以实际上项目采购计划管理中有关"采购多少"的问题涉及数量和资金成本两个方面的变量。

一般而言，项目采购计划包括从制定采购文件到合同收尾的全部采购过程，具体内容包括：

1) 采用的合同类型。
2) 如果评估标准要求有独立的估算，由谁进行估算。
3) 如果实施组织设有采购或者发包部门，项目管理团队本身应采取的行动。
4) 标准的采购文件（如果需要）。
5) 管理多个供应商。
6) 协调采购与项目的其他方面，如进度计划与绩效报告。
7) 能够对规划的采购造成影响的制约因素和假设条件。

8）处理从买方购买产品所需的提前订货期，并就其与项目进度计划制订过程进行协调。

9）处理自制或外购决策，并与活动资源需求和进度计划制订过程相关联。

10）制订每个合同中规定合同可交付成果的进度计划，并与进度计划制订过程和控制过程进行协调。

11）确定履约保函或保险合同，以降低一些项目风险。

12）制定提供给买方的有关如何制定和维持合同工作分解结构的指导说明。

13）确定合同工作说明书应使用的格式和形式。

14）经过资格预审的优选供应商（如果有）。

15）评估买方使用的采购衡量指标。

3.1.4 项目采购计划的影响因素

在实际工作中，影响项目采购计划的主要因素有采购环境、年度销售计划和年度生产计划、用料清单、存量管制卡、物料标准成本的设定、生产效率和价格预期等。

1. 采购环境

项目采购活动是发生在一个充满大量不可控因素的环境中。这些因素包括外界的不可控因素及内部不可控因素，如财务状况、技术水准、厂房设备、原料零件供应情况、人力资源及企业声誉等。这些因素的变化都会对企业的采购计划和预算产生一定的影响。这就要求采购人员能够意识到环境的变化，并能决定如何利用这些变化。

2. 年度生产计划

一般生产计划源于销售计划，若销售计划过于乐观，可能使产品积压，造成企业的财务负债；反之，过度保守的销售计划，可能使生产出来的产品不足以满足顾客所需，白白丧失了创造利润的机会。因此，除非市场出现供不应求的状况，否则企业的年度经营计划多以销售计划为起点，而销售计划的拟订，又受到销售预测的影响。销售预测的决定因素，包括外界的不可控制因素，如国内外经济发展情况（GDP、失业率、物价、利率等）、人口增长、政治体制、文化及社会环境、技术发展、竞争者状况等，以及内部的可控制因素，如财务状况、技术水准、厂房设备、原料零件供应情况、人力资源、企业声誉等。

3. 用料清单

企业中，特别是在高科技行业中，新产品、新工艺的出现会带来采购计划的变更，致使用料清单难以做出及时的反应与修订，以致根据产量所计算出来的物料需求数量与实际的使用量或规格不尽相符，造成采购数量过多或不够，物料规格过时或不易购得。因此采购计划的准确性，必须依赖维持最新、最准确的用料清单，见表3-1。

4. 存量管制卡

存量管制卡记载是否正确，是影响采购计划准确性的因素之一。这包括实际物料与账目是否一致，以及物料存量是否全为优良品。若账目上数量与仓库架台上的数量不符，或存量中并非全数皆为规格正确的物料，这将使仓储数量低于实际上的可取用数量，所以采购计划中的采购数量将会偏低，见表3-2。

表 3-1 生产企业的用料清单

工程： 编号： 字第 号

用料单位： 年 月 工程名称

物料名称	规格	单位	数量	单价	金额	备注

会计科长（签章） 复核（签章） 填表（签章）

表 3-2 存量管制卡

<table>
<tr><td colspan="2">品名</td><td colspan="2"></td><td colspan="2">料号</td><td colspan="2"></td><td colspan="2">请购点</td><td colspan="1"></td><td colspan="2">安全存量</td><td>损耗</td></tr>
<tr><td colspan="2">规格</td><td colspan="2"></td><td colspan="2">存放</td><td colspan="2">库号：
架位：</td><td colspan="2">一次请购量</td><td colspan="1"></td><td colspan="2">采购前置时间</td><td></td></tr>
<tr><td rowspan="2">日期</td><td rowspan="2">凭证号码</td><td rowspan="2">摘要</td><td colspan="2">入库</td><td colspan="2">出库</td><td rowspan="2">结存数量</td><td colspan="6">请（订）购量</td><td rowspan="2">备注</td></tr>
<tr><td>收</td><td>欠收</td><td>发</td><td>歉发</td><td>订购量</td><td>订购单号</td><td>订购日</td><td>请求交货日</td><td>实际交货日</td><td>交货量</td></tr>
<tr><td></td><td></td><td></td><td></td><td></td><td></td><td></td><td></td><td></td><td></td><td></td><td></td><td></td><td></td><td></td></tr>
<tr><td></td><td></td><td></td><td></td><td></td><td></td><td></td><td></td><td></td><td></td><td></td><td></td><td></td><td></td><td></td></tr>
<tr><td></td><td></td><td></td><td></td><td></td><td></td><td></td><td></td><td></td><td></td><td></td><td></td><td></td><td></td><td></td></tr>
<tr><td></td><td></td><td></td><td></td><td></td><td></td><td></td><td></td><td></td><td></td><td></td><td></td><td></td><td></td><td></td></tr>
</table>

5. 物料标准成本的设定

在编定采购预算时，因对将来拟采购物料的价格预测不易，故多以标准成本替代。若此标准成本的设定没有过去的采购资料作为依据，也没有项目采购人员严密精确地计算其原料、人工及制造费用等组合或生产的总成本，则其正确性不无疑问。因此，标准成本与实际购入价格的差额，即是采购预算正确性的评估指标。

6. 生产效率

生产效率的高低将使预计的物料需求量与实际的耗用量产生误差。产品的生产效率降低，会导致原物料的单位耗用量提高，而使采购计划中的数量不能满足生产所需。过低的产出率也会导致经常进行修改作业，从而使零部件的损耗超出正常需用量。因此，当生产效率有降低趋势时，项目采购计划必须将此额外的耗用量计算进去，才不会发生原物料的短缺现象。

7. 价格预期

在编制采购预算时，常对物料价格涨跌幅度、市场周期之荣枯，乃至汇率变动等多加预测，甚至列为调整预测之因素。不过，因为个人主观判定与事实的演变常有差距，也可能会造成采购预算的偏差。

由于影响采购计划的因素很多，故采购计划拟订之后，必须与产销部门保持经常的联系，并针对现实情况做出必要的调整与修订，才能实现维持正常产销活动的目标，并协助财务部门妥善规划资金来源。

3.2 项目采购需求与调查

项目采购是一项很复杂的工作。它不但应遵循一定的采购程序，而且项目组织及其采购代理人，在制订采购计划前必须清楚地知道所需采购的材料或服务的市场情况，包括各种类目、性能规格、质量要求、数量等，必须了解并熟悉国内各地区市场、国际市场的价格和供求情况、所需材料和服务的供求来源、外汇市场情况、国际贸易支付办法、保险、损失赔偿管理等有关国内、国际贸易知识和商务方面的情报和知识。上述几个方面，都必须在采购准备及实施采购过程中细致而妥善地做好，稍有不慎，就可能导致采购工作的拖延、采购预算的超支、不能采购到满意的或适用的货物或服务，而造成项目的损失，影响项目的顺利完成。

3.2.1 项目采购需求

在编制项目采购计划之前，需要进行广泛的市场调查和市场分析，掌握有关采购内容的最新国内国际行情，了解采购物品的来源、价格和设备的性能参数以及可靠性等，并提出切实可行的采购计划，为下一阶段确定采购方式和分标提供比较可靠的依据。如果不进行市场调查、价格预测、缺乏可靠的信息，将会导致错误采购，甚至会严重影响项目的执行。

对项目采购和咨询服务而言，市场的调查分析同样是一项重要工作，但应侧重于建筑市场和咨询业的国际国内供求关系的变化，经常掌握相关行业的承包商和咨询公司的业绩、技术力量与声誉方面的信息，建材市场与施工机械市场的行情起落及国内外咨询专家工资水平的变化等。招标公司有信息优势，有责无旁贷的咨询责任；国际国内信息网络及杂志等也经常载有此类报道与分析，可供利用。资格预审期内的信息核实是更为具体的市场调查。

1. 项目采购需求分析

研究项目采购需求是整个采购运作的第一步，也是进行其他采购工作的基础。因此，采购需求分析的目的就是要弄清楚需要采购什么、采购多少的问题。采购管理人员应当分析需求的变化规律，根据需求的变化规律，主动满足施工工地的需要，即不需施工队长自己申报，项目采购管理部门就能知道施工现场什么时候需要什么品种、需要多少，因而可以主动地制订采购计划。

作为采购工作第一步的需求分析是制订订货计划的基础和前提，只要企业知道所需的物资数量，就能适时适量地进行物资供应。

在单次、单一品种需求的情况下，需求分析是很简单的，需要什么、需要多少、什么时候需要的问题，非常明确，不需要进行复杂的需求分析。我们通常说的采购活动，有很多属于这种情况。在项目采购中，采购员通常是拿着上面写好了采购什么、采购多少、什么时候采购的单子去采购，不需要进行需求分析。但是，他们不知道采购单是怎么来的？采购单实际上是别人进行需求分析后做出来的。因此,项目采购人员要了解需求,进行需求分析。

需求分析涉及全厂各个部门、各道工序、各种材料、设备和工具以及办公用品等各种物资。其中最重要的是生产所需的原材料,因为它的需求量最大,而且持续性、时效性很强,直接影响生产的正常进行。

项目采购管理部门至少要做一次彻底的需求分析。因为只靠其他部门的报表,不免有遗漏,而且不一定符合采购部门的要求。

进行需求分析,要具备全面的知识。项目采购人员首先要具备生产技术方面的知识,包括生产产品和加工工艺的知识,会看图纸,会根据生产计划以及生产加工图纸推算出物料的需求量。然后还要具备数理、统计方面的知识,会进行物料性质、质量的分析,会进行大量的统计分析。需求分析是一项非常重要且比较复杂的工作,是做采购工作必须具备的基本条件。只有做好了需求分析工作,才能保证采购管理顺利地进行。

2. 项目采购需求分析的方法

(1) ABC 分析法的定义　对于单一品种的采购,不存在重点选择的问题,因此不需要 ABC 分析法。但是对于多品种采购,由于需要进行重点管理,所以需要 ABC 分析法。一般的企业采购,基本上都是多品种采购,因此一般都需要应用 ABC 分析法。

例如,一个生产企业,主产品、辅助产品都需要各种各样的原材料和零配件,加工过程需要能源、机器、设备、工具等。一个企业除了生产所需要的物资外,还有办公用品、生活用品等,因此需要采购的物资品种是很多的。有的物资特别重要,一旦缺货将造成不可估量的损失;有的物资则不那么重要,出现缺货情况,也不会造成很大的损失。

ABC 分析法是管理学中一种很重要、应用又很广泛的管理方法,它用在对众多的事物进行管理时,可以有选择地进行重点管理,使有限资源的管理效益达到最大化,因此又叫作重点管理法。在项目采购管理当中,ABC 分析法可以用来选择重点管理的物资品种。

(2) ABC 分析法的原理　以库存管理中的问题来说明 ABC 分析法的原理。

一个仓库里存放的物资有成千上万种。但是,在这些品种中,只有少数品种价值高、销售速度快、销售量大、利润高,构成仓库利润的主要部分;而大多数品种价值低、销售速度慢、利润低,只能构成仓库利润的一小部分。于是,仓库管理人员通常将利润高的那一部分品种归为 A 类,实行重点管理;而将利润低的大部分品种归为 C 类,实行一般管理;剩余的一部分品种归为 B 类,根据情况可以实行重点管理,也可以实行一般管理,见表 3-3。

表 3-3　ABC 分类表

类　别	物资特点	品种占比	销售额占比	管理类别
A	价值高,销售额高,品种少	10%	70%	重点管理
B	价值中,销售额中,品种中	20%	20%	可重点管理,也可一般管理
C	价值低,销售额小,品种多	70%	10%	一般管理

表 3-3 中的各类品种的占比是主观确定的,一般为 10%、20% 和 70%,没有一个绝对的标准,只要符合"多数""少数"的概念就可以了。

重点管理的 A 类,应对其库存量严密监视,保证供应。一般采用定期订货法订货,并且加强维护保管,不损坏,保证产品质量。对这些物资的保管和管理,要下大力气,不惜花费人力、物力和财力。由于这类物资品种比较少，即使项目采购企业的人力、物力、财力有限，也有可能精心管理这些少数品种。因为少数品种的效益占效益总量的绝大部分，所以精心管理好它们，就保证了绝大部分效益，从效益上看也是必要的。

一般管理的 C 类，是指对品种库存数量实行一般监控，项目采购部门在订货上一般采取定量订货法，联合订购，以节省费用。在保管上也是基本的一般保管措施。由于这一类品种多、价钱低、销量少，效益不那么高，所以项目采购部门采取一般管理既是必要的，也是可能的。

对于 B 类，我们根据情况可以实行重点管理，也可以实行一般管理。这一类品种数量不是很多，效益也不是很好，所以我们可以根据自己的能力确定对该类品种管理的程度。如果企业人力、物力、财务足够，就对 B 类重点管理，不够就对 B 类一般管理。

在项目采购管理中，当面临采购众多物资，并且人力、物力、财力有限，需保证重点物资采购时，可以用 ABC 分析法确定重点管理的采购物资对象。

这个时候，ABC 分析方法基本一样，但 ABC 分类的依据可能不一样。在采购管理中，ABC 分析法的依据要根据它对于客户需求的重要性来确定。确定重要性的主要依据是：

1）企业需求量最大的物资。
2）企业生产所需的主要物资，或者是关键物资。
3）贵重物资，虽然需求量不大，但是很贵重。

确定了重要性以后，就可以按照 ABC 分析法进行分类。

3.2.2　项目采购调查

项目采购调查是为了更好地制定采购决策而进行的系统的数据收集、分类和分析。图 3-2 给出了一些信息，有效地采购决策可能需要这些数据。在采购调查中主要包括以下调查项目：一是所购材料、产品及服务（价值分析），二是商品市场和商品，三是所需物资的供应商，四是采购系统。

作为制定决策的一个必不可少的部分，市场调查通常容易被所有大中型建筑施工企业接受，并且那些进行系统的市场调查的公司获益匪浅。

过去有许多企业忽略了采购调查。实践证明，建筑企业能有组织地进行采购调查，会极大地改进采购决策。

1. 组织采购调查

一个企业可以按以下三种方法之一组织采购调查：

1）指定专职工作人员负责此工作。
2）组织正式的采购及管理人员兼职进行采购调查。
3）让对调查过程具有广泛知识的跨职能的信息团队进行调查。建筑企业可以安排专职工作人员

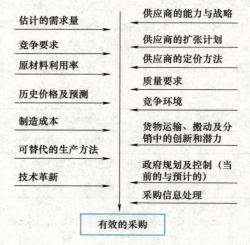

图 3-2　有效采购的组成部分

进行采购调查。但是，很多企业具有实际运行及战略基础意义的供应部门，在项目采购调查中，已经越来越多地开始使用跨职能的信息团队或战略合作的商品主管。但他们仅做调查和计划，不进行实际采购。这是因为：

第一，收集、分析数据的工作需要大量的时间，但是在许多采购部门中，采购人员及管理人员却没有这个时间，因为他们的时间完全被解决紧急问题所占用了。

第二，采购调查人员必须对采购决策所产生的后果进行全面的分析。从另一方面来讲，采购人员有可能过于关注他（她）自己的责任范围，以至于对未来没有全面的把握。

第三，采购调查的许多领域需要较高的调查技术，而这种调查技术是一些采购人员所不具备的。

第四，采购决策由采购人员或管理人员做出，采购调查人员仅仅提供数据及建议。在一些情况下，调查人员与决策者之间会产生矛盾，因此调查人员的建议有可能受到不公正的对待。

第五，采购人员对按项目要求所采购的货物是相当熟悉的，但调查人员最初可能没有这种经验，并因此忽视重要的数据。需要调查人员花费大量时间向卖方或管理人员寻求数据的方法很可能效率极低。

第六，专职采购调查人员的工资及相关费用增加了采购部门运转的管理费用，如果分析的结果不能有效地改进采购决策，那么这些费用就不该发生。

因此，为在使用专职采购调查人员与采购人员兼顾调查工作之间达成某种妥协，可利用从事不同工作的跨职能小组。这些小组有不同的名称，如信息小组、商业主管小组或价值分析小组等。

所以采购人员和调查不能分割，在采购过程做到了市场全面的分解信息，反馈到项目采购计划中去。

2. 商品调查

在制订项目采购计划之前，有必要进行实地的商品调查。因为，商品调查有助于对一个主要的采购商品未来长期及短期的采购环境做出预测。这些信息构成了制定正确决策及现有的采购管理方法的基础，并且为最高管理部门提供了有关这些货物未来供应与价格的相对完整的信息。

通常来说，商品调查的焦点在那些需要大宗采购的货物上。但是，它也运用于那些被认为严重供应短缺的小笔采购货物中。主要的原材料，例如钢筋或水泥及混凝土浇灌设备，通常也是调查的对象，另外一些产成品如木材或装修装饰材料也可能是调查对象。

较复杂的商品调查包括以下几个主要方面的分析：企业作为采购方现在及未来的状况，生产过程的替代性，该货物的用途、需求、供应、价格、削减成本和（或）确保供应的战略。

一些公司做了非常复杂的商品调查，制订出一份很有战略眼光的采购计划，一般是5～10年的计划，也有长达15年的预测计划，每年更新。如果一个公司制订了15年的战略性市场计划，它可以附带一份战略性的供应预测计划。因为就长期而言，获得关键原材料的充足供应可能是公司成功地实现其市场目标的决定性因素。公司需要对价格趋势做出合理的预测以便制订调整原材料供应的战略计划。

3. 所购材料、产品或服务的调查

所购材料、产品或服务的调查，即是做价值分析，这是将所购货物所体现的功能与其成本相比较，从而找到成本更低的替代品的过程。

价值分析的第一步是选择一种零件、原材料或服务进行分析，然后组织一个跨职能的价值分析小组（通常包括一个供应商），最后用一个动宾词组定义货物或服务的功能。例如，选择一只装饮料的易拉罐作为分析对象，它的功能可以被定义为"装液体"这种方法鼓励创造性思维并且使价值分析小组不要陷入现有的结论，即将铝易拉罐作为唯一结论。

价值分析是一种系统性方法，它是供应管理过程中不可缺少的部分。价值分析技术同样适用于服务。价值分析技术与处理信息及通信的电子方法相结合，形成了流程再造的基础。

因此，价值分析是削减采购成本的一种有效方法。项目采购部门可以根据需要采购的货物的各方面的详细信息在替代品之间做出明智的选择，从而更有效地利用采购资金。

价值分析调查的主要内容包括如下八个方面：

（1）自制或外购以及继续自制或外购　比较每一方案的经济及管理效果以便做出明智的选择。

（2）产品规格　对现有规格进行分析以确保满足需要的功能，避免采购具有不必要的属性的商品，以便保证有竞争力的采购行为。

（3）投资回收　分析处理方法（包括再循环）、渠道及技术，以确定什么可以为公司创造最大利润。

（4）租借或采购　收集每一种替代品的优缺点的数据以制定最佳决策。

（5）替代品　使用不同的货物替代现在所采购的货物，对其技术及经济效果进行分析。

（6）标准化　考察所使用的具体产品的用途，考虑可否能用一种货物来满足众多要求的可能性。

（7）包装方式　调查工序及原材料以确定能以最低成本满足要求的方法。

（8）更换供应商　考虑专业供应商能够增加的效益。

价值分析的标准方法包括上述的大多数内容，可以给项目采购货物所产生的一系列问题提供详细的答案。

4. 采购系统调查

尽管对所购货物及可能的供应商有足够的了解，对在采购活动中获取最大的价值很重要，但不能确保采购以最有效的方式进行。高效的管理过程不仅能够减少部门运转的费用，而且有利于对所购商品及其来源做出明智的决定。采购方面的调查项目主要涉及如何改进采购系统的管理，也就是以材料管理为中心的系统及过程调查。采购系统调查主要包括以下几个方面：

（1）总订单　通过调查采购合同，分析采购杠杆作用和减少管理费用的方式，并利用长期协议作为手段确保持续供应可能会特别有效。

（2）货物总体成本　用于确认涉及采购成本、管理成本和占有成本等每件货物成本的所有方面的一套系统和方法。例如，一套建筑机械的总成本包括各种因素的估计值，如停工、废料及返工成本。

（3）付款或现金折扣的程序　调查和改进向供应商付款或采用现金折扣的系统。例如，一些建筑公司简单地通过对此采购订单副本与收货报告来完成采购订单。如果它们同意，采

购部门会按先前所商定的金额在现金折扣期末签一张支票付给供应商。

（4）供应商追踪系统 建立一套程序化系统，建筑企业及项目采购部门可以定期获取或收集来自供应商控制的关于材料状况或订单完成进度的信息。这些信息能够对供应商的业务完成情况进行追踪，从而保证订单更好更及时地完成。

（5）收货系统 出于付款的需要，收货系统可用以证明供应商交货的数量。该系统可以在货物或材料确定没有收到时，作为领料部门通知供应商装运的证明。

（6）少量或紧急采购系统 项目采购部门为处理少量和紧急订单而设计的一种新颖方法，以便以最低的管理成本实现采购需要。

（7）系统合约 为满足建筑公司每年对特定货物的需求，调查单一供应商或一组供应商并与之签订维护、修理及辅助用料合约。供应商甚至可以按采购方的要求储备货物。

（8）与供应商的数据共享 确定供应商和采购商材料信息交换的领域，例如用途、需求预测、生产率、时间安排、报价及存货，这样对双方都有利。通常是建立采购方—供应商计算机信息交换系统，以便定期交换信息。

（9）评价采购人员绩效的方法 建立衡量采购人员工作绩效的系统。

（10）评价采购部门绩效的方法 建立将采购部门共同努力的实际绩效与先前确定的标准相比较的系统，在此评价的基础上，可以采取一些行动去纠正不足。

（11）评价供应商绩效的方法 建立一个系统来评价供应商是否履行了它们的责任，最终的数据对重新制定采购决策很关键，并可据此将需改进的方面反馈给供应商。

3.3 项目采购计划的编制

项目采购的管理过程首先是制订项目采购计划，然后要按计划开展工作，最后实现项目采购计划的目标。编制项目采购计划是项目采购管理中第一位的和最重要的工作。

3.3.1 编制采购计划的目的

编制采购计划是整个采购管理的第一步。采购计划编制得是否合理、完善，直接关系到整个项目采购运作的成败。

项目采购计划是根据市场需求、建筑企业的生产能力和采购环境容量等确定采购的时间、采购的数量以及如何采购的作业。

一般建筑企业编制采购计划主要是为了指导采购部门的实际采购工作，保证施工活动的正常进行和企业的经营效益。因此，一项合理、完善的采购计划应达到以下目的：

1）预计材料需要时间与数量，防止供应中断，影响产销活动。
2）避免材料储存过多，积压资金，以及占用存放的空间。
3）配合企业生产计划与资金调度。
4）使采购部门事先准备，选择有利时机购入材料。
5）确立材料耗用标准，以便管制材料采购数量及成本。

项目采购计划的目的要与企业的经营方针、经营目标、发展计划、利益计划等相符合，具体见表3-4。

表 3-4　项目采购计划的目的

部　分	目　　的
计划概要	对拟订的采购计划进行扼要地概括，便于管理机制快速浏览
目前采购状况	提供有关物料、市场、竞争以及宏观环境的相关背景资料
机会与问题分析	确定机会、威胁、优势、劣势和采购面临的主要问题
计划目标	确定计划在采购成本、市场份额和利润等领域所完成的目标
采购战略	提供用于实现计划目标的主要手段
行动方案	谁去做？什么时候去做？费用多少？
控制	指明如何监控计划

3.3.2　编制采购计划要考虑的问题

一般来说，编制采购计划至少须考虑以下六个方面的问题：

1）采购的设备、货物或服务的数量、技术规格、参数和要求。
2）全部产品采购如何分别捆包，每个捆包应包括哪些类目。
3）所采购的每一种产品彼此的联系。
4）所采购的设备、货物或服务在整个项目实施过程中的哪一阶段投入使用。
5）对整个采购工作协调管理。
6）每个捆包从开始采购到到货需要多长时间，从而制定每个捆包采购过程各阶段的时间表，并根据每个捆包采购时间表制定项目全部采购的时间表。

3.3.3　编制采购计划的依据

1. 范围说明书

范围说明书说明了项目目前的界限，提供了在采购计划过程中必须考虑的项目要求和策略的重要资料。随着项目的进展，范围说明书可能需要修改或细化，以反映这些界限的所有变化。范围说明书应当包括对项目的描述、定义，以及详细说明需要采购的产品类目的参考图或图表及其他信息。具体包括以下内容：

（1）项目的合理性说明（设计说明书）　解释为什么要进行这一项目，项目存在的合理性风险是买方承担的。

（2）项目可交付成果（执行说明书）　这是一份主要的、属于归纳性的项目清单，其完整、令人满意的交付标志着项目的完成。项目存在的执行风险由承包商承担。

（3）项目目标（功能说明书）　项目目标是项目成功必须达到的某些数量标准。项目目标必须包括费用、进度和质量标准。项目目标应当有属性、计量单位和数量值。未量化的目标未来会存在很大风险。

2. 项目生产实施计划

项目的生产实施计划，提供了有关在采购计划过程中需要考虑的所有技术问题或注意事项的重要资料。项目实施计划明确了项目生产的具体开展方式，对最终的交付产品进行了详细说明，对项目生产活动中所需要的生产资源进行了估算，是采购计划编制的依据。

3. 采购活动所需的资源

如果执行的组织单位没有正式的合同部门，那么项目队伍就必须自己寻求资源和专家以支持项目采购活动。

4. 市场状况

在采购计划编制过程中，必须考虑市场能够提供何种产品和服务、由谁提供以及使用的合同条件。

5. 其他计划结果

只要有其他计划结果可供使用，在采购计划过程中就必须考虑到。

6. 制约条件和基本假设

约束条件是指限制买方选择的因素。对很多项目来说，最常见的约束条件之一是资源充裕度。项目实施组织在实施采购过程中，面对变化不定的社会经济环境所做出的一些合理推断，就是基本假设。制约条件和基本假设的存在限制了项目组织的选择范围。

7. 物料清单

物料清单是指材料或服务的具体明细表，是采购部门编制采购计划的重要依据，是项目生产部门安排生产的依据，是计划部门编制物料需求计划的依据。物料清单按所包含的内容详细程度的不同分为单级物料清单、多级物料清单和综合物料清单。物料清单见表 3-5。

表 3-5 物料清单

物料名称	规格	单位	数量	单价	金额	备注

8. 编制项目采购计划的工作内容

项目采购计划的编制过程，就是依据上述有关项目采购计划所需的信息，结合项目组织的自身的条件和项目各项计划的要求，对整个项目实现过程中的资源供应情况做出具体的安排，并按照有关规定的标准或规范，编写出项目采购计划文件的过程。项目采购计划的主要文件包括项目采购计划、项目采购工作计划、项目采购标书、供应商评价标准等。这些项目采购计划工作文件将用于指导后续的项目采购计划实施活动和具体的采购工作。例如，项目采购标书在项目采购或承发包招标之前，就需要交给潜在的供应商或分包商。一个项目组织在编制采购计划时需要做下面的工作：

（1）确定采购需求　采购需求是由采购实体确定的。确定采购需求时，应考虑采购的资源整体布局、资源产品的原产地、采购资源的社会效益等，要控制盲目采购、重复采购等。确定采购需求是整个采购过程中的一个非常关键的环节。

（2）预测采购风险　采购风险是指采购过程中可能出现的一些意外情况。例如，支出增加、推迟交货等。这些情况都会影响采购预期目标的实现，因此预测采购风险也是采购工作中的一个重要步骤。

（3）采购方式与合同类型的选择　在编制项目采购计划的过程中，项目组织还应该考虑以什么样的方式获得各种资源和究竟需要与资源供应商或分包商签订什么类型的采购合同。项目资源的获得方式可以通过询价选定一家供应商或分包商，也可以采用招投标的方式，其选择原则是：既有利于维护项目组织的利益，又能保证项目资源充分而及时地供给，从而不耽误项目的完工。合同类型的选择一般需要选用下列三种之一：固定价格合同、成本补偿合同和单位价格合同。三种类型的合同对项目组织和供应商各有利弊，作为买主的项目组织应该根据项目具体情况和所要采购资源的具体情况仔细地反复权衡。

（4）项目采购计划文件的编制和标准化　在分析和确定了上述因素之后，就可以使用各方面的资料编制项目采购计划文件了。在这种计划的编制中，可以采用专家分析法、经济期量订货法、综合平衡计划法等具体方法。项目采购计划文件的编制工作包括项目采购工作计划、项目采购标书、供应商评价标准等。这些计划管理文件要按照一定的标准格式编制，以便供应商或分包商理解。在这方面常见的标准格式文件包括：标准的采购合同、标准的劳务合同、标准的招标书、标准的计划文件等。如果项目组织需要从外部进行大量的资源采购活动，那么他们应该对这类文件中的大部分文件进行标准化处理，从而使项目采购计划更为科学和实用。

9. 项目采购计划编制的文件

项目采购计划编制的文件是指一系列的项目采购工作与管理所需的指导文件。这方面的主要项目文件包括以下几种：

（1）项目采购计划　项目采购计划编制的最重要的文件是项目采购计划。在项目采购计划中，全面地描述了项目组织未来所需开展的采购工作的计划和安排。这包括从项目采购的具体工作计划到招投标活动的计划安排，以及有关供应商的选择、采购合同的签订、实施、合同完结等各项工作的计划安排。在项目采购计划中，应该明确以下问题：

1）项目采购工作的总体安排。在项目采购计划中，项目组织要明确项目采购的总目标，规定项目所需采购的总的资源数量、品种及费用和在资源采购中应该开展的各种采购工作及其管理活动的计划与安排。

2）采用什么类型的合同。项目组织要明确规定在资源采购中，何时采用一般供应合同，何时采用固定价格合同，何时采用成本补偿合同，何时采用单位价格合同。

3）项目采购工作责任的确定。这是指项目组织的资源采购部门应该承担的责任和执行的任务，还要明确项目组织的上级单位、项目组织，甚至资源供应商的工作责任。

4）项目采购计划文件的标准化。项目采购计划文件必须标准化，一般大量采购项目的标准文本包括：标准合同文件、采购标的（物）描述的标准文本、招投标的标准文本等。

5）如何管理资源供应商。如果项目组织需要很多资源供应商或分包商，如何管理好这些供应商或分包商也是项目采购管理中一个很重要的问题。这包括如何选择、控制和影响他们，以及如何确定他们履行采购合同规定的责任和义务等。

6）如何协调采购工作与其他工作。项目采购是项目及时获取外部资源的过程，如何将采购工作与项目其他方面的工作合理地协调，一起推动项目的发展、实现项目的目标是项目采购计划的一个重要内容。例如，如何协调项目实施的进度和绩效与项目的采购工作，因为项目进度和绩效的变化会直接影响项目对资源需求的时间和数量，从而直接影响项目采购计划和采购工作。

（2）项目采购作业计划　项目采购计划编制的第二项文件是项目采购作业计划。项目采购作业计划是指根据项目采购计划与各种资源需求信息，通过采用专家判断法和经济期量标准、经济订货点模型等方法和工具制订的项目采购工作的具体作业计划。项目采购作业计划规定和安排了一个项目采购计划实施中各项具体工作的日程、方法、责任和应急措施等内容。例如，对以一种大量使用的外购零配件，何时需要开始对外询价，何时获得各种报价，何时选择向标的（物）供应商开始发盘、还盘、谈判、签约等各项工作；对于项目所需劳务的承发包，何时开始发布招标、何时发放标书、何时开标、中标、谈判签约等，都需要在项目采购作业计划中安排和确定。

（3）采购要求说明文件　项目采购计划编制的另一个重要文件是采购要求说明文件。在采购要求说明文件中，应该充分详细地描述采购要求的细节，包括需要考虑的技术问题和注意事项的重要资料，以便让供应商确认自己是否能够提供这些产品或劳务。这里的"充分详细"要求可以根据产品或劳务的特性、项目组织的需求、采购适用的合同格式而有所不同。但是无论怎样，项目组织者必须保证在采购要求说明文件中清晰地描述所需采购的具体产品或劳务。

在任何时候，采购要求说明文件的详细程度都应该保证以后项目的顺利进行。例如，项目采购的产品在使用过程中所需的技术支持服务，项目采购的设备在未来项目实现并投入运营以后所需的技术服务等。这些必要的服务要求应在采购要求说明文件中明确地做出规定和说明。在一些具体应用领域，项目采购要求说明文件还有一些特定的内容和格式要求。

在项目采购工作的后续阶段，采购要求说明文件在传递和转移中可能会被重新评估、定义、更新或改写；或者说采购要求说明文件在转移中会由于发现了新的问题而被修订和更新。例如，某个供应商可能会提出比原定采购方法更有效的解决办法，也可能会提供比预定产品成本更低的替代产品，此时必须修订或者重新编写采购要求说明文件。每项独立的采购工作都需要有各自的采购要求说明文件。当然，有时多个产品或劳务构成一个整体，也可以组成一项采购工作，从而使用一份采购要求说明文件。

（4）采购工作文件　这是项目组织在采购过程中所使用的一系列工作文件，主要是为了项目组织顺利地开展工作和所传达的信息能够被迅速传递和反馈。例如，项目组织借助这些采购工作文件向供应商寻找报价和发盘。采购工作文件有不同的类型，常采用的类型有投标书、询价书、谈判邀请书、初步意向书等。

一般采购工作文件都有标准格式并按规范化编制。这些采购工作文件的内容包括：相关的采购要求说明，采购者期望反馈的信息说明，以及各种合同条款的说明等。编制采购工作文件要有足够的灵活性，既需要有便于项目组织准确完整地理解来自供应商持续、可比较的信息，同时又要有利于供应商执行并完成采购合同。

（5）采购评价标准　采购计划的科学性和可行性应依据能否顺利实现项目目标来判定，同时必须确定一个评价标准，来帮助项目组织顺利地执行计划。项目的采购评价标准既有客观评价的标准指标，也有主观评价的标准指标，必须将其定性化和定量化。采购评价标准是项目采购文件的一个重要组成部分。

3.3.4　编制采购计划的原则

1. 量力而行原则

编制的采购计划要严格按照预算执行，并考虑到企业和项目的及时支付能力。

2. 适度超前原则

企业在编制采购计划时要充分考虑材料或服务的现实需求与前瞻需求，在财力允许的情况下，适度提高采购物料的余量与内在品质。

3. 成本经济型原则

企业在编制采购计划时要充分考虑采购物料与其后续成本支出，按照降低采购成本的总要求，确定采购材料或服务的类型。

4. 物料分类原则

企业在编制采购计划时需要将采购的材料或服务按照轻重缓急分为不同的等级，对重点产品或急需产品要优先安排采购。

5. 提高采购整体效益原则

1）对采购价格容易随季节变化的物料，企业在编制采购计划时应将其安排在价格处于低谷的季节进行采购。

2）采购相近或相同的产品，企业在编制采购计划时应尽量安排一次性采购。

3）对经过认证能够满足工厂需求的供应商，企业在编制采购计划时应尽量将不同的产品安排在一个供应商名下进行集中采购。

6. 落实采购预算原则

采购预算表规定的范围和项目必须列入采购账户，采购产品的数量和资金来源必须与采购计划相对应。

3.4　编制采购计划的工具与技术

项目实施组织总会拥有一些采购产品的选择权，包括自制或外购分析、专家判断、合同类型的选择、短期租赁或长期租赁等。

3.4.1　自制或外购分析

项目可以分成两个部分，一是"自制"的部分，二是"外购"的部分，如图3-3所示。因此，在编制项目采购计划时，一个非常重要的内容就是决定自制还是外购。

1. 自制/外购分析的主要内容

自制/外购分析是一项一般性的管理技术，属于工作范围定义的一部分。在分析的过程中，应综合考虑自制和外购的直接费用和间接费用，组织的长期目标和项目的当前需要。具体而言，主要包括经营战略分析、成本分析、资源配置分析、需求分析和其他因素分析。

（1）经营战略分析　对于即将战略退出的领域，或有战略合作协议的，或专业产品的品质对项目很重要的，应考虑在项目中进行战略性的采购。

（2）成本分析　确定项目组织自身能否经济地为项目生产出某项货物或提供某种服务，比较采购环节中外部采购成本是否大于自己制造的成本。在自制/外购成本比较时，应同时考虑直接成本和

图 3-3　自制/外购分析

间接成本，成本分摊要考虑业主的长远需求和项目的当前需求，在满足业主的长远需求时，分摊到当前项目上的成本应少一些。

（3）资源配置分析　项目的资源需求量与其自身拥有的资源往往不能匹配，特别是在多个项目的情况下，用外购解决资源缺额部分是良好的途径。

（4）需求分析　需求分析应反映业主运作需求以及项目的直接需求，例如购买或租借施工设备是基于业主持续的需求还是项目的当前需求。

（5）其他因素分析　在进行自制/外购分析时，还应考虑项目的进度、技术、质量和安全等特殊需求，项目利益关系人和政府管制部门的特殊因素，产品订购、接收及后续处理的各种因素。一般情况下，企业在自制或外购分析时，可参照表3-6所列的各种理由。

表3-6　自制/外购的理由分析

自制的理由	外购的理由
自制成本更低	外购成本更低
维持或扩大企业的规模	缺乏管理或技术经验
无合适的供应方	与供应方已经建立了良好的合作关系
供应更有保障，使供需更协调	供应方有能力提供合格产品或服务
质量要求极高或很独特，供应方无法达到要求	生产能力不足
利用或避免过剩资源的闲置	选择供应源与替代品比较灵活
避免对单一供应商的依赖	产品受到专利或商业秘密的保护
保守技术秘密	
竞争、政治、社会或环境等因素迫使项目自制	

2. 自制/外购分析的方法

利用转折点分析法进行自制或外购选择决策分析，这是一种被普遍采用的管理技术，可以用来确定某种具体的产品是否可由实施组织自己生产出来，而且成本又很低。

其方法为：画出产品外购时的成本曲线及自制此产品的成本曲线，两条曲线有一个交点，通过在交点左右两边的讨论来确定是自制生产还是外购此产品。

【例3-1】　某公司生产产品每年需要A零件500件。如果自制，生产该零件不会增加公司的固定成本，该零件自制的单位变动成本为7元；如果外购，则该零件的单价为8元。

（1）试决定该零件是自制还是外购。

（2）如果该公司生产该零件每年要增加固定成本600元，确定该零件是自制还是外购。

解：（1）自制成本＝7×500＝3 500（元）

外购成本＝8×500＝4 000（元）

自制成本＜外购成本，应选择自制。

（2）自制成本＝7×500＋600＝4 100（元）

外购成本＝8×500＝4 000（元）

自制成本＞外购成本，应选择外购。

【例3-2】　某项目实施需用甲产品，若自制，单位产品变动成本为12元，并需另外增加一台价值 4 000 元的专用设备；若外购，购买量大于 3 000 件，购价为 13 元/件；购买量小于 3 000 件时，购价为 14 元/件。试问：该项目组织如何根据用量做出甲产品取得方式的决策？

解：对此例进行分析时，有三条成本曲线，根据此题的特点采用转折点分析法较为便利。

设：x_1 表示用量小于 3 000 件时，外购产品的转折点；
x_2 表示用量大于 3 000 件时，外购产品的转折点；
x 表示产品用量。

则用量小于 3 000 件时，产品外购成本为 $y = 14x$
用量大于 3 000 件时，产品外购成本为 $y = 13x$
产品自制成本为 $y = 12x+4\ 000$
根据上述成本函数可求：
转折点 x_1：$12x_1+4\ 000 = 14x_1$，$x_1 = 2\ 000$ 件
转折点 x_2：$12x_2+4\ 000 = 13x_2$，$x_2 = 4\ 000$ 件
将三条成本曲线及转折点用图 3-4 表示如下：

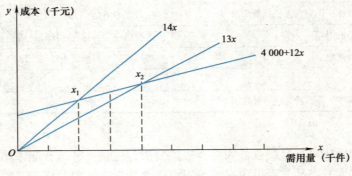

图 3-4 转折点分析图

在决策分析时应以下列结果为依据：
当用量在 0~2 000 件时，外购为宜；
当用量在 2 000 ~ 3 000 件时，自制为宜；
当用量在 3 000 ~ 4 000 件时，外购为宜；
当用量大于 4 000 件时，自制为宜。

此外，自制或外购分析还必须反映项目实施组织的发展前景与项目的目前需要的关系。

3.4.2 专家判断

由于项目采购计划的制订涉及大量的技术、经济和社会等不确定因素，往往很难使用纯定量的方法进行分析和决策，而这些不确定性因素的分析往往需要考虑决策者的心理、知识、经验和承担风险能力等因素，因此采购计划的制订过程经常需要采购专家的技术支持。采购专家就是具有专门知识或经过专业培训的个人或团体。专家意见可以源于很多渠道，包

括执行组织内部的其他单位、咨询公司、专业和技术协会、行业团体等。

专家判断法强调由那些具备特定知识或受过专项训练的个人或群体提供"专家判断",然后使用一些定性分析和转化办法做出最终判断与决策。常用的专家判断法包括专家会议法、德尔菲法、头脑风暴法和层次分析法等。

1. 专家会议法

专家会议法就是组织有关方面的专家,通过会议的方式,对采购产品的信息进行分析预测,然后在专家判断的基础上,综合专家意见,得出相应的结论。

专家会议的优点:在专家会议上,专家可以互相启发,通过讨论或辩论取长补短,求同存异;同时由于会议参加人多,占有信息多,考虑的因素会比较全面,有利于得出较为正确的结论。

专家会议的缺点:在专家们面对面讨论时,容易受到一些心理因素的影响,如屈服于权威和大多数人的意见,受劝说性意见的影响,以及不愿意公开修正已发表的意见,这些都不利于得出合理的预测结论和做出正确的决策。

2. 德尔菲法

德尔菲法是在专家个人判断和专家会议基础上发展起来的,最早出现在20世纪40年代末期。德尔菲法依靠专家"背靠背"地发表意见,各抒己见,调查工作组对专家们的意见进行统计处理和信息反馈,经过几轮循环,使分散的意见逐步收敛,取得尽可能一致的结论,其工作流程如图3-5所示。

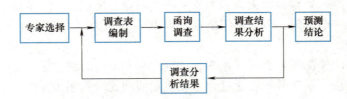

图3-5 德尔菲法的工作流程

(1)德尔菲法的特点 德尔菲法实际上是一个由被调查的专家们集体交流信息的过程,具有以下四个特点:

1)匿名性。德尔菲法通过匿名信函的方式收集专家意见,专家背靠背地发表意见。专家只同组织者发生联系,专家之间不存在横向联系,以减少交叉影响和权威效应,使专家毫无顾忌地发表和修改自己的意见。

2)反馈性。德尔菲法通常要经过2~3轮征求专家意见,而且每轮都将上轮较为集中的意见或部分信息反馈给专家,供专家修改自己的意见时参考。

3)收敛性。每轮意见收集后,组织者都将意见进行处理,根据专家意见集中程度,重新整理问题,再次征询专家意见,进而使意见趋于集中。

4)广泛性。德尔菲法因采用通信函询的方式,可以在比较广泛的范围征询专家意见,不仅可用于有历史资料和无历史资料情况下的分析预测,而且可用于近期探索性和远期开放性情况下的分析预测。

(2)德尔菲法的优点 德尔菲法的主要优点体现在简明直观、用途广泛、费用较低,在大多数情况下可以得到比较准确的预测结果,避免了专家会议的崇拜权威、随大流等弊端。在缺乏足够资料的情况下，例如对某些长期的复杂的社会、经济、技术问题的预测，对某些无先例事件和突发事件的预测等，数学模型往往无能为力，只能使用德尔菲法这一类专家判断法。

（3）德尔菲法的缺点　德尔菲法虽有明显的优点，但同时也存在着缺点。

1）德尔菲法是建立在专家主观判断的基础上的，因此专家的知识、经验、兴趣和心理状态对预测结果影响较大，从而使预测结论不够稳定。

2）采用函询方式调查，客观上使调查工作组与专家之间的信息交流受到一定的限制，可能影响预测进度与预测结论的准确性。

3）采用匿名方式调查，往往会忽视少数人的创意，而有时候真理可能掌握在少数人的手里，不利于激励创新。

3. 头脑风暴法

头脑风暴法是一种定性化的方法。具体做法是请一定数量的专家，由一名熟悉研究对象、善于启发思考的人主持会议，对预测对象的未来发展趋势及状况做出判断。通过专家面对面的信息交流，引起思维共振，产生组合效应，进行创造性思维，在较短时间内取得较为明显的成果。

头脑风暴法遵循以下原则：①欢迎畅所欲言，自由地发表意见；②希望提出的方案越多越好；③对所有提出的方案不加任何评论；④要求结合别人的意见提出设想，借题发挥。

头脑风暴法也有不足之处，如专家人数有限，代表性可能不充分；受个人语言表达能力的限制；受群体思维的影响，随大流，为权威所左右等。所以，对专家的选择和对会议的精心组织至关重要。一般来说，专家小组的规模以10~15人为宜，会议时间40~60分钟为佳。

4. 层次分析法

层次分析法是由美国学者萨蒂（A. Saaty）在1973年提出的，是针对非定量决策所提出的一种评价分析方法。层次分析法通过建立和使用两两比较判断矩阵的方法，分层次地、逐步地将众多的因素和决策者的个人因素综合起来进行逻辑判断和分析，从而使一个复杂的决策问题实现从定性分析判断入手，最终获得一种定量分析的结果。

在实际使用中，层次分析法首先将一个复杂问题按照目标层、准则层、指标层等层次进行分层，根据决策目标和准则将问题分解为不同层次的构成要素，形成一个层次分析模型；然后对各层的要素进行对比和分析，并根据要素的相对重要（或优劣、偏好、强度等）程度，按照"比率标度"的方法构造出判断矩阵；最后通过求解判断矩阵的最大特征根及其特征向量的方法，得到各要素的相对权重，并使用"和积法"汇总得到项目备选方案的优先序列，根据项目各备选方案的有限序列得分就可以做出项目选择和决策了。

层次分析法的上述基本步骤可用于解决不太复杂的问题，当面临的问题比较复杂时，可以采用扩展的层次分析法，如动态排序法、边际排序法、前向后向排序法等。

3.4.3　合同类型的选择

合同的类型主要包括固定价格合同、成本补偿合同以及工时和材料合同。

1. 固定价格合同

固定价格合同也称为总价合同，合同价格固定，一般用于购买可以明确定义的产品。如果项目产品定义不很明确，对买卖双方都会带来很大的风险，买方可能得不到满意的产品，而卖方可能要支付额外费用才能提交该产品。固定价格合同可以设立激励措施，以便达到或超过预定的项目目标，如项目进度目标。

固定价格合同还包括可调总价合同。这类合同应当根据采购文件的要求以及当时的物价水平计算出合同的总价，但如果在合同的执行过程中由于通货膨胀引起成本增加，合同总价应相应调整。这种合同实际上是由买方承担了通货膨胀的风险，但约定以外的其他风险仍由卖方承担。由于在基于固定价格合同的项目采购中更多的风险是由供应方来承担的，按道理供应方应该得到更高的报酬，但是情况往往并非如此，尤其是在竞争激烈的公开招标时。

2. 成本补偿合同

成本补偿合同也称为成本加酬金合同。采用这类合同时，买方需要支付给卖方实际发生的成本和一定的利润。成本通常分为直接费用和间接费用。直接费用是指项目自身开支与发生的费用（如项目全职人员的工资）。间接费用是指项目执行组织分摊到该项目的经营管理费用（如公司行政人员的工资）。间接费用在计算时一般取直接费用的百分比。成本补偿合同经常设立一些激励措施，以便达到或超过某些预定的项目目标，例如进度目标、总成本目标等。

由于成本补偿合同规定了买方承担采购实际发生的所有费用，因此买方也承担了采购的全部风险。卖方不承担风险，但所得报酬往往也较低。成本补偿合同的主要缺点是买方对采购的总费用不易控制，卖方也往往不注意降低工作成本。

成本补偿合同通常包括以下三种形式：

（1）成本加百分比酬金合同　成本加百分比酬金合同是指卖方除了按照实际发生的成本获得补偿之外，还可以提取一定的百分比作为酬金的合同。这个百分比往往是固定的，但也有规定按成本滑动的，成本越高，百分比越低。从总体上看，这种合同不利于鼓励卖方降低工作成本，因为增加的成本往往会使卖方多得报酬，因此应用得不多。

这种合同的合同总价可按下式计算：

$$C = C_d + C_d \times P \tag{3-1}$$

式中，C 为合同总价；C_d 为产品实际发生的成本；P 为固定百分比。

（2）成本加固定酬金的合同　成本加固定酬金的合同是由买方支付采购产品的全部成本，然后再向卖方支付一笔固定数目酬金的合同。这种合同也不能鼓励卖方降低成本，但会促使承包商尽量缩短工期，以便尽早获得酬金。

这种合同的合同总价可按下式计算：

$$C = C_d + F \tag{3-2}$$

式中，F 为固定酬金。

（3）成本加浮动酬金合同　成本加浮动酬金合同也称为目标成本合同。采用这种合同时，买方和卖方首先要确定一个目标成本。当完成合同后的实际成本低于目标成本时，卖方将根据合同的规定获得一定数额的奖金，有时甚至明确规定节约的成本由卖方和买方均等分配。当实际成本高于目标成本时，卖方获得的奖金额按规定递减。因此，这种合同可以在一定程度上控制采购产品的成本，使卖方摆脱成本加百分比酬金合同和成本加固定酬金合同对成本无法控制的局面。有的合同条文中还明确规定了卖方获得奖金的最高金额和最低金额，使卖方和买方的利益关系明确，防止不确定因素引起的纠纷。

成本加浮动酬金合同的主要缺点在于：买方和卖方在确定采购产品的目标成本时很难达

成一致的意见,可能成为日后产生合同纠纷的根源。这类合同的合同总价可按下列公式计算:

当 $C_d = C_0$ 时,则

$$C = C_d + F \tag{3-3}$$

当 $C_d > C_0$ 时,则

$$C = C_d + F - \Delta F \tag{3-4}$$

当 $C_d < C_0$ 时,则

$$C = C_d + F + \Delta F \tag{3-5}$$

式中,C_0 为目标成本;F 为基本酬金;ΔF 为浮动酬金。

成本加浮动酬金合同的合同总价也可按以下公式计算:

$$C = C_d + P_1 C_0 + P_2 (C_0 - C_d) \tag{3-6}$$

式中,P_1 为基本酬金百分比;P_2 为奖惩百分比。

3. 工时和材料合同

工时和材料合同也称为单价合同,兼有成本补偿合同和固定价格合同的特征。工时和材料合同与成本补偿合同类似的地方在于,合同总价在合同签订时并未确定。工时和材料合同与固定价格合同类似的地方在于,买卖双方可预先确定各种资源的单位价格。

4. 选择合同类型

选择合同类型对采购者和供应方都非常关键,这需要考虑很多因素,其中四个关键因素是:项目生命周期、项目采购风险的识别、技术挑战性以及采购产品的界定,如图3-6所示。

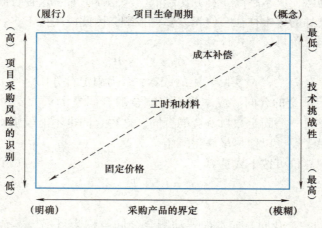

图 3-6 选择合同类型的四个关键因素

在项目采购过程中,除了需要考虑以上四个关键因素外,还应该具体分析竞价范围、成本价格、项目紧急程度、合作合同(即是否允许其他卖方介入)、转包范围的限定等因素。由于工程采购具有工期长、复杂性高、风险大、影响因素多等特点,因此下文重点介绍工程采购中影响合同类型的选择因素。

(1)工程规模和工期长短 如果工程的规模较小、工期较短,那么合同类型的选择余地较大,三种合同都可以选择。对于业主而言,由于选择固定价格合同可以不承担风险,因此较多选择固定价格合同;对于承包商而言,因为这类工程风险小,不可预测因素少,同意采用固定价格合同的可能性较大。如果工程规模大、工期长,那么风险也大,合同履行中的不可预测因素也多,因此这类工程不宜采用固定价格合同。

(2) 竞争情况　如果愿意承包工程的承包商较多,那么业主拥有较多的主动权,可按照固定价格合同、工时和材料合同、成本补偿合同的顺序进行选择。如果愿意承包工程的承包商较少,那么承包商拥有的主动权较多,可以尽量选择承包商愿意采用的合同类型。

(3) 工程复杂程度　如果工程的复杂程度较高,那么意味着工程的风险较大,对承包商的技术水平要求较高。因此,承包商对合同的选择有较大的主动权,固定价格合同被选用的可能性较小。如果工程的复杂程度低,那么业主对合同类型的选择拥有较大的主动权。

(4) 单项工程的明确程度　如果单项工程的类别和工程量都已十分明确,那么可选择的合同类型较多,三种合同都可以选择。如果单项工程的分类已详细而明确,但实际工程量与预计的工程量可能有较大出入,那么应优先选择工时和材料合同。如果单项工程的分类和工程量都不甚明确,那么无法采用工时和材料合同。

(5) 准备时间的长短　固定价格合同需要的准备时间较长,成本补偿合同需要的准备时间较短。对于一些非常紧急的工程,如抢险救灾等,给予业主和承包商的准备时间都非常短,因此只能采用成本补偿合同形式。反之,则可以采用工时和材料合同或固定价格合同形式。

(6) 外部环境因素　外部环境因素主要包括工程所在地区的政治局势是否稳定,经济局势因素(如通货膨胀、经济发展速度等),当地劳动力素质,交通、生活条件等。如果工程的外部环境恶劣,则意味着项目的成本高、风险大、不可预测的因素多,承包商很难接受固定价格合同方式,而较适合采用成本补偿合同。

3.4.4　短期租赁与长期租赁

决定是短期租赁还是长期租赁,常常取决于财务上的考虑。原理与自制或外购分析相同,举例如下。

【例 3-3】　一个公司若短期租赁一种设备,租金按天计算,每天 100 元;也可以长期租赁,租金每天 60 元,但必须在开始时缴纳固定的手续费用 5 000 元。试进行短期或长期租赁选择。

在这种情况下,进行短期或长期租赁选择,要根据项目对设备的预计使用时间来分析短、长期租赁的成本转折点。

解: 设在预计租期为 x 时,长、短期租赁费用相等。

则 $100x = 5\,000 + 60x$

$x = 125$(天)

因此,若公司预计租用设备不超过 125 天,应选择短期租赁,若预计租用设备超过 125 天,选择长期租赁更合适。

3.5　采购方案的选择

采购方案的策划包括上述自制还是外购的选择和采购地点、品种、分散制采购还是集中制采购的选择等。现以分散采购还是集中采购的选择和工程分包内容进行介绍。

3.5.1 分散制采购与集中制采购的选择

为了规范采购行为，由采购部门根据企业自身状况，综合考虑采购活动中可能用到的各种资源要素，选择合理的采购方案。

1. 分散制采购

它是将采购工作分散给各需求部门自行办理。此种采购方案通常适用于规模比较大、分布比较广的企业。如果采用集中制，容易产生迟延，不易应付紧急需要，且采购部门的联系相当困难，采购作业与单据流程显得漫长复杂，就可以采用分散制。若散布各地的工厂，在生产设备、贮藏设施、社区的经济责任等方面具有独特的差异性，也以采用分散制较为适宜。

2. 集中制采购制度

将采购工作集中于一个部门办理，一般情况下，总企业各部门、分企业及各工厂均无采购权责。下面分别介绍集中制采购制度的适用范围及步骤要求：

（1）适用范围

1）企业产销规模大，采购量大，迫切需要一个采购单位来办理，即可充分满足各部门对物料的要求。

2）企业各部门及工厂集中于一个地理区域，采购工作并无因地制宜的必要，或采购部门与需求部门虽非同处一地，但因距离亦非遥远，通信工具相对便捷，采购工作由一个单位办理也不会影响需求时效。

3）企业虽有数个生产机构，但产品种类大同小异，集中采购可达到"以量制价"的效果。

4）采购物品的共性要求。

5）专业技能的要求。有些产品如计算机软件等，采购需要具有专业知识与技能，应集中起来由专业人员统一采购。

6）价格浮动的影响。有些原材料如金属、油品等对政治、经济环境十分敏感，宜于集中采购。

（2）步骤要求

1）根据企业所处的社会经济状况，制定采购战略。

2）根据本企业的生产经营状况确定采购计划。

3）对于大宗货物进行集中采购时，要考虑市场的反应，同时要结合生产工艺和产品质量要求。

4）在实施集中采购过程中要进行市场信息分析，进行市场调查并询价。

5）采购部门根据资源、采购量的大小和采购实施进度安排等，采用最有利的方式实施采购。

6）对于符合适量、适时、适价、适地的货品，经检验合格后要及时办理资金转账手续。

3. 混合制采购制度

混合制采购兼取集中、分散制的优点而成。凡属共同性物料、采购金额比较大、进口品等，均集中由总企业采购部办理；小额、因地制宜、临时性的采购，则授权分企业或各工厂采购。

3.5.2 工程分包

工程分包（包括专业分包和劳务分包）是施工企业弥补资源不足的一种有效手段，是国际工程建设市场经常采用的一种模式，自20世纪80年代起，国内工程市场上也开始采用这种方式。在法律层面，政府和行业主管部门也出台了一系列法律法规，对规范施工企业工程分包起到了积极作用。但是由于种种原因，因分包管理不到位造成的安全、质量事故仍时有发生，给总承包企业造成了巨大经济损失。工程分包策划是合理进行工程分包的首要前提。工程分包策划就是对需要分包的工程，按照策划的依据、把握策划的原则、采用合适的方法、遵循一定的程序进行分析，主要解决分包工程如何划分标段、采用何种分包模式、什么时候确定分包商等相关问题，找出最优的工程分包方案，以实现期望目标的过程。

1. 施工企业加强分包商管理的主要措施

（1）完善分包商准入管理，加强分包商的动态管理　首先，施工企业在遴选分包商时，要对分包商的法人资格、企业资质、市场准入资格、企业信誉、类似项目经验、项目完成绩效、企业财务状况、人力和设备状况等的真实性进行慎重审查，确保分包商身份真实合法。企业通过自身接触、外部行业协会交流或者相关方反馈等多个途径获得更多的信息，在企业层面建立和充实分专业、分等级的分包商信息库，并在内部实现共享。

其次，根据工程特点，选用合适的分包商，在使用过程中进行动态管理。动态管理内容包括：定期或者不定期核查分包商分包工程的施工能力、验证入场资源等，以此对分包商的表现进行评价和对分包商花名册进行动态调整。在对分包商进行动态管理的过程中，企业可以采用正负双向的激励措施，对表现最佳的分包商进行奖励，扩大和深化在专业领域的合作，与之建立长期、稳定、利益共享的伙伴关系；为优秀的分包商开通绿色通道，在相关方面提供一定的优惠政策，包括公司在任务分工、合同订立、价格确定、工程款支付、工程结算等方面给予优先政策，简化管理程序，甚至采取议标方式对其进行发包等；对有恶劣行为的分包商实施淘汰，并不允许企业内部再次使用。

（2）合法合规开展分包活动，加强分包合同管理　为了使分包管理过程透明化、程序化，总承包企业在一定的组织保障基础上，需要逐步完善工程分包有关的制度和流程，明确分包审批程序，形成一套系统化、规范化、易于执行的操作程序。通过制度确保分包是在有合法必要的条件下进行的，避免违法分包和随意分包；在确定实施分包后，要加强内部各级对分包工程的管理审批工作。

在分包合同管理上，总承包企业在合同谈判阶段就应对双方相应权责进行详细约定，制定的分包合同在确保合法有效的基础上，还要尽可能细致和准确地明确总包和分包商之间的工作范围和协调配合责任，使总分包界面责任明确、专业协作有法可依，防止参与方互相推诿责任，避免不必要的纠纷和分歧，降低分包风险，同时要注意防范分包的隐形风险。企业要遵循"先签合同后开工"的原则，杜绝分包商先进场，后签订合同，避免因受分包商要挟而陷于被动境地，以免出现为了赶进度而让分包商匆匆上阵，在后期因谈判筹码降低而不得不遭受利益损失，甚至被迫对簿公堂的情况。

（3）加强现场工程分包管理，并做好服务工作　总承包企业在分包工程管理中的核心工作是组织、指导、协调、控制各分包商的工作。总承包企业在工程实施中应认真履行合同责任，对分包工程进行跟踪监督和动态管理，确保分包商认真履行分包合同，及时预测风险和分析偏差，采取有效措施，消除风险。总承包企业在分包质量管理方面，避免以包代管，严格各个环节的管理；在分包进度管理方面，应根据项目实际情况合理制订工程分包计划，依据分包合同严格检查分包商的资源投入，加强进度统计和考核，并做好现场服务和配合工作；在分包安全管理方面，要加强对分包商安全体系的建立和完善、安全交底、安全培训、劳动保险等工作的监督，强化分包过程控制，持续开展分包安全隐患排查治理活动，落实责任，降低分包安全风险。

劳务分包方的"实名制管理"是住房和城乡建设部一再强调的管理措施，但这项措施的实施始终不理想，以致出现在本工地接受了安全教育和安全交底的劳务工人没有在本工地干活，在本工地干活的却又没有接受本工地的安全教育和交底的现象，安全事故往往就此发生。"实名制管理"的难度确实较大，但"方法总比困难多"，只要开动脑筋，办法总是会有的，就看我们是否认识了这项措施的重要意义。此外，总包方还要配合分包商做好分包实施中的服务和指导工作，为分包商创造有利的作业条件。总包方对分包商的服务可以体现在灌输先进的管理经验和管理模式，对分包商的管理方法和形象建设进行指导，协助分包商进行内外关系协调等。

2. 分包模式和分包方案选择的原则

工程的分包主要是两种方式：专业分包和劳务分包。

专业分包，是指施工总承包单位将其所承包工程中的专业性较强的专业工程或分部分项工程发包给具有相应资质的其他建筑企业来完成。

劳务分包，是指施工总承包单位或者专业承包单位将其承包工程中的劳务作业发包给劳务分包单位来完成。劳务分包的形式主有3种：包工包料的方式（亦可称为大包、全包等）、只包工不包料的方式（又可称为包清工）、包工、包一部分周转材料和小型工具的方式（又可称为扩大的劳务分包）。劳务分包采用哪种分包方式也要按实际情况来进行策划。

不论采用哪一种分包方式，都要遵循以下原则：

（1）合法合规的原则　目前工程分包受法律、法规、规章、制度的约束较大，工程分包策划应以合法合规为前提，防范或规避法律方面的风险。例如，不能把分包异化为转包、挂靠，后者是国家明令禁止的行为。各级领导及商务管理人员应提高法律法规意识，及时掌握法律法规的变动情况。

（2）利益主导的原则　利益主导原则就是以利益为主导因素，以利益为先决条件。首要考虑项目的利益，也要考虑分包商的利益，合理把握尺度，实现互利共赢。

（3）整体策划的原则　整体策划原则就是要处理好整体利益与局部利益、近期利益与长远利益的关系。

（4）客观可行的原则　客观可行就是策划必须基于项目内外部环境资源要素，从实际出发，不能脱离客观条件的允许，方案要可行，能够或便于操作。

（5）随机制宜的原则　方案的制订应符合项目的特点。在执行过程中，应根据实际情况把握好调整或修正的力度。

3. 工程分包方案选择的依据

1）工程施工承包合同（与发包人签订的合同）。

2)《中华人民共和国民法典》及与工程分包有关的法律法规、部门及地方的规章制度。

3）公司颁发的《工程分包管理办法》《在建工程管理实施细则》《合同管理办法》或其他有关工程分包管理的相关制度。

4）工程项目的特点、施工方案。

5）拟投入的人力资源、机械设备状况，项目自身的技术水平、施工能力。

6）目前市场中分包商的能力、数量等状况。

3.6 采购计划的审批与执行

3.6.1 采购计划的审批

采购计划的审批，是指上级主管物资采购的部门对采购计划的审查和批准。有的采购计划审批还包括企业上级领导机关对物资采购计划的批准。审查的内容主要有：

1）是否符合上级计划安排的原则和国家的方针政策。

2）任务是否合理适当，物资的消耗定额是否准确、先进、可靠。

3）各期的库存储备量的预计有无高估或低估现象。

4）各种物资采购是否配套。

5）是否遵循了成本最优化原则，在保证质量的前提下，企业是否达到了先进性和效益性。

6）计算是否有误。审批后的计划才能作为物资采购的依据。

3.6.2 采购计划的执行

（1）组织订货与采购 首先对于国家计划分配的物资、大宗物资可参加有关订货会议与物资生产企业签订订货合同，直接从生产企业取得物资，不需要经过中间流通机构，这样可优化供需衔接，缩短供货时间，减少流通费用等，即直接订货方式。它适合于产品定型、生产稳定、需要量大的原材料、燃料、大件设备和专用物资。小额物资一般可通过中间机构，即通过物资流通企业订购物资，一般采用就近原则。这样可使企业进行灵活采购，减少库存费用等，但需支付中间流通费用，这就是间接订货方式。它适合使用量不大，但使用范围较广的通用物资。非计划分配物资或零星需要物资，企业可按实际需要，根据经济合理性原则，向物资部门、商业部门、供销系统和其他企业单位自由组织实施。

（2）慎重选择合适的供货单位，大力推行招标订货 计划性分配的物资，其采购单位、采购品种、数量均由国家按有关规定安排，企业与指定的供货方需签订相应的供需合同；非计划性分配物资在选择供货单位时，应考虑对方的生产能力、技术能力、信誉度和所供物资的质量、价格、数量和服务质量等方面，选择最佳的供应商。

（3）加强订货合同管理 订货合同是根据采购双方协议条件而签订的责任契约。订货合同要明确规定物资的牌号、规格、质量、数量、交货期、交货方式、运输方式、验收方式、付款形式、违规的处理方法等。它一经签订，即具有法律效力，要认真签订和执行，及时检查执行情况，积极促使双方均按合同要求行动，对不执行合同或歪曲合同的企业，要追究经济或法律上的责任。

思 考 题

1. 项目采购计划有哪些内容？
2. 简述项目采购计划的影响因素有哪些？
3. 简述项目采购需求 ABC 分析的方法。
4. 制订采购计划要考虑哪些因素？
5. 简述制订采购计划需要具备哪些工具和技术？
6. 简述合同的类型及其选择。
7. 采购方案的选择有哪些？
8. 采购计划的审核过程中，审核的内容主要是什么？

第 4 章 工程项目采购

4.1 工程项目采购概述

4.1.1 招标投标的产生和发展

1. 招标投标产生的历史原因

18 世纪 80 年代,在英国和美国出现了最早的招标投标活动,并继之走向了法制化的轨道。20 世纪 50 年代后,世界各国和国际经济组织,如世界银行、亚洲开发银行,在产品采购和工程建设上也普遍采用招标投标方式,并且招标投标由政府走向了民间,成为企业与企业之间产品和劳务的一种常见的交易方式。

(1) 招标投标的产生

1) 招标投标的发端。招标投标最早产生于英国和美国政府的采购活动(商品和劳务采购)中,并逐步通过立法把招标投标这种交易形式固定下来。

英国是最早使政府采购规范化的国家。1782 年,英国就设立了文具公用局,负责采购政府各部门所需物资。1803 年,英国政府以法令形式推行招标制,规定政府机构购买批量较大的货物以及开展较大的工程项目时,采取招标方法。此后,于 1861 年出台了一部联邦法案,从量上对招标做了界定,它规定超过一定金额的联邦政府的采购,都必须采取公开招标的方式。

美国则是对招标投标最早立法的国家,它在 1761 年就颁布了《联邦采购法》,对政府购买商品和开发工程建设进行法制化的管理。1809 年,美国国会又通过了第一部秘密招标的法律,1861 年美国国会还通过立法规定密封招标制为政府授予合同的基本方式。这一方式一直延续到 1984 年通过《美国联邦采购法》为止。

2) 招标投标产生的历史原因。英国和美国两国成为人类经济史上招标与投标活动的历史起点,有其深刻的历史原因。①英国是最早出现产业革命并成为市场经济的国家,美国独立后也逐步步入了市场经济轨道。在市场经济条件下,市场配置着资本、劳动、技术等物质资源,但由于市场自身的缺陷,公共产品(如国防、教育服务于公众的基础设施)所需的资源配置权力却由政府行使。随着市场经济的发展,政府提供全国性共用品和地方性共用品的职责也随之扩大,政府从而面临大宗产品的共用设施建设的任务,使政府与企业的交易变为经常的、频繁的活动，使这种交易活动规范化、法制化，就成为当时英国和美国政府共同面临而必须解决的课题。②政府作为行使公共权力的机构，它的资源配置权力既要遵循公开、公平、公正和诚实守信的原则，又要保护社会公共利益，确保所购买的产品和劳务的质量，提高经济效益。要使政府在购买商品和劳务过程的行为规范，使政府权力在交易活动中不被官员们滥用，就必须找到一种既能监控政府权力，又能满足市场原则、优化配置资源的交易形式。政府采购中的招标投标交易形式正是这一内在要求下的历史产物。

历史表明，招标投标活动不仅使政府的交易行为更加规范，堵塞了官员们以权谋私的途径，而且在使交易行为公平公正的同时，又使政府手中公共财富支配由于引入竞争机制而达到最优化。

（2）招标投标的发展　英国和美国两国的招标投标形式在19世纪已普遍地为欧美发达的工业化国家所采用，20世纪中叶（第二次世界大战后）普遍为世界各国、国际经济组织、国际财团所采用，并得到立法推行，招标投标由一种交易方式成为政府强制行为。

随着招标采购在国际贸易中迅速上升，招标投标制度已经成为一项国际惯例，并形成了一整套系统、完善的，为各国政府和企业所共同遵循的国际规则。各国政府不断加强和完善本国相应的法律制度和规范体系，对促进国家间贸易和经济合作的发展发挥了重大作用。

西方发达国家以及世界银行等国际金融组织在货物采购、工程承包、咨询服务采购等交易活动中积极推行招标投标方式，使其日益成为各国和各国际经济组织所广泛认可的交易方式。

2. 我国招标投标的确立和现状

据史料记载，我国最早采用招商比价（招标投标）方式承包工程的是1902年张之洞创办的湖北制革厂。5家营造商参加开价比价，结果张同升以1270.1两白银的开价中标，并签订了以质量保证、施工工期、付款办法为主要内容的承包合同。1918年汉阳铁厂的两项扩建工程曾在汉口《新闻报》刊登广告，公开招标。1929年，当时的武汉市采办委员会曾公布招标规则，规定公有建筑或一次采购物料大于3000元以上者，均须通过招标决定承办厂商。

新中国成立后，以建设工程招标投标的发展为主线，可把我国招标投标的发展过程划分为以下三个发展阶段：

（1）第一阶段：招标投标制度初步建立　从新中国成立初期到党的十一届三中全会以前，我国实行的是高度集中的计划经济体制。在这一体制下，政府部门、国有企业及其有关公共部门基础建设和采购任务由主管部门用指令性计划下达，企业的经营活动都由主管部门安排，招标投标制度被中止。

20世纪80年代，我国开始探索招标投标制度，主要发展历程如下：

1）1979年，我国土木建筑企业最先参与国际市场竞争，以投标方式在中东、亚洲、非洲等地开展国际承包工程业务，取得了国际工程投标的经验与信誉。

2）1980年10月17日，国务院在《关于开展和保护社会主义竞争的暂行规定》中首次提出，为了改革现行经济管理体制，进一步开展社会主义竞争，对于一些适于承包的生产建设项目和经营项目，可以试行招标投标的办法。世界银行在1980年提供给我国的第一笔贷款，即用于第一个大学发展项目时，便以国际竞争性招标方式在我国（委托）开展其项目采购与建设活动。自此之后，招标活动在我国境内得到了重视，并获得了广泛的应用推广。

3) 1981年，吉林省吉林市和深圳特区率先试行工程招标投标，并取得了良好效果。这个尝试在全国起到了示范作用，并揭开了我国招标投标的新篇章。

4) 1984年9月18日，国务院颁发了《关于改革建筑业和基本建设管理体制若干问题的暂行规定》，提出大力推行工程招标承包制，要改变单纯用行政手段分配建设任务的老办法，实行招标投标。

5) 1984年11月，国家计委和城乡建设环境保护部联合制定了《建设工程招标投标暂行规定》。1985年，国务院决定成立中国机电设备招标中心，并在主要城市建立招标机构，招标投标工作正式纳入政府职能。此后，随着改革开放形势的发展和市场机制的不断完善，我国在基本建设项目、机械成套设备、进口机电设备、科技项目、项目融资、土地承包、城镇土地使用权出让、政府采购等许多政府投资及公共采购领域，逐步推行招标投标制度。随着经济体制改革的不断深化，《1988年深化经济体制改革的总体方案》出台，我国逐步取消计划经济模式。

20世纪80年代，我国招标投标经历了试行—推广—兴起的发展过程，招标投标主要侧重于宣传和实践，还处于社会主义计划经济体制下的一种探索。

(2) 第二阶段：招标投标制度规范发展 1992年，全面推行市场经济政策，招标投标市场解放思想，改革开放，彻底取消了计划经济分配制度。各行业开始招标投标工作的转轨变型，强化服务深度，扩展服务领域，开展全新模式的招标投标工作。

20世纪90年代初期到中后期，全国各地普遍加强对招标投标的管理和规范工作，也相继出台了一系列法规和规章，招标方式从以议标为主转变到以邀请招标为主。

这一阶段是我国招标投标发展史上最重要的阶段，招标投标制度得到长足发展，全国的招标投标管理体系基本形成。

1) 全国各省、自治区、直辖市、地级以上城市和大部分县级市都相继成立了招标投标监督管理机构，工程招标投标专职管理人员队伍不断壮大，全国已初步形成招标投标监督管理网络，招标投标监督管理水平不断提高。

2) 招标投标法制建设步入正轨。1992年，建设部第23号令《工程建设施工招标投标管理办法》颁布后，各省、自治区、直辖市相继颁布《建筑市场管理条例》和《工程建设招标投标管理条例》以及各市制定的有关招标投标的政府令，规范了招标投标行为。1997年正式发布《中华人民共和国建筑法》，对全国规范工程招标投标行为和制度起到极大的推动作用。特别是有关招标投标程序的管理细则陆续出台，为招标投标行为创造了公开、公平、公正的法律环境。

3) 成立建设工程交易中心。自1995年起，全国各地陆续成立建设工程交易中心，将招标投标的管理和服务等功能有效结合起来，初步形成以招标投标为龙头，相关职能部门相互协作，具有"一站式"管理和"一条龙"服务特点的建筑市场监督管理新模式，为招标投标制度的进一步完善和发展开辟了新的道路。工程交易活动已由无形转为有形、隐蔽转为公开。

信息公开化和招标程序规范化，有效遏制了工程建设领域的不当行为，为在全国推行公开招标创造了有利条件。

(3) 第三阶段：招标投标制度不断完善 1999年8月30日，第九届全国人民代表大会常务委员会第十一次会议通过了《中华人民共和国招标投标法》（以下简称《招标投标法》），并于 2000 年 1 月 1 日起施行。2002 年 6 月 29 日，第九届全国人民代表大会常务委员会第二十八次会议通过了《中华人民共和国政府采购法》（以下简称《政府采购法》），并于 2003 年 1 月 1 日起施行，确定了招标投标方式为政府采购的主要方式。

《招标投标法》和《政府采购法》的实施，确立了招标投标的法律地位，标志着我国工程建设项目招标投标进入了法制化、程序化时代，从而极大地推动了建设工程招标投标工作在全国范围的开展。

随后，围绕招标投标市场，国务院、建设行政主管部门等先后制定了招标代理管理办法、评标专家库的管理等办法，为建立与健全有形建筑市场，下发了建设工程施工标准招标文件及资格预审示范文本等。2011 年 11 月 30 日，国务院第 183 次常务会议通过了《中华人民共和国招标投标法实施条例》（以下简称《招标投标法实施条例》），并于 2012 年 2 月 1 日起实施。2013 年 2 月 4 日，国家发展和改革委员会第 20 号令发布《电子招标投标办法》及其附件《电子招标投标系统技术规范》，自 2013 年 5 月 1 日起施行，推行电子招标投标对于提高采购透明度、节约资源和交易承包、促进政府职能转变具有非常重要的意义。2017 年 12 月 27 日，国家对《招标投标法》进行了修正；国务院对《招标投标法实施条例》分别于 2017 年 3 月 1 日、2018 年 3 月 19 日和 2019 年 3 月 2 日进行了三次修订，从而进一步完善了招标投标制度。这些都标志着我国招标投标活动从此走上法制化的轨道，招标投标制度进入全面实施的新阶段。

4.1.2　工程项目招标应该具备的条件

根据《招标投标法》《招标投标实施条例》和《工程施工招标投标管理办法》的相关规定，依法必须招标的工程建设项目，应当具备下列条件才能进行招标：

1. 招标人已经依法成立

1）招标人是招标的主体，必须是法人或其他组织，自然人不能成为招标人。

2）招标人必须是提出招标项目、进行招标的人。招标人通常为该项工程的投资人即项目业主；国家投资的工程建设项目，招标人通常为依法设立的项目法人（就经营性建设项目而言）或者项目的建设单位（就非经营性建设项目而言）。

2. 已履行必要的审批、核准或备案手续

1）初步设计及概算应当履行审批手续的，已经批准。

2）按照国家有关规定履行项目审批、核准手续的依法必须进行招标的工程建设项目，其招标范围、招标方式、招标组织形式应当报项目审批部门审批、核准。项目审批、核准部门应当及时将审批、核准确定的招标内容通报有关行政监督部门。

依据国家有关规定应批准而未经批准的项目，或违反审批权限批准的项目均不得进行招标。在项目审批前擅自开始招标工作，因项目未被批准而造成损失的，招标人应当自行承担法律责任。

3. 招标项目资金或资金来源已经落实

1）招标人应当有进行招标项目的相应资金或者有明确的资金来源，这是招标人对项目进行招标并最终完成该项目的物质保证。招标项目所需的资金是否落实，不仅关系到招标项目能否顺利实施，而且与投标人的利益关系重大。

2）招标人在招标时必须确实拥有相应的资金或有能证明其资金来源已经落实的合法性

文件作为保证，并应当将资金数额和资金来源在招标文件中如实载明。招标投标活动作为一种民事活动必须坚持诚实守信原则，招标文件所载内容必须真实，招标人不得作假。

3）资金来源已经落实是指资金虽然没有到位，但其来源已经落实，如银行已承诺贷款，在招标文件中如实载明，是为了让投标人了解、掌握这方面的真实情况，作为其是否参加投标的决策依据。

4. 有招标所需的设计图纸及技术资料

有招标所需的设计图纸及技术资料即有满足工程施工招标需要的设计文件及其他技术资料。大型复杂工程初步设计完成后即可开始招标，以便缩短建设周期，但要求前期所需的单位工程施工图设计已完成并经过审批。

除上述四个条件外，工程项目招标还应满足法律、法规、规章规定的其他条件。为使投标人能够合理地预见合同履行过程中的风险，制订施工方案、进行投标文件编制并报价，以及签订合同后能够及时开工，招标人还应完成建设用地的征用和拆迁工作。施工现场的前期准备工作如果不包含在承包范围内，那么应满足"三通一平"的开工前提条件。

4.1.3 强制招标的范围和规模标准

1. 强制招标的范围

《招标投标法》第三条规定："在中华人民共和国境内进行下列工程建设项目包括项目的勘察、设计、施工、监理以及与工程建设有关的重要设备、材料等的采购，必须进行招标。"具体包括以下三项：

（1）大型基础设施、公用事业等关系社会公共利益、公众安全的项目（此项下的具体项目为作者对此的进一步说明。其余两项同此。）

1）煤炭、石油、天然气、电力、新能源等能源基础设施项目。

2）铁路、公路、管道、水运，以及公共航空和 A1 级通用机场等交通运输基础设施项目。

3）电信枢纽、通信信息网络等通信基础设施项目。

4）防洪、灌溉、排涝、引（供）水等水利基础设施项目。

5）城市轨道交通等城建项目。

根据国家发展和改革委员会《必须招标的基础设施和公用事业项目范围规定》（发改法规规〔2018〕843号），作为《必须招标的工程项目规定》（国家发展和改革委员会令第16号）的配套文件，大幅缩小了必须招标的基础设施、公用事业项目范围，843号文坚持"该放的要放到位，该管的要管住管好"，以及"确有必要、严格限定"的原则，将原《工程建设项目招标范围和规模标准规定》（国家发展计划委第3号令）规定的12大类必须招标的基础设施和公用事业项目，压缩到能源、交通、通信、水利、城建等5大类，大幅放宽对市场主体特别是民营企业选择发包方式的限制。

（2）全部或者部分使用国有资金投资或者国家融资的项目　国有资金是指国家财政性资金（包括预算内资金和预算外资金）和国家机关、国有企事业单位的自有资金。全部或者部分使用国有资金投资的项目是指使用预算资金200万元人民币以上，并且该资金占投资额10%以上的项目。使用国有资金投资项目的范围包括：

1）使用各级财政预算资金的项目。

2）使用纳入财政管理的各种政府性专项建设基金的项目。

3）使用国有企业事业单位自有资金，并且国有资产投资者实际拥有控制权的项目。

国家融资的工程项目是指使用国家通过对内履行政府债券或向外国政府及国际机构举借主权外债所筹资金进行的工程建设项目。这些以国家信用为担保进行筹集，由政府统一筹措、安排、使用、偿还的资金也应被视为国有资金。国家融资项目的范围包括：

1）使用国家发行债券所筹资金的项目。

2）使用国家对外借款或者担保所筹资金的项目。

3）使用国家政策性贷款的项目。

4）国家授权投资主体融资的项目和国家特许的融资项目。

（3）使用国际组织或者外国政府贷款、援助资金的项目　这些贷款大多属于国家的主权债务，由政府统借统还，在性质上应被视为国有资金投资。包括：

1）使用世界银行、亚洲开发银行等国际组织贷款资金的项目。

2）使用外国政府及其机构贷款、援助资金的项目。

3）使用国际组织或者外国政府援助资金的项目。

2. 强制招标的规模标准

根据《必须招标的工程项目规定》：上述强制规定范围内的项目，其勘察、设计、施工、监理以及与工程建设有关的重要设备、材料等的采购达到下列标准之一的，必须招标：

1）施工单项合同估算价在 400 万元人民币以上。

2）重要设备、材料等货物的采购，单项合同估算价在 200 万元人民币以上。

3）勘察、设计、监理等服务的采购，单项合同估算价在 100 万元人民币以上。

同一项目中可以合并进行的勘察、设计、施工、监理以及与工程建设有关的重要设备、材料等的采购，合同估算价合计达到前款规定标准的，必须招标。

3. 可以不进行招标的范围

根据规定，需要审批的工程建设项目，属于下列情形之一的，经相关建设行政主管部门批准，可以不进行招标：

1）涉及国家安全、国家秘密或者抢险救灾而不适宜招标的。

2）属于利用扶贫资金实行以工代赈需要使用农民工的。

3）施工主要技术采用特定的专利或者专有技术的。

4）施工企业自建自用的工程，且该施工企业资质等级符合工程要求的。

5）在建工程追加的附属小型工程或者主体加层工程，原中标人仍具备承包能力的。

6）法律、行政法规规定的其他情形。

4.2　工程项目采购程序

招标是招标人选择中标人并与其签订合同的过程，而投标则是投标人力争获得实施合同的竞争过程，招标人和投标人均需遵循招标投标法律法规的规定进行招标投标活动。按照招标人和投标人的参与程度划分，招标投标一般都经过招标准备阶段、招标投标阶段和定标签约阶段。招标投标程序如图 4-1 所示。

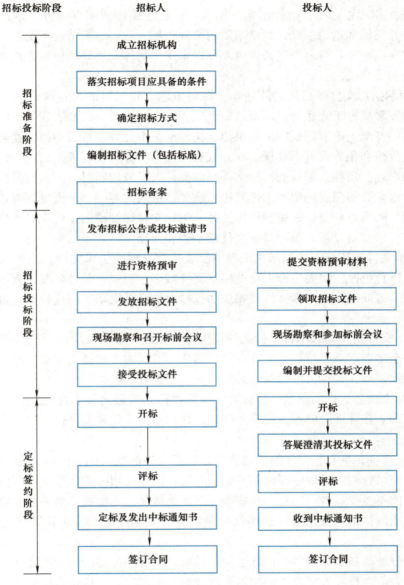

图 4-1 招标投标程序

1. 招标准备阶段

（1）成立招标机构　业主在决定进行某项目的建设以后，为了使招标工作得以顺利进行，达到预期的目的，需要成立一个专门机构，负责招标的整个工程。具体人员可根据建设项目的具体性质和要求而定。按照惯例，招标机构至少要有 3 类人员组成。招标机构的职责是审定招标项目，拟定招标方案和招标文件，组织投标、开标、评标和定标，组织签订合同。

（2）落实招标项目应具备的条件　在招标正式开始之前，招标人除了要成立相应的招标机构并对招标工作进行总体策划外，还应符合上述"4.1.2 工程项目招标应该具备的条件"要求。

（3）确定招标方式　在招标正式开始之前，还应确定采用哪种方式进行招标。在招标活动中，公开招标和邀请招标是最常采用的两种招标方式。一般情况下都采用公开招标，邀请招标只有在招标项目符合一定条件时才可以采用。具体采用哪种招标方式要根据项目的规模、要求等情况来确定。

（4）编制招标文件　招标文件是建立在对拟建工程项目的可行性研究、成本分析和研究、标价估算和确定工程底价，以及对整个工程和全部设备、配套工程规定的技术指标和技术经济要求的基础上编制而成的。如果招标文件准备不充分、考虑不周，就会影响整个招标过程，出现价格和条件设置不合理、双方权利义务不清等不良现象。因此，招标文件一定要力求完整和准确。招标人编写的招标文件在向投标人发放的同时，应向建设行政主管部门备案。建设行政主管部门发现招标文件有违反法律、法规内容的，应责令其改正。招标人应当根据招标项目的特点和需要来编制招标文件。招标文件详细说明了业主对本项目进行招标的基本条件和要求，是投标人编制投标文件的基础和依据。

1）招标文件是招标人招标承建工程项目或货物采购的法律文件。招标人在开标后不得对招标文件进行更改，因为投标人已按招标文件做出了回应，并且各投标人的报价已在开标时完全公开。若此后修改招标文件，相应的投标报价都需变动，而这种变动将被认为是不合法的。

2）招标文件是投标人准备投标文件及投标的依据。做出实质性反应的投标，应该遵循招标文件的全部要求。若与招标文件有较大偏离，可视为没有做出实质性反应而被废标。为了便于投标人投标，招标文件的规定必须准确、完整和明确。

3）招标文件是评标的依据。评标时，判断投标是否做出根本性反应，是以招标文件的规定为标准的。在评标阶段产生的某些问题，往往是由于招标文件拟定得不完善、不周密而造成的。

4）招标文件是签订合同所遵循的文件。招标文件的绝大部分内容通常都列入合同文件中，如果在商谈合同的过程中提出某些必须列入合同而在招标文件中又没有体现的条款，那么中标人可能不接受或者只同意在某些条件下才能接受，如提高价格，或免除、减轻其他责任和义务，或放松某些要求等。这不仅导致商谈合同困难重重，而且最终受损失的还是招标人。

认真充分地准备招标文件是招标工作得以顺利进行的关键步骤。招标文件的内容概括起来包括两个方面：投标人需要了解和需要遵守的有关规定，为承包商投标报价而提供的文件和数据。因此，招标文件编制得优劣，直接影响招标工作的效果和建设项目的目标。

（5）编制招标标底　招标人在招标前都会估计预计需要的资金，这样可以确定筹集资金的数量，因此标底是招标人对招标项目的预期价格。在国外，标底一般被称为"估算成本""合同估价"或"投标估值"。在我国台湾，标底被称为"底价"。当然，招标人根据项目的招标特点，可以在招标前预设标底，也可以不设标底。虽然《招标投标法》没有强制编制标底的规定，但长期以来，我国工程建设项目招标都编制标底，而其他领域的招标对标底的编制则不是十分重视。对设有工程标底的招标项目，所编制的标底在评标时应当给予参考。

编制标底时，首先要保证其准确，应当由具备资格的机构和人员依据国家计价规范规定的工程量计算规则和招标文件规定的计价方法及要求编制。其次要做好保密工作，对于泄露标底的有关人员要追究其法律责任。为了防止泄露标底，有些地区规定投标截止后编制标底。一个招标工程只能编制一个标底。

（6）招标备案　在招标准备过程中，招标人应向建设行政主管部门办理招标备案。招标备案文件包括：招标工作范围、招标方式、计划工期、对投标人的资质要求、招标项目的前期准备工作的完成情况、自行招标还是委托代理招标等内容。建设行政主管部门自收到备案资料之日起 5 个工作日内没有异议的，招标人可发布招标公告或投标邀请书。

2. 招标投标阶段

（1）发布招标公告或投标邀请书　招标备案后，招标人根据招标方式开始发布招标公告或投标邀请书。招标人采用公开招标方式的，应当发布招标公告。招标公告是指采用公开招标方式的招标人（包括招标代理机构）向所有潜在的投标人发出的一种广泛的通告。投标邀请书是指采用邀请招标方式的招标人，向 3 个以上具备承担招标项目的能力、资信良好的特定法人或者非法人组织发出的参加投标的邀请。

《工程建设项目施工招标投标办法》第十四条规定，招标公告或者投标邀请书应当至少载明下列内容：①招标人的名称和地址；②招标项目的内容、规模、资金来源；③招标项目的实施地点和工期；④获取招标文件或者资格预审文件的地点和时间；⑤对招标文件或者资格预审文件收取的费用；⑥对投标人的资质等级的要求。

（2）进行资格预审　招标人可以根据招标项目本身的要求，对潜在的投标人进行资格审查。资格审查分为资格预审和资格后审两种。

1）资格预审。资格预审是指招标开始之前或者开始初期，由招标人对申请参加投标的所有潜在投标人进行资质条件、业绩、信誉、技术、资金等多方面情况的资格审查。资格预审的目的在于选择在技术、财务和管理等诸方面能适应招标工程需要的承包商参加投标，淘汰不合格的潜在投标人，减少评标阶段的工作时间和评审费用，排除将合同授予没有经过资格预审的投标人的风险，为业主选择一个优秀的承包商打下良好的基础。只有在资格预审中被认定为合格的潜在投标人，才可以参加投标。如果国家对投标人的资格条件有规定的，依照其规定。

资格预审委员会结束评审后，即向所有申请投标并报送资格预审资料的承包商发出合格或不合格的通知。通知书以挂号信、快递等方式发出。不合格通知仅仅向投标申请人告知其资格预审不合格，并不详细说明为什么不合格，这是业主的权利。所有资格预审合格的承包商接到的是批准通知书，他们必须在规定的时间内和指定的地点、方式获取招标文件，准备参加投标。投标通知也同时在报纸上公布，但不公布获得投标资格的公司名称。

2）资格后审。对于一些开工期要求比较早、工程不复杂的工程项目，为了争取早日开工，有时不预先进行资格预审，而进行资格后审。

资格后审是在投标后（一般是在开标后）进行的资格审查。资格后审是在招标文件中加入资格审查的内容，投标人在填报投标文件的同时，按要求填写资格审查资料。评标委员会先对投标人进行资格审查，再对资格审查合格的投标人进行符合性、技术和商务评审；对资格审查不合格的投标人，作为废标处理，无须进行符合性、技术和商务评审。

资格后审的内容与资格预审的内容大致相同，主要包括投标人的组织机构、财务状况、人员与设备情况、施工经验等方面。通常公开招标采用资格预审，邀请招标则采用资格后审。

（3）发放招标文件　经过资格预审之后，招标人可以按照合格投标人名单发放招标文件。采用邀请招标方式的，直接按照投标邀请书发放招标文件。招标文件是全面反映业主建设意图的技术经济文件，又是投标人编制标书的主要依据，因此招标文件的内容必须正确，原则上不能修改或补充。如果招标文件的内容必须修改或补充，须报相关主管部门备案。同时招标文件要澄清、修改或补充的内容，应以书面形式通知所有招标文件收受人，并且作为招标文件的组成部分。

（4）现场勘察和召开标前会议　现场勘察是指招标人组织投标人对项目实施现场的经济、地理位置、气候等客观条件和环境进行的现场调查。其目的在于让投标人了解工程现场场地情况和周围环境情况，收集有关信息，使投标人能够结合现场条件编制施工组织设计或施工方案，以及提出合理的报价。同时也是要求投标人通过自己的实地考察确定投标的原则和策略，避免合同履行过程中出现以不了解现场情况为由推卸应承担合同责任的情况。但踏勘项目现场并不一定是必需的，是否实行要根据招标项目的具体情况而定。

按照惯例，对于大型采购项目尤其是大型工程的招标，招标人通常在投标人购买招标文件后安排一次投标人会议，即标前会议，也称投标预备会。召开的时间和地点在招标文件中就应该有所规定。标前会议的目的在于招标人解答投标人提出的招标文件和现场勘察中的疑问或问题，包括会议前由投标人书面提出的和在答疑会上口头提出的质疑。标前会议后，招标人应整理会议记录和解答内容，并以书面形式将所有问题及解答向所有获得招标文件的投标人发放。这些文件常被视为招标文件的补充，成为招标文件的组成部分。若标前会议的问题与解答内容与已发放的招标文件有不一致之处，以会议记录的解答为准。同时，问题及解答也要向建设行政主管部门备案。

（5）接受投标文件　投标人应当按照招标文件的要求编制投标文件。投标文件应当对招标文件提出的实质性要求和条件做出响应，如拟派出的项目负责人与主要技术人员的简历、业绩和拟用于完成招标项目的机械设备等，以及中标后将中标项目的部分非主体、非关键性工作的分包情况等。

投标人必须在投标截止时间前，将投标文件及投标保证金或保函送达指定的地点，并按规定进行密封和做好标志。在招标文件要求提交投标文件的截止时间后送达的投标文件，招标人应当拒收。投标人少于3个的，招标人应当重新招标。招标人在收到投标文件及其担保后应向投标人出具标明签收人和签收时间的凭证，并妥善保存投标文件，不得开启。投标担保可以采用投标保函或投标保证金的方式，投标保证金可以使用支票、银行汇票等。《招标投标实施条例》第二十六条规定："招标人在招标文件中要求投标人提交投标保证金的，投标保证金不得超过招标项目估算价的2%。投标保证金有效期应当与投标有效期一致。"

投标人在要求提交投标文件的截止时间前，可以补充、修改或者撤回已提交的投标文件，并书面通知招标人。补充、修改的内容为投标文件的组成部分。

3. 定标签约阶段

开标、评标、决标及签订合同是整个招标程序的最后阶段，也是整个招标工作能否获得成功、达到预定目的的重要环节。招标、投标是招标工作的前期准备，而开标、评标、决标及商签合同是招标人确定中标人、最终签约的工作阶段。这要求发包人要精心组织、合理安排，严格按国际惯例和法规办事，同时要求工作人员精通业务，并且公平、公正、廉洁，才能找到理想的合作伙伴，保证工程项目的顺利完成。

（1）开标　开标是指在规定的日期、时间、地点由招标代理机构当众打开密封的投标文件，一一宣读所有投标文件中的投标人名称、投标报价、交货期、交货方式活动等的总称，以及任何替代投标方案的报价（如果有降价信函和允许备选方案报价的话），使全体投标人了解各家投标价和自己在其中的顺序。这是定标签约阶段的第一个环节。

对两阶段招标项目，开标会上只开技术标，只有在对技术实施方案的审查通过之后才开商务标，技术标通不过的商务标将被原封退回。

开标后任何投标人都不允许更改其投标内容和报价，也不允许再增加优惠条件。因此，任何对报价、工期等有影响的附加函件（诸如降价信、交叉折扣）等必须当场宣读并记录。但在业主需要时可以做一般性说明和疑点澄清。

未在规定日期收到的投标文件应被视为废标而予以原封未拆退还投标人。开标后即转入秘密评标阶段，这个阶段的工作要严格对投标人及任何不参与评标工作的人保密。

为贯彻落实国家发改委《关于印发〈"互联网+"招标采购行动方案（2017—2019年）〉的通知》（发改法规〔2017〕357号）、《国务院办公厅转发国家发展改革委关于深化公共资源交易平台整合共享指导意见的通知》（国办函〔2019〕41号）和《国家发展改革委办公厅关于积极应对疫情创新做好招投标工作保障经济平稳运行的通知》（发改电〔2020〕170号）等文件要求，切实优化市场环境，降低交易成本，减轻企业负担，按照国家和各地公共资源交易管理服务中心的统一部署和安排，今后将全面取消招投标相关环节的纸质文件，推行项目采购招投标"无纸化"、全流程电子化，全力推行"在线投标、不见面开标"方式，可以预想，招投标电子化和不见面开标将会进入飞速发展时期。

（2）评标　评标是审查确定中标人的必经程序，是一项关键性的而又十分细致的工作，它直接关系到招标人能否得到最有利的投标，是保证招标成功的重要环节。评标由招标人依法组建的评标委员会负责。评标委员会应当充分熟悉、掌握招标项目的主要特点和需求，认真阅读招标文件及其评标办法、评标因素和标准、主要合同条款、技术规范等，并按照以下步骤进行评标：

1）初步评审。评标委员会对所有的投标文件都要进行资格评审和响应性地进行初步评审，核查投标文件是否按照招标文件的规定和要求编制、签署；投标文件是否实质上响应招标文件的要求。

2）详细评审。详细评审是指评标委员会根据招标文件确定的评标标准和方法，对经过初步评审合格的投标文件的技术部分、商务部分做进一步的评审和比较，确定投标文件的竞争性。

详细评审通常分为技术标评审和商务标评审。评标方法包括经评审的最低投标标价法、综合评估法或者法律、行政法规允许的其他评标方法。

（3）定标及发出中标通知书　定标又称决标，即在评标完成后确定中标人，是业主对满意的合同要约人做出承诺的法律行为。招标人可以根据评标委员会提出的书面评标报告和推荐的中标候选人确定中标人，也可以授权委托评标委员会直接确定中标人。

《招标投标法实施条例》第五十四条规定："依法必须进行招标的项目，招标人应当自收到评标报告之日起3日内公示中标候选人，公示期不得少于3日。"《招标投标法》第四十五条规定："中标人确定后，招标人应当向中标人发出中标通知书，并同时将中标结果通知所有未中标的投标人。"中标通知书应包括招标人名称、建设地点、工程名称、中标人名称、中标价、中标工期、质量标准等主要内容。中标通知书对招标人和中标人都具有法律约束力。中标通知书发出后，招标人改变中标结果的，或者中标人放弃中标项目的，应当依法承担法律责任。招标人对未中标的投标人也应及时发出评标结果。

（4）签订合同　中标人接到中标通知书以后，按照国际惯例，应立即向招标人提交履约担保，用履约担保换回投标保证金，并在规定的时间内与招标人签订承包合同。《招标投标法》第四十六条规定："招标人和中标人应当自中标通知书发出之日起三十日内，按照招标文件和中标人的投标文件订立书面合同。招标人和中标人不得再行订立背离合同实质性内容的其他协议。"如果中标人拒绝在规定的时间内提交履约担保和签订合同，招标人报请招标管理机构批准后取消其中标资格，并按规定没收其投标保证金，并考虑与另一参加投标的投标人签订合同。同时招标人若拒绝与中标人签订合同的，除双倍返还投标保证金以外，还需赔偿有关损失。招标人应及时通知其他未被接受的投标人按要求退回以押金方式领取的图纸和有关技术资料；收取投标保证金的，招标人应当将投标保证金退还给未中标人，但因违反规定被没收的投标保证金不予退回。

至此，招标投标工作全部结束，中标人便可着手准备工程的开工建设。招标人应将开标、评标过程中的有关纪要、资料、评标报告、中标人的投标文件的副本报招标管理机构备案。

4.3　工程项目采购方式

工程项目采购方式包括公开招标、邀请招标、竞争性谈判、竞争性磋商、询价和单一来源采购六种方式。其中，采购方式分为招标方式和非招标方式。招标方式可分为公开招标和邀请招标，非招标方式可分为竞争性谈判、竞争性磋商、询价和单一来源采购。

1. 公开招标

公开招标是指招标人以招标公告的方式邀请不特定的法人或者非法人组织投标。

采购人采购货物或者服务应当采用公开招标方式的，其具体数额标准，属于中央预算的政府采购项目，由国务院规定；属于地方预算的政府采购项目，由省、自治区、直辖市人民政府规定；因特殊情况需要采用公开招标以外的采购方式的，应当在采购活动开始前获得设区的市、自治州以上人民政府采购监督管理部门的批准。

公开招标也称无限竞争性招标，采用这种招标方式时，招标人在国内外指定的报纸、网络等媒体上发布招标公告，说明招标项目的名称、性质、规模等要求事项，公开邀请不特定的法人或非法人组织来参加投标竞争。凡是对该项目感兴趣的、符合规定条件的承包商、供应商，不受地域、行业和数量的限制，均可申请投标，获取招标文件参加投标。从招标的本质来讲，这种招标方式是最符合招标宗旨的，因此应当尽量采用公开招标的方式进行招标。

2. 邀请招标

邀请招标是指招标人以投标邀请书的方式邀请特定的法人或者非法人组织投标。邀请招标必须严格按照有关规定履行审批手续。

邀请招标也称有限竞争性招标或选择性招标，招标人不公开发布公告，而是根据项目要求和掌握的供应商的资料等信息，向有承担该项目能力的3家以上（含3家）供应商发出投标邀请书。收到投标邀请书的供应商才有资格参加投标。

由于邀请招标在竞争的公平性和价格方面仍有一些不足之处，因此，我国《招标投标法》规定，国务院发展计划部门确定的地方重点项目不适宜公开招标的，经国务院或省、自治区、直辖市人民政府批准，才可以进行邀请招标。一般可以考虑采用邀请招标的情况有：

（1）技术要求较高、专业性较强的招标项目　对于这类项目而言，由于能够承担招标任务的单位较少，且由于专业性较强，招标人对潜在的投标人都较为了解，新进入本领域的单位也很难较快具有较高的技术水平，因此这类项目可以考虑采用邀请招标。

（2）合同金额较小的招标项目　由于公开招标的成本较高，如果招标项目的合同金额较小，则不宜采用。

（3）工期要求较为紧迫的招标项目　公开招标周期较长，这也决定了工期要求较为紧迫的招标项目不宜采用。

为了更好地理解公开招标与邀请招标，对其进行了对比，见表4-1。

表4-1　公开招标与邀请招标

招标方式	公开招标	邀请招标
发布信息的方式	以公告的形式发布	以投标邀请书的形式发布
选择的范围	针对的是一切潜在的对招标项目感兴趣的法人或其他组织，招标人事先不知道投标人的数量	已经了解的法人或其他组织，而且事先已经知道投标者的数量
竞争的范围	竞争范围较广，竞争性体现得也比较充分，容易获得最佳招标效果	投标人的数量有限，竞争的范围有限，有可能将某些在技术上或报价上更有竞争力的承包商漏掉
公开的程度	所有的活动都必须严格按照预先指定并被大家所知的程序和标准公开进行，大大减少了作弊的可能	公开程度要逊色一些，产生不法行为的机会也就多一些
时间与费用	程序复杂，耗时较长，费用也比较高	不需要发公告，招标文件只送几家，缩短了整个招标投标时间，其费用相对减少

3. 竞争性谈判

竞争性谈判是指采购人通过与多家供应商（3家或3家以上）就采购货物、工程和服务事宜进行谈判，最后从中确定成交供应商的一种采购方式。供应商按照谈判文件的要求提交响应文件和最后报价，采购人从谈判小组提出的成交候选人中确定成交供应商的采购方式。

竞争性谈判适用的情形包括：

1）招标后没有供应商投标或者没有合格标的，或者重新招标未能成立的。

2）技术复杂或者性质特殊，不能确定详细规格或者具体要求的。

3）非采购人所能预见的原因或者非采购人拖延造成采用招标所需时间不能满足用户紧急需要的。

4）因艺术品采购、专利、专有技术或者服务的时间、数量事先不能确定等原因不能事先计算出价格总额的。

4. 竞争性磋商

竞争性磋商是 2014 年 11 月 29 日，第一次在财政部印发的《政府和社会资本合作模式操作指南（试行）》（财金〔2014〕113 号）中提出的。

竞争性磋商是指采购人通过组建竞争性磋商小组与符合条件的供应商就采购货物、工程和服务事宜进行磋商，供应商按照磋商文件的要求提交响应文件和报价，采购人从磋商小组评审后提出的候选供应商名单中确定成交供应商的采购方式。一般可以考虑采用竞争性磋商的情况有：

1）政府购买服务项目。
2）技术复杂或者性质特殊，不能确定详细规格或者具体要求的。
3）因艺术品采购、专利、专有技术或者服务的时间、数量事先不能确定等原因不能事先计算出价格总额的。
4）市场竞争不充分的科研项目，以及需要扶持的科技成果转化项目。
5）按照《招标投标法》及其实施条例必须进行招标的工程建设项目以外的工程建设项目。

作为首个"国务院政府采购监督管理部门认定的其他采购方式"竞争性谈判采取最低价法，而竞争性磋商采取综合评分法。评分方法的差别是竞争性磋商和竞争性谈判最大的区别。综合评分法的优势在于可以考虑商务条件和技术条件等非价格因素。竞争性磋商的设计是为了在需求完整、明确的基础上，实现合理报价和公平交易，并避免竞争性谈判最低价成交可能导致的恶性竞争。

5. 询价采购

询价采购是指对几家供应商（3 家或 3 家以上）的报价进行比较以确保价格具有竞争性的一种采购方式。

《政府采购法》第三十二条规定："采购的货物规格、标准统一、现货货源充足且价格变化幅度小的政府采购项目，可以依照本法采用询价方式采购。"因此，询价采购既能满足采购单位的一些数量多、金额较小、时间要求紧的采购需求，同时也能有效地节约采购过程的成本，是一种较为常用的采购方式。

采取询价方式采购的，应当遵循下列程序：

（1）成立询价小组　询价小组由采购人的代表和有关专家共 3 人以上的单数组成，其中专家的人数不得少于成员总数的 2/3。询价小组应当对采购项目的价格构成和评定成交的标准等事项做出规定。

（2）确定被询价的供应商名单　询价小组根据采购需求，从符合相应资格条件的供应商名单中确定不少于 3 家供应商，并向其发出询价通知书让其报价。

（3）询价　询价小组要求被询价的供应商一次报出不得更改的价格。

（4）确定成交供应商　采购人根据符合采购需求、质量和服务相等且报价最低的原则确定成交供应商，并将结果通知所有被询价的未成交的供应商。

6. 单一来源采购

单一来源采购是指采购人向某一特定供应商进行货物、工程或服务采购的采购方式。该采购方式的最主要特点是没有竞争性。

单一来源采购的适用条件包括：

1) 只能从唯一供应商处采购的。

2) 发生了不可预见的紧急情况不能从其他供应商处采购的。

3) 必须保证原有采购项目一致性或者服务配套的要求，需要继续从原供应商处添购，且添购资金总额不超过原合同采购金额10%的。

4.4 工程项目招标采购

4.4.1 招标准备工作

1. 编制招标文件

（1）招标文件编写依据

1) 遵守法律法规。招标文件的内容应符合国内法律法规，如《招标投标法》《中华人民共和国民法典》中合同编、《中华人民共和国知识产权法》《中华人民共和国反不正当竞争法》等有关的法律法规，遵循国际惯例、行业规范等。如有的招标文件中要求必须有本省的某行业领域资格证书，限制外地供应商竞争的区域规定，就与我国法律相背离。

我国《招标投标法》第十九条规定："招标人应当根据招标项目的特点和需要编制招标文件。招标文件应当包括招标项目的技术要求、对投标人资格审查的标准、投标报价要求和评标标准等所有实质性要求和条件以及拟签订合同的主要条款。"国家对招标项目的技术、标准有规定的，招标人应当按照其规定在招标文件中提出响应。招标项目需要划分标段、确定工期的，招标人应当合理划分标段、确定工期，并在招标文件中载明。第二十条规定："招标文件不得要求或者标明特定的生产供应者以及含有倾向或者排斥潜在投标人的其他内容。"

2) 全面反映使用单位需求。招标的目的就是为需求服务，招标文件全面反映使用单位的需求，是编制招标文件的一个基本要求。技术规格书是对拟采购产品的技术描述，是反映招标采购产品具体而详细的内容要求，是招标采购产品的一个比较清晰的框架。技术规格书提供的要求越详细、越接近采购人合法的实际要求，才能使采购结果更符合采购需求。招标文件应能全面准确地反映用户的需求，功能描述准确，技术指标、工艺方法、质量水平档次要求、验收标准明确，当投标人阅读招标文件时，知道应该以什么档次的产品报价来满足采购方的要求；商务条款、使用环境、地理位置条件也应明确，这些因素会影响到产品的配置和质量，影响到投标人的正常报价和投标方案。这些问题没有明确，招标文件就不能贴近用户需求，不仅给投标人编制投标文件带来很多困惑和疑问，最终会影响招标成效和质量。

3) 公正合理。公正是指公正、平等对待使用单位和供应商。招标文件是具有法律效力的文件，双方都要遵守，都要承担义务。合理是指采购人提出技术要求、商务条件必须依据充分并切合实际。技术要求根据可行性报告、技术经济分析确立，不能盲目提高标准、提高设备精度等，否则会多花不必要的钱。

4) 公平竞争。公平竞争是指招标文件不能存有歧视性条款。招标的原则是公开、公平、公正，只有公平、公开才能吸引真正感兴趣、有竞争力的投标厂商竞争。招标文件应载明配套的评标因素或方法，尽量做到科学合理，这样会使招标活动更加公开，人为因素相对减少，也会使潜在的投标人更感兴趣。还应该注意的是，招标文件的各项规格不得要求或者标明某一特定的专利、商标、名称、设计、型号、原产地或生产厂家，不得有倾向或排斥某一有兴趣投标的法人或者其他组织的内容。

5）科学规范。以最规范的文字，把采购的目的、要求、进度、售后服务等描述得简洁有序、准确明了。招标文件的用词、用语一定要准确无误，表述清楚，不允许用大概、大约等无法确定的语句以及表达上含糊不清的语句，尽量少用或不用形容词，禁止使用有歧义的语言，防止投标人出现理解误差。一份招标文件要做到"五个统一"，即格式统一、字体统一、语言统一、数字运用统一、技术要求使用标准统一。

6）维护企业利益。招标文件编制要注意维护使用单位的秘密、维护企业利益。

（2）招标文件编写的内容　　招标文件是供应商准备投标文件和参加投标的依据，同时也是评标的重要依据。招标文件至少应包括九个方面的内容，具体见表 4-2。

表 4-2　招标文件内容

内　　容	具 体 说 明
投标邀请	1. 明确文件编号、项目名称及性质 2. 投标人资格要求，不同项目根据性质不同，邀请的投标人资格也不同 3. 发布文件时间应从公告时间开始到投标截止时间之前结束 4. 提交投标文件的方式、地点和截止时间
投标须知	投标须知中应包括资金来源、投标商的资格要求、原产地要求、澄清程序、投标内容要求、投标语言、投标价格和货币规定、修改和撤销投标的规定、评标的标准和程序、投标截止期、开标的时间以及地点等
合同条款	1. 合同条款包括一般合同条款和特殊合同条款 2. 特殊合同条款是因具体采购项目的性质和特点而制定的补充性规定，是对一般条款中某些条款的具体化，并增加一般合同中未作规定的特殊要求
技术规格	1. 技术规格规定所购货物、设备的性能和标准 2. 采购技术规格不得要求或标明某一特定的商标、名称、专利、设计、原产地或生产厂家，不得有针对某一潜在供应商或排斥某一潜在供应商的内容
标书编制要求	标书是投标商投标编制投标书的依据，投标商必须对标书的内容进行实质性的响应，否则将被判定为无效标（按废标处理）
投标保证金	1. 投标保证金可采用现金、支票、不可撤销的信用证、银行保函、保险公司或证券公司出具的担保书等方式交纳 2. 招标完成之后应及时退还特别投标人的投标保证金，若供应商有违约、违规、违纪的情况发生，应没收其投标保证金
供货表和报价表	1. 供货表中应包括采购商品品名、数量、交货时间和地点等 2. 在报价表中要填写商品品名、商品简介、原产地、数量、出厂单价、价格中境内增值部分所占的比例、总价、中标后应缴纳的税费、涉及境外进口的材料、设备还要写明离岸价单价及离岸港、到岸价单价及到岸港以及到岸价总价等
履约保证金	履约保证金是为了保证采购单位的利益，避免因供应商违约给采购单位带来损失；一般来说，货物采购的履约保证金为合同价的 5%~10%
合同协议书格式	主要内容包括协议双方名称、供货范围或工程简介、合同包括的文本以及协议双方的责任和义务等

（3）招标文件编制的注意事项

1）时间要求。对于时间，招标文件中一般会有很严格的要求。如招标人对已发出的招标文件中有关设备、材料选型、设计图纸等问题进行必要的澄清或者修改的，应当在招标文件要求提交投标文件截止时间至少15日前，以书面形式通知所有投标人。如果招标人发出的对招标文件的修改在提交投标文件截止时间15天以后，那么开标时间应相应顺延，以保证投标人有足够的投标准备时间。

2）招标文件中要约定材料价格的风险范围。部分建材价格涨幅较大，一些项目由于供应方在投标时难以预计市场风险，致使合同不能正常履行，给甲乙双方都带来不可估量的损失。价格的决定因素并不局限于竞争格局和供求关系本身，市场参与的主体各方还难以对价格的涨跌局势做出准确的判断，因此要投标人全部承担不可预测的整个施工期间的价格风险是不公平的，招标文件中应对材料价格的风险范围做出约定，风险范围以内的价格变化由投标人承担，风险范围以外的价格变化由招标人在招标文件中约定分担比例，以化解风险，维护当事人双方的利益。约定的方式有两种，一种是约定价格涨跌的比例，比例以内的价格涨跌不再调整；另一种是约定时间区间，时间区间内的价格涨跌不再调整。风险范围的约定并不只对投标人有利，价格上涨时可能对投标人有利，价格下跌时可能对招标人有利，应本着公平、客观的原则，不能以损害对方的利益为前提。

2. 发布招标公告

《招标投标法》第十六条规定："招标人采用公开招标方式的，应当发布招标公告。依法必须进行招标的项目的招标公告，应当通过国家指定的报刊、信息网络或者其他媒介发布。"招标公告应当载明招标人的信息，包括：①名称；②地址；③招标项目的性质；④数量；⑤履约地点；⑥时间；⑦获取招标文件的办法等事项。

对比货物（材料、设备）采购和施工（分包）采购，招标公告中应该包括的内容稍有区别，见表4-3。

表 4-3 招标公告内容

《工程建设项目施工招标投标办法》（〔2003〕七部委30号令）	《工程建设项目货物招标投标办法》（〔2005〕七部委27号令）
第十四条 招标公告或者投标邀请书应当至少载明下列内容： （一）招标人的名称和地址 （二）招标项目的内容、规模、资金来源 （三）招标项目的实施地点和工期 （四）获取招标文件或者资格预审文件的地点和时间 （五）对招标文件或者资格预审文件收取的费用 （六）对投标人的资质等级的要求	第十三条 招标公告或者投标邀请书应当载明下列内容： （一）招标人的名称和地址 （二）招标货物的名称、数量、技术规格、资金来源 （三）交货的地点和时间 （四）获取招标文件或者资格预审文件的地点和时间 （五）对招标文件或者资格预审文件收取的费用 （六）提交资格预审申请书或者投标文件的地点和截止日期 （七）对投标人的资格要求

3. 供应商资格预审

（1）资格审查 招标人应当对投标人进行资格审查。资格审查分为资格预审和资格后审。判断一个施工招标项目是否需要组织资格预审，是由满足该项目施工条件的潜在投标人数的多少来决定的。潜在投标人过多，造成招标人的成本支出和投标人的投标花费总量大，与项目的价值相比不值得时，招标人需要组织资格预审。反之，则可以组织资格后审。资格审查主要内容为。

1）营业执照、注册地点、主要营业地点、资质等级（包括联合体各方）。
2）管理和执行本合同所配备的主要人员资历和经验情况。
3）拟分包的项目及拟承担分包项目的企业情况。
4）银行出具的资信证明。
5）制造厂家的授权书。
6）生产（使用）许可证、产品鉴定书。
7）产品获得的国优、部优等荣誉证书。
8）投标人的情况调查表，包括工厂规模、财务状况、生产能力及非本厂生产的主要零配件的来源、产品在国内外的销售业绩、使用情况、近2~3年的年营业额、易损件供应商的名称和地址等。
9）投标人最近三年涉及的主要诉讼案件。
10）其他资格审查要求提供的证明材料。

资格审查标准分为初步审查标准、详细审查标准和评分标准三部分内容，见表4-4、表4-5和表4-6。

表4-4 初步审查标准

审查因素	审查标准
申请人、法定代表人名称	与营业执照、资质证书、安全生产许可证一致
申请函	有法定代表人或其委托代理人签字或加盖单位章，委托代理人签字的，其法定代表人授权委托书须有法定代表人签署
申请文件格式	符合资格预审文件对资格申请文件格式的要求
申请唯一性	只能提交一次有效申请，不接受联合体申请；法定代表人为同一人的两个及两个以上法人，母公司、全资子公司及其控股公司，都不得同时提出资格预审申请
其他	法律法规规定的其他资格条件

表4-5 详细审查标准

审查因素	审查标准
营业执照	具备有效的营业执照、相应的工业产品生产许可证
安全生产许可证	具备有效的安全生产许可证
资质等级	专业分包单位必须具有所分包项目的专业承包资质，劳务分包单位必须具有相应劳务资质
财务状况类似项目业绩	财务状况良好，上一年度资产负债率小于95%，近三年完成过同等规模的专业工程一个以上
信誉	近三年获得过工商部门"重合同，守信用"荣誉称号。建设行政管理部门颁发的文明工地证书。金融机构颁发的A级以上信誉证书

（续）

审查因素		审查标准
项目管理机构	项目经理	具有相关专业一级或二级建造师执业资格，近三年组织过同等规模的专业施工，且承诺仅在本项目上担任项目经理
	技术负责人	具有相关专业高级工程师或工程师资格，近三年组织过同等规模的专业施工的技术管理
	其他人员	岗位人员配备齐全，具备相应岗位从业人员职业/执业资格
主要施工机械		满足工程建设需要
投标资格		有效，投标资格没有被取消或者暂停
企业经营权		有效，没有处于被责令停业，财产被接管、冻结、破产状态
投标行为		合法，近三年内没有骗取中标行为
合同履约行为		合法，没有严重违约事件发生
工程质量		近三年工程质量合格，没有因重大工程质量受到质量监督部门通报或者公示
其他		法律法规规定的其他条件

表 4-6　评分标准

评分因素	评分标准
财务状况	A. 相对比较近三年平均净资产额并从高到低排名，1~5 名得 5 分，6~10 名得 4 分，11~15 名得 3 分，16~20 名得 2 分，20~25 名得 1 分，其余 0 分
	B. 资产负债率≤75%，得 15 分；75%<资产负债率≤85%的，得 10 分；85%<资产负债率<95%，得 5 分
类似项目业绩	近三年承担过 3 个及以上同等建设规模项目的，得 15 分；近三年承担过 2 个同等建设规模项目的，得 8 分；其余 0 分
信誉	A. 近三年获得过工商管理部门"重合同，守信用"荣誉称号 3 个的，得 10 分；近三年获得过工商管理部门"重合同，守信用"荣誉称号 2 个的，得 5 分；其余 0 分
	B. 近三年获得建设行政管理部门颁发的文明工地证书 5 个及以上的，得 5 分；近三年获得过建设行政主管部门颁发的文明工地证书 2 个以上的，得 2 分；其余 0 分
	C. 近三年获得金融机构颁发的 AAA 级证书的，得 5 分；近三年获得金融机构颁发的 AA 证书的，得 3 分；其余 0 分
认证体系	A. 通过了 ISO 9001 质量管理体系认证的，得 5 分
	B. 通过了环保体系 ISO 14001 认证的，得 3 分
	C. 通过了安全体系 GB/T 28001 认证的，得 2 分

(续)

评分因素	评分标准
项目经理	A. 项目经理承担过 3 个及以上同等建设规模项目的，得 15 分；项目经理承担过 2 个同等建设规模项目的，得 10 分；项目经理承担过 1 个的，得 5 分
	B. 组织施工的项目获得 2 个以上文明工地荣誉的，得 10 分；组织施工的项目获得 1 个文明工地荣誉的，得 5 分；其余 0 分
其他主要人员	岗位专业负责人均具备中级以上技术职称的，得 10 分；每缺 1 个扣 2 分，扣完为止

（2）资格预审　资格预审是指在投标前招标人对潜在投标人投标资格进行审查。资格预审不合格的不得参加投标。

1）资格预审的程序。一般情况下，资格预审需要按照以下四个步骤来完成：①编制资格预审文件；②邀请潜在的供应商参加资格预审；③发布资格预审文件和提交资格预审申请；④采购部进行供应商资格评定。

2）资格预审的内容。资格预审文件和招标文件基本内容对照见表 4-7。

表 4-7　资格预审文件和招标文件基本内容对照

序号	资格预审文件中申请人须知	招标文件中投标人须知
1	总则	总则
2	资格预审文件	招标文件
3	资格预审申请文件的编制	投标文件
4	资格预审文件的移交	投标
5	资格预审文件的审查	开标
6	/	评标
7	通知和确认	合同授予
8	申请人的资格改变	重新开标和不再招标
9	纪律和监督	纪律和监督
10	需要补充的其他内容	需要补充的其他内容

3）资格预审主要工作。资格预审主要工作包括：①发布资格预审信息；②向潜在投标人发售资格预审文件；③按规定日期，接受潜在投标人编制的资格预审文件；④组织专人对潜在投标人编制的资格预审文件进行审核，必要时也可实地进行考察；⑤提出资格预审报告，经参审人员签字后存档备查；⑥将资格预审结果分别通知潜在投标人。

通过资格预审方式来进行资格审查的，通常用有限数量制的办法来确定合格对象，即审查委员会对通过资格审查标准的申请文件按照公布的量化标准进行打分，然后按照资格预审文件确定的数量和资格申请文件得分由高到低的顺序确定通过资格审查的申请人名单。

对于资格预审过程中几个申请人得分相同的情形，招标人可以增加一些排序因素，以确定申请人得分相同时的排序方法。例如，可以在资格预审文件中规定，依次采用以下原则决定排序：①如仍相同，按照项目经理得分多少确定排名先后；②如仍相同，以技术负责人得分多少确定排名先后;③如仍相同,以近三年完成的相同专业项目数多少确定排名先后;④如仍相同,以企业注册资本金大小确定排名先后;⑤如仍相同,由评审委员会经过讨论确定排名先后。

(3) 资格后审　资格后审是指在开标后招标人对投标人进行资格审查,提出资格审查报告,经参审人员签字后存档备查,并交评标委员会一份。资格后审方法采用合格制方法确定通过资格审查的投标人名单,即符合资格审查标准的申请人均通过资格审查。资格后审不合格的,其投标文件按废标处理。

4.4.2 开标

开标是招标投标活动中的一项重要程序,也是招标投标活动中公开原则的重要体现。采购人或采购代理机构应提前准备好开标必需的现场条件,准备好开标需要的设备和文件资料。

1. 开标程序

(1) 宣布开标纪律　主持人宣布开标纪律,对参与开标会议的人员提出要求,比如涉密项目的开标,应在进入开标会场前将通信设备交由工作人员统一保管,按规定的方式提问,任何单位和个人不得干扰正常的开标程序。

(2) 确认投标人代表是否在场　采购人或采购代理机构应按照招标文件的规定,当场核验参加开标会议的投标人代表的授权委托书和有效身份证件,确认其是否有权参加开标会,并留存授权委托书和身份证件的复印件。

(3) 公布接收投标文件情况　采购人或采购代理机构当场公布投标截止时间前提交投标文件的投标人名称、投标标包和递交时间等,以及投标人撤回投标情况等。

(4) 宣布有关人员　主持人介绍采购人代表、监督人代表,依次宣布开标人、唱标人、记录人、监标人等有关人员。

(5) 检查密封　依据招标文件规定的方式,组织投标人代表检查各自投标文件的密封情况。如果投标文件密封状况与接收时不一致,或者存在拆封痕迹的,采购人或采购代理机构应当终止开标。

(6) 宣布开标顺序　主持人宣布开标顺序,一般应按招标文件规定的顺序开标,如按照"先到先开"或"抽签"的顺序。

(7) 唱标　当众拆封投标文件,依次宣读投标人投标文件正本"开标一览表"中的投标人名称、投标报价,以及由招标文件规定的其他必要内容。

(8) 确认开标记录　开标工作人员应做好书面开标记录,完整如实地记录以下内容:①开标时间、地点;②招标项目名称;③投标人名称;④密封检查情况;⑤投标报价;⑥开标过程中需要说明的其他问题。

采购人代表、投标人代表、监标人、记录人等在开标记录上签字确认,并存档备查。

2. 开标应注意事项

(1) 开标会议开始　采购人或采购代理机构应当在投标截止时间的同一时间和招标文件规定的开标地点组织公开开标。应邀请所有投标人参加开标会议,也可邀请纪律检查机关和审计部门的人员到场进行检查监督。

投标人不参加开标,将被视为其放弃对开标活动和开标记录行使确认和监督的权利。

《招标投标法》和《政府采购货物和服务招标投标管理办法》（财政部令第18号）不强制要求所有投标人派代表参加。但是投标人未参加开标的，视同认可开标结果，不得对开标过程提出质疑和投诉。

（2）签字　投标人代表在开标记录上签字确认不是强制性要求。投标人未派代表出席的，视为其认同记录内容。

（3）异议　投标人对开标有异议的，应当场提出，采购人应当场核实并予以答复，如发生工作人员失误或其他失误，应当场纠正。采购人及监管机构代表等不应在开标现场对投标文件是否有效做出判断，应提交评标委员会评定。

（4）录音录像　开标会议应全程录音录像，音像资料应当清晰可辨，并作为采购文件一并存档。

3. 开标时投标文件无效的几种情况

一般情况下，在开标时，招标人对有下列情况之一的投标文件，可以拒绝或按无效标处理：

1）逾期送达。
2）未按招标文件要求密封。
3）投标文件中投标函未加盖投标人的企业及企业法定代表人印章的，或者企业法定代表人委托代理人没有合法、有效的委托书（原件）及委托代理人印章的。
4）投标文件的关键内容字迹模糊、无法辨认的。
5）投标人未按照招标文件的要求提供投标保函或者投标保证金的。
6）组织联合体投标的，投标文件未附上联合体各方共同投标协议的。

4.4.3　评标

1. 评标委员会

招标领导小组应负责设立评标委员会，由其负责对收到的标书做出评价，并用统一的评标标准确定出中标供应商。评标委员会的设立过程必须遵循以下五项要求：

1）评标委员会由招标人代表及技术、经济等方面的专家组成，成员人数为5人以上（包含5人），其中技术、经济等方面的专家不得少于成员总数的2/3。
2）受聘专家应当从事相关领域工作满8年并具有高级职称或具有同等专业水平，由招标委员会从国务院有关部门或省、市、自治区有关部门提供的专家名册或招标代理机构的专家库内的相关专业的专家名单中确定。
3）一般招标项目的专家名单，可以采取随机抽取的方式确定，特殊招标项目可以由招标委员会直接确定。
4）与投标人有利害关系的人不得进入相关项目的评标委员会，已经进入的，应当及时更换。
5）评标委员会成员的名单在中标结果确定前应当保密。

2. 评标程序

评标方法一般包括经评审的最低投标价法、综合评估法或者法律、行政法规允许的其他评标方法。招标人应选择适合招标项目特点的评标方法。

评标程序是评标委员会依法按照招标文件确定的评标方法和具体评标标准，对开标中所有拆封并唱标的投标文件进行审查、评价，比较每个投标文件对招标文件要求的响应情况。在投标文件评审过程中，还可以视情况依法进行澄清，并根据评审情况出具评标报告推荐中标候选人的过程。评标程序一般按以下五个步骤进行：①评标准备；②初步评审；③详细评审；④澄清、说明或补正；⑤推荐中标候选人或直接确定招标人及提交评标报告。

（1）评标准备

1）评标委员会成员签到。评标委员会成员到达评标现场时，应在签到表上签到以证明其出席。

2）评标委员会的分工。评标委员会首先推选一名评标委员做组长，招标人也可以直接指定评标委员会组长。评标委员会组长负责评标活动的组织领导工作。评标委员会组长在与其他评标委员会成员协商的基础上，可以将评标委员会划分为技术组和经济组。

3）熟悉文件资料。招标人或招标代理机构应向评标委员会提供评标所需的信息和数据，包括招标文件、未在开标会上当场拒绝的各投标文件、开标会记录、资格预审文件及各投标人在资格预审阶段递交的资格预审申请文件（适用于已进行资格预审的）、招标控制价或标底（如果有）等。

评标委员会组长应组织评标委员会成员认真研究招标文件，了解和熟悉招标目的、招标范围、主要合同条件、技术标准和要求、质量标准和工期要求等，掌握评标标准和方法，熟悉评标表格的使用，未在招标文件中规定的标准和方法不得作为评标的依据。

4）对投标文件进行基础性数据分析和整理。在不改变投标人投标文件实质性内容的前提下，评标委员会应当对投标文件进行基础性数据分析和整理（简称"清标"），从而发现并提取其中可能存在的对招标范围理解的偏差、投标报价的算术性错误、错漏项、投标报价构成不合理、不平衡报价等存在明显异常的问题，并就这些问题整理形成清标成果。评标委员会对清标成果审议后，决定需要投标人进行书面澄清、说明或补正的问题，形成质疑问卷，向投标人发出问题澄清通知（包括质疑问卷）。

招标人或招标代理机构应向评标委员会提供评标所需的重要信息和数据，但不得明示或者暗示其倾向或者排斥特定投标人。

在不影响评标委员会成员的法定权利的前提下，评标委员会可委托由招标人专门成立的清标工作小组完成清标工作，在这种情况下清标工作可以在评标工作开始之前完成，也可以与评标工作平行进行。清标工作小组成员应为具备相应执业资格的专业人员，且应当符合有关法律法规对评标专家的回避规定和要求，不得与任何投标人有利益、上下级等关系，不得代行依法应当由评标委员会及其成员行使的权利。清标成果应当经过评标委员会的审核确认，经过评标委员会审核确认的清标成果视同评标委员会的工作成果，并有评标委员会以书面方式追加对清标工作小组的授权。书面授权委托书必须由评标委员会全体成员签名。

投标人接到评标委员会发出问题澄清通知后，应按评标委员会的要求提供书面澄清资料并按要求进行密封，在规定的时间递交到指定地点。投标人递交的书面澄清资料由评标委员会开启。

（2）初步评审

1）形式评审。评标委员会根据评标办法前附表中规定的评审因素和评审标准（见表4-8），对投标人的投标文件进行形式评审，并记录评审结果。

表 4-8 形式评审因素及标准

评审因素	评审标准
投标人名称	与营业执照、资质证书、安全生产许可证一致
投标函签字盖章	有法定代表人或其委托代理人签字或加盖单位章
投标文件格式	符合第八章"投标文件格式"的要求
联合体投标人	提交联合体协议书，并明确联合体牵头人（如有）
报价唯一	只能有一个有效报价
……	……

2）资格评审。这里主要是资格后审，评标委员会根据评标办法前附表中规定的评审因素和评审标准（见表4-9），对投标人的投标文件进行资格评审，并记录评审结果。

表 4-9 资格评审因素及标准

评审因素	评审标准
营业执照	具备有效的营业执照
安全生产许可证	具备有效的安全生产许可证
资质等级	符合"投标人须知"中要求的规定
财务状况	符合"投标人须知"中要求的规定
类似项目业绩	符合"投标人须知"中要求的规定
信誉	符合"投标人须知"中要求的规定
项目经理	符合"投标人须知"中要求的规定
其他要求	符合"投标人须知"中要求的规定
联合体投标人	符合"投标人须知"中要求的规定（如有）
……	……

3）响应性评审。评标委员会根据评标办法前附表中规定的评审因素和评审标准（见表4-10），对投标人的投标文件进行资格评审，并记录评审结果。

表 4-10 响应性评审因素及标准

评审因素	评审标准
投标内容	符合"投标人须知"中要求的规定
工期	符合"投标人须知"中要求的规定
工程质量	符合"投标人须知"中要求的规定
投标有效期	符合"投标人须知"中要求的规定
投标保证金	符合"投标人须知"中要求的规定
权利义务	符合"合同条款及格式"的规定
已标价工程量清单	符合"工程量清单"给出的子目编码、子目名称、子目特征、计量单位和工程量
技术标准和要求	符合"技术标准和要求"规定
……	……

4）算术错误修正。评标委员会依据规定的相关原则对投标报价中存在的算术错误进行修正，并根据算术错误修正结果计算评标价。

唱标过程中如果投标文件中的报价出现算术错误，按照以下修正原则：①开标唱读内容与投标文件不一致的，均以公开唱标为准；②投标文件的大小写金额不一致的，以大写金额为准；③总价金额与单价汇总金额不一致的，以单价金额计算结果为准；④单价金额小数点有明显错位的，应以总价为准，并修改单价。⑤未宣读的投标价格评标时不予承认，对不同语言文本投标文件的解释发生异议的，以中文文本为准。

（3）澄清、说明或补正 《招标投标法》第三十九条规定："评标委员会可以要求投标人对投标文件中含义不明确的内容做必要的澄清或者说明，但是澄清或者说明不得超出投标文件的范围或者改变投标文件的实质性内容。"

在评标过程中，评标委员会视投标文件情况，在需要时可以要求投标文件作澄清、说明或补正。通常，澄清、说明或补正应注意以下几个问题：

1）澄清、说明或补正是投标人应评标委员会的要求做出的。只有评标委员会能够启动澄清程序，其他相关主体，不论是招标人、招标代理机构，或是行政监督部门，均无权启动澄清程序。一旦评标委员会要求，投标人应相应地进行澄清、说明或补正，否则，将自行承担不利的后果。

2）评标委员会只有在投标文件符合法定状况时才能要求澄清、说明或补正。根据国家发改委等九部门2013年第23号令修订的《评标委员会和评标方法暂行规定》第十九条的规定："投标文件中有含义不明确、对同类问题标书不一致或者有明显文字和计算错误的内容，或者投标人的报价明显低于其他投标报价或者设有标底时明显低于标底，使得其投标报价可能低于其个别成本的。"根据2018年住房和城乡建设部令第43号修正《房屋建筑和市政基础设施工程施工招标投标管理办法》的规定，"有下列情形之一的，评标委员会可以要求投标人做出书面说明并提供相关材料：①设有标底的，投标报价低于标底合理幅度的；②不设标底的，投标报价明显低于其他投标报价，有可能低于其企业成本的。"

3）评标委员会的澄清、说明或补正要求不得违法。评标委员会仅能够依法对符合法定状况的投标文件提出澄清要求，不得提出带有暗示性或者诱导性的问题，或者向投标人明确其投标文件中的遗漏和错误，更不能以澄清之名要求，对实质性偏差进行澄清或者后补。

4）投标人的澄清不得超出投标文件的范围或者改变投标文件的实质性内容。①投标人只能针对评标委员会的要求，进行澄清、说明或者补正，不能超出评标委员会的要求；②澄清、说明或者补正的内容，不得超出投标文件的范围，不能提出在投标文件中没有的新的投标内容；③即便在投标文件范围内，也不能改变投标文件的实质性内容。所以，《工程建设项目施工招标投标办法》明确规定，投标文件不响应招标文件的实质性要求和条件的，招标人应当拒绝，并不允许投标人通过修正或撤销其不符合要求的差异或保留，使之成为具有响应性的投标。

5）澄清、说明或补正一般应以书面方式进行。评标委员会应以书面方式提出澄清、说明或补正要求，投标人也应以书面方式提供澄清、说明或者补正，通常投标人和评标委员会不得借澄清进行当面交流。

投标人拒不按照要求对投标文件进行澄清、说明或补正的，评标委员会可以否决其投标。

(4)详细评审 只有通过了初步评审、被判定为合格的投标人方可进入详细评审。详细评审通常分两个步骤进行:首先是对各投标书技术和商务合理性进行审查;其次是运用"综合评估法"或"经评审的最低投标价法"进行各标书的量化评价。

1)综合评估法。综合评估法一般适用于工程建设规模较大,履约工期较长,技术复杂,工程施工技术管理方案的选择性较大,且工程质量、工期和成本受不同施工技术管理方案影响较大,工程管理要求较高的施工招标项目的评标。

将评审内容分类后赋予不同权重,评标委员依据评分标准对各类内容细分的小项进行相应的打分,最后计算的累积分值反映投标人的综合水平,以得分最高的投标书为最优。表4-11为某施工招标项目采用综合评估法打分表。

表 4-11 综合评估法打分表

序 号		评审因素	分值	评 分 标 准
价格分(40分)	1	评标价	40	有效投标人中投标价格最低报价的评标价为评标基准价,实际得分=(评标基准价/投标报价)×40
技术分(36分)	1	质量控制技术措施	6	①优:5~6分;②良:3~4分;③一般:1~2分;④无:0分
	2	成本控制技术措施	6	①优:5~6分;②良:3~4分;③一般:1~2分;④无:0分
	3	进度控制措施	6	①优:5~6分;②良:3~4分;③一般:1~2分;④无:0分
	4	安全文明生产控制技术措施	6	①优:5~6分;②良:3~4分;③一般:1~2分;④无:0分
	5	工程重点、难点技术措施	6	①优:5~6分;②良:3~4分;③一般:1~2分;④无:0分
	6	针对重点、难点提出有效建议	6	①优:5~6分;②良:3~4分;③一般:1~2分;④无:0分
商务分(24分)	1	项目管理机构	6	在满足招标文件规定的项目人员基础上,每增加配备项目主要人员1人的加2分,最多得6分
	2	近三年同类业绩	6	承担工程施工造价500万元以上(含500万元)业绩的,每项得2分,最多得6分
	3	获得省级以上荣誉	6	①国家级奖励的,每一个得2分,最多得4分;②省级奖励的,每一个得1分,最多得2分
	4	履约信誉	6	①投标人近5年曾获得过国家工商行政管理部门颁发的"守合同重信用"证书者,得6分;②投标人近5年曾获得过省级工商行政管理部门颁发的"守合同 重信用"证书者,得3分;③无,得0分
合计(100分)			100	

2）经评审的最低投标价法。经评审的最低投标价法一般适用于具有通用技术、性能标准或者招标人对其技术、性能没有特殊要求，工程施工技术管理方案选择性较小，且工程质量、工期、成本受施工技术管理方案影响较小，工程管理要求简单的施工招标项目的评标。

评标委员会根据评标办法前附表、规定的程序、标准和方法以及算术错误修正结果，对投标报价进行价格折算，计算出评标价。因此，评标价并不是投标价。评标价是以修正后的投标价（如果有需要修正的情形）为基础，依据招标文件中的计算方法计算出的评标价格，定标签订合同时，仍以投标价为中标的合同价。

以评标价最低的投标人为最优，投标价格低于成本价的除外。

（5）编制及提交评标报告　评标委员会完成评标后，应当向招标人提交评标报告，并推荐合格的中标候选人，推荐的中标候选人名单不超过3家，并标明排序。评标报告应当由全体评标委员会成员签字。

评标报告一般包括以下内容：①基本情况和数据表；②评标委员会成员名单；③开标记录；④符合要求的投标一览表；⑤废标情况说明；⑥评标标准、评标方法或评标因素一览表；⑦经评审的价格或评分比较一览表；⑧经评审的投标人排序；⑨推荐的候选人名单（如果投标人须知前附表中授权评标委员会直接确定中标人，则为"确定中标人"）；⑩澄清、说明或补正事项纪要。

对评标结果有不同意见的评标委员会成员应当以书面形式说明其不同意见和理由，评标报告应当注明该不同意见。评标委员会成员拒绝在评标报告上签字又不书面说明其不同意见和理由的，视为同意评标结果。

4.4.4　定标

定标即采购单位决定中标人。定标是采购单位的单独行为，但需由使用机构或其他人一起进行裁决。在评标阶段，采购单位和其代理机构按照评标方法对各投标方提交的投标文件进行了打分。这一阶段，采购机构和其代理机构按照打分的高低来决定中标人，继而向中标人发中标通知书，并通知所有未中标的投标人，并向他们退还投标保函等。

1. 确定中标人的程序

确定中标人的程序一般包括以下七个步骤：

1）评标委员会完成评标后，应当向招标人提出书面评标报告，并推荐合格的中标候选人。

2）招标人根据评标委员会的书面评标报告和推荐的中标候选人确定中标人，招标人也可以授权评标委员会直接确定中标人。

3）中标人确定后，招标人应当向中标人发出中标通知书。

4）招标人和中标人应当在中标通知书发出后的法定期限内，按照招标文件和中标人的投标文件订立书面合同。招标人和中标人不得另行订立背离合同实质性内容的其他协议。

5）招标文件中要求中标人提交履约保证金的，中标人应当提交。

6）中标人应当按照合同约定履行义务、完成中标项目。中标人不得向他人转让中标项目，也不得将中标项目肢解后分别向他人转让。

7）中标人按照合同约定或者经招标人同意，可以将中标项目的部分非主体、非关键性工作分包给他人完成，但不得再次分包。分包项目由中标人向招标人负责，接受分包的人承担连带责任。

2. 处理招标争议的方法

处理招标争议的方法一般分为招标投诉处理和评标结果异议处理两种。

(1) 招标投诉处理

1) 当收到投诉人或其他相关人员的投诉时,招标领导小组需要及时履行接收手续,出具书面接收证明或在投标人提供的回执上签字确认。

2) 对于能够立刻进行澄清和说明的投诉,招标委员会应予以澄清、说明,并消除误解。

3) 如果确实存在问题,招标委员会需要及时采取措施予以纠正,并答复投标人或主动向行政监督部门报告情况。

(2) 评标结果异议处理

1) 投标人对评标结果提出异议和质疑时,招标领导小组应请评标委员会提出答复意见,答复投标人。

2) 如果属于评标错误,应纠正并出具评标委员会意见;如果因纠正错误而导致改变中标结果,招标委员会需予以公示。

3) 如果对中标结果实行备案或审批管理,那么应在备案或审批后答复投标人,并公示纠正后的中标结果。给投标人的答复应使用书面形式并在合理的时间内做出。

3. 签订合同

确定中标人之后,就要考虑授予合同,也就是签约。招标人和中标人应自中标通知书发出之日起 30 日内,按照招标文件和中标人的投标文件订立书面合同。招标人和中标人不得另行订立背离合同实质性内容的其他协议。合同双方应严格履行合同。中标人不得向他人转让中标项目。

中标人接到中标通知书后,在规定时间内拒签合同或拒交约定额度的履约保证金的,以投标违约处理,其投标保证金不予退回,并赔偿招标人由此造成的直接经济损失。

拒绝签约的原因一般主要有以下四点:

(1) 中标人认为合同条款中有其不能接受的某些条件　从整个采购过程来看,合同条款应该是提前在该项目招标文件中载明的,且对众多的投标人来说都是一致的,也是公平的,不存在厚此薄彼的问题,也不存在采购人在招标结果确定后改变了合同条款和商务要求的问题。中标人拒绝签约完全是基于自身对合同条款的理解和从自身利益出发,也是无视法律法规的表现。

(2) 中标人认为自己的利润会受到影响　中标人在投标时,可能有草率投标的情况,或者采取不正当的竞争手段,有意排挤其他竞争对手,搞恶性竞争,先以低价投标,投出一个超低的报价,本来就没有合理的利润,却寄希望于在中标后再与采购人协商中标价格或其他条款。如果用中标人理想的价格和条款与采购机构协商且能取得一致,自己的利润能够有所保证,便能顺利签约,否则就会以种种理由拒绝签约。

(3) 中标人担心采购人不能按期付款　中标人对采购人支付货款的程序以及相关规定是有所了解的,但对能否按期付款却心存疑虑,担心采购人在付款时要按复杂的程序,还要遵循一定的规定,如果自己按期交货而采购人却不能按期付款,自己没有办法制约,也没有办法维权,最后会对自己的经营业绩造成影响。

(4) 采购人一味地降低条件，无形中助长了中标人不签约的行为 采购人一开始在中标人拒绝签约的行为上没有采取果断措施，似乎害怕中标人不签约而再也没有其他供应商与其签约，影响整个采购项目的顺利完成，因而一味地对合同条件一让再让，让中标人因此认为采购人在合同条件上还有潜力或者空间可挖，还可以在关键条款上继续做出让步，因此便步步为营，相继提出不合理的条件，逼迫采购人就范。如果采购人一开始就采取强硬态度，严格按照招标文件所列条件与其协商合同，不降低合同条件，不给中标人任何机会，也不至于出现后面的种种变故。

一旦完成签约，采购就进入合同管理阶段。

思 考 题

1. 工程项目招标应具备哪些条件？
2. 简述强制招标的范围和规模标准。
3. 简述工程项目采购程序。
4. 简述资格预审的程序和主要内容。
5. 简述工程项目招标采购评标常用的方法。

第 5 章
项目采购控制

在制订好工程项目采购计划之后,要按照采购计划的工作步骤来开展工作。在实际工程项目采购过程中,要进行采购的控制管理,将实际采购与目标采购产生的偏差修正,以使采购工作达成既定的目标。一般对于采购过程中的控制,从采购成本控制、采购进度控制、采购质量控制、采购结算控制四个方面来进行。

5.1 项目采购成本控制

5.1.1 采购成本的概念

1. 采购成本

狭义的采购成本是指采购过程中发生的物流费用,包括持有成本、订购成本及缺货成本,但不包括所购产品的价格。采购成本除了包括订购活动的成本费用(取得货品的费用、订购业务费用等),还包括因采购而带来的库存维持成本及因采购不及时而带来的缺货成本。狭义的采购成本又称为采购管理成本,即采购部门在采购过程中的管理费用支出。

2. 总采购成本

总采购成本是指在采购全过程中所支付的全部费用,包括产品购置费、安装费、运输费、检验费、库存成本、维修费、采购不当引起的风险费用,以及相关税费等。总采购成本也称为总购置成本或总所有权成本。

一般情况下,采购成本指的是总采购成本。

总采购成本包括三大部分内容:

1) 所采购的原材料费用、运杂费、保险费等原材料成本。

2) 采购过程的成本,即采购部门完成采购过程所付出的成本,主要是采购部门人工和差旅费。采购过程是指从采购计划、采购询价、采购合同签订到采购材料进场为止的过程。

3) 因采购失误而造成的损失成本,即质量成本、效率成本、资金占用成本、风险成本,以及其他浪费。

3. 采购的显性成本与隐性成本

采购的显性成本就是采购时的产品价格,是最容易被关注的成本。采购的隐性成本是指除产品价格以外的不易统计和计算的采购成本,比如采购的产品质量成本、管理成本等。采购的隐性成本是最容易被忽视的成本。

传统的采购交易重点放在产品价格谈判上，其次才考虑产品的质量性能和交货期等因素。因此采购成本主要围绕与产品价格等相关的显性成本，较少考虑采购的总体成本。

采购的隐性成本包括产品价格之外的很多方面，如单纯追求产品低价而导致供应商选择不当，长远看频繁更换供应商所带来的管理成本、过量存货的积压损失、进货不足的短缺损失、货物到达时间过早或延误形成的费用或损失等。

总采购成本包括采购的显性成本和隐性成本，跨越单一的采购部门的管理职能，从供应链管理的层面上来考虑，则包括材料价格以及与采购活动相关和因采购行为不当形成的所有费用或造成的损失。

4. 项目采购成本

项目采购成本是项目采购过程中所支付的全部费用，包括项目采购的管理费用、项目交易价格（例如，工程价格、设备价格、设计费、咨询服务费等）、材料设备的运输费、库存费、检验费，以及项目的维修保养费等。全生命周期的项目总采购成本除上述费用外，还包括维持项目正常运行的运营费用，例如燃料费、电费、运营维修费、运营管理费等。

在实际采购工作中，很多采购者只关注供应商的投标报价，而忽视了招标成本、建设成本和所有权损耗成本等项目总采购成本。

（1）招标成本 招标成本是指招标过程中发生的费用支出，是项目采购管理成本的一部分。通常招标活动包括：

1）发出招标要约前的行为。如招标方确定招标目标、调查主题、编写需求建议书、考察和认同供应商、获取内部的授权、寻求预算支持等，然后发出要约。该过程的成本大约占整个项目合同价的2%~5%。

2）竞标者对招标方的招标文件编制相应的投标建议书。假设每个竞标者在编制投标书时花费合同价的1%~6.7%，如果有五个竞标者的话，那么投标人的总成本将达到合同价的5%~33.5%。表面上看，这笔款项由竞标者承担，但是从长远看是由招标方承担的。因为竞标者会将投标成本分摊到每次竞标的项目上。

3）进入评标程序，招标方完成包括开标、评标、定标、谈判、签订合同等事项。这个成本可能占合同价的2%~5%。

4）如果因为某种原因必须重新招标时，招标成本将大幅增加。因此，对于一般行业来说，竞标的总成本可能占到合同价的10%~40%。

（2）建设成本 施工企业是以一定的合同价格从项目业主那里承包工程施工的，这个合同价格如果施工过程中没有变更将是不会变化的。工程承包的这个合同价格也是供应商/分包商投标报价的主要依据，是买卖双方关注的重点。一般包括如下几个方面：施工准备、施工、竣工后的拆除退场费用等。

（3）所有权损耗成本 所有权损耗成本是指长期损耗成本，包括项目回访保修成本和设备退场、维护、可能的闲置成本。它们可能会持续多年，并且可能是前期费用的几倍；在设备面临报废之时还需考虑其销毁或处理的处置成本。

5.1.2 采购成本的构成

对于工程承包企业来说，项目采购成本包括货物采购（建筑材料、施工设备、工具、办公用品、劳动防护用品、临建设施等）成本、工程分包（专业分包、劳务分包、检验检测等）成本和服务采购（如生活后勤、现场保安、垃圾清运等）成本。

1. 按采购阶段划分的采购成本

根据项目采购的阶段不同划分，可以将项目采购成本分为交易前的成本、交易中的成本和交易后的成本。

（1）交易前的成本　项目采购交易前的成本，是指采购方准备项目采购需求、确认需求、调查市场、编写招标文件、委托招标代理机构、考察和选择承包商、人员培训以及各种许可办理等成本。

（2）交易中的成本　项目采购交易中的成本，一般是指采购交易过程中发生的费用，比如采购对象的合同价格、合同变更价格、索赔费、运输费、进场验收复试及检查费、现场搬运贮存管理费、项目实施过程中的各种管理费、许可费等。

（3）交易后的成本　项目采购交易后的成本，是指项目采购结束后发生的相关费用，如项目的维修费、采购不当造成的损失、低劣的采购产品质量造成的间接损失，等等。

以设备采购成本为例，可将项目采购成本分解为如图 5-1 所示的阶段。

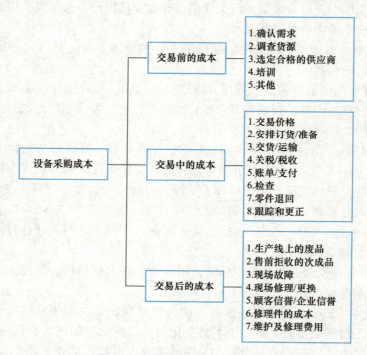

图 5-1　设备采购成本的阶段分解

2. 按支付对象划分的采购成本

根据成本支付对象划分，将项目采购成本分为采购方的外部成本和采购方的内部成本。

（1）采购方的外部成本　采购方的外部成本一般以合同为依据，在合同执行过程中还可能存在合同变更费和索赔费等调整，在合同执行结束后进行最终决算。

（2）采购方的内部成本　采购方的内部成本是指采购方为保证项目采购顺利完成而组建项目采购班子、编制项目采购计划、采购询价和市场调查、采购过程和所购对象的检查、监督、控制等在采购班子内部的费用支出，以及由于采购不当等造成的各种损失等。

5.1.3 影响采购成本的因素

影响项目采购成本的因素很多，不同类型的项目，影响其采购成本和价格的因素也不同。一般来说，可以归纳为以下九个方面：

（1）市场竞争关系　所采购物资的市场竞争关系是影响项目采购成本的重要因素之一。供求关系一旦发生变化，虽然项目的组成成本不会发生较大的变化，但是供应商的报价会发生变动，从而影响项目的采购成本。市场充分竞争时，价格就会下降；市场不充分竞争时，价格就会上升。

（2）项目的技术复杂程度、质量标准和工期　项目的技术复杂程度、质量标准和工期会影响项目的成本，从而影响分包商的报价。项目要求的技术越复杂、质量标准越高、性能越先进、竞争程度越下降，项目的采购成本就越高。工期要求越紧，采购成本越高。

（3）原材料、组成品、设备等价格变动　项目的原材料、组成品、设备等价格变动，均会引起项目的采购成本变化。项目的原材料、组成品、设备的价格受到市场波动、季节变化、采购数量、标准件或非标准件、功能设计、承包商的市场能力、国际市场价格、物流、保险等因素的影响。

（4）项目采购数量　一般来说，大批量采购由于数量较多，供应商为从采购方获得更多的机会就会选择报低价，从而降低项目的采购成本。虽然一次性采购大量的材料设备可以降低供应商的报价，但是可能增加仓储费用，所以材料设备的采购数量应该合理优化，采取合适的管理制度。

（5）付款条件　项目的付款周期越长，供应商的财务成本和风险越大，则供应商越倾向于提高报价，从而增加项目的采购成本。

（6）项目管理模式和合同条件　项目管理模式有传统模式、设计建造模式、施工管理模式等。合同条件有固定总价、单价、成本加酬金等不同计价方式和风险分配原则。这些不同的项目管理模式和合同条件都会影响项目的管理效率和分包商的积极性，从而影响项目的实际采购成本。

（7）采购方的管理能力　采购方的管理能力和合同执行能力既可以影响供应商的报价和实际成本变更，也可以影响内部的采购管理成本。采购方的管理能力与人员配置、采购方式、采购管理制度、管理流程、组织管理能力等密切相关。

（8）采购不当和管理不善　采购不当和管理不善可能引起成本增加，比如材料质量不合格导致质量损失成本，库存不足造成效率损失成本，交货延迟造成的效率损失成本，过量采购形成的资金占用成本，原材料价格大幅波动造成的风险损失成本。

（9）采购流程的计划性和透明性　项目采购是项目资金的主要支出方式，采购资金占项目资金的比重较高。由于采购部门的特殊性，其工作职责与风险不一致，因此容易导致出现采购问题和失误。严格按照采购计划进行采购，没有列入采购计划的内容不得采购。采购的计划性从源头控制采购资金的随意支出。合理采购流程要求采购流程透明，职责划分能够形成相互监督。透明的采购流程有利于监督控制采购活动，保证采购按照制度规范操作，降低采购纠纷和冲突，减少隐性成本支出，降低采购成本。

5.1.4 货物采购的成本控制方式

直接和间接的货物采购成本是项目采购的主要工作,货物采购成本占项目采购成本的比例高,加强对货物采购成本的控制具有重要意义。

1. 货物采购的成本控制重点

货物采购成本的控制主要是针对物料采购价格、运杂费和仓储费、数量进行控制。具体控制内容为:

(1) 控制物料采购价格　可以在采购过程中充分利用市场关系与供应商进行谈判和协商,以达到降低采购价格的目的。

(2) 控制采购物料的运杂费　综合选择运输方式、运输路线、物料供应来源地、包装方式,满载荷运输、保险、运输护理等,降低货物运价。

(3) 控制仓储费用　一般考虑仓库使用成本、物料管理成本等。

(4) 控制数量　对批量采购的,用控制采购批量的方法以降低资金占用成本和仓储成本。根据相应的生产条件,通过定量订货模型、定期订货模型、批量订货折扣模型等,确定订货批量。

(5) 控制质量　通过对采购物料的质量控制,降低采购、运输过程造成的废品、次品的概率。

2. 货物采购的成本控制方式

货物采购的成本控制方式主要有:比价采购、招标采购、经济订货批量法、增加库存法、改善运输条件、专家采购、寻求替代材料七种。

(1) 比价采购　在物资的采购过程中,实行货比三家,即采购货物时,对比三家以上的供货单位。在同等条件下同样的货物比质量,同样的质量比价格,同样的价格则比服务。

(2) 招标采购　实践证明,降低采购价格的一个有效方法就是实行竞争招标。所以,要尽量采取招标方式采购货物。通过招标,从厂商选择、采购价格、合同签订等各个环节,进一步确定招标采购的范围和品质,杜绝回避招标、小范围议标及个别行政领导确定厂商等不规范现象,从而规范采购方式。

(3) 经济订货批量法　以库存总费用(买价、订货费用和库存保管费用)最小的原则来确定货物订货批量,如果材料的买价相对固定,就与订货次数和订货批量关系不大。订货费用和库存保管费用则是企业追求库存总费用最小时,相互矛盾的两种费用。订货费用是随订货批量的增加而减少,而库存保管费用则是随订货批量的增加而增多。两种费用之和最小时,才是物料的经济订货批量。

(4) 增加库存法　这是一种简单而有效的方法,即在市场价值较低的时候尽最大的资金能力大量地购入预计要上涨的物资,来减少因价格上涨而增加的成本。这种方法的关键在于对市场信息的搜集、正确分析市场的变化、准确预测和及时决策。

(5) 改善运输条件　交通运输条件在某些地区和某些情况下,已经成为制约经济发展的瓶颈,需要采取积极的措施加以改善。例如,可与铁路、公路、水路等部门加强协作。

(6) 专家采购　为了提升采购环节的公开和透明度,可成立跨部门的采购小组和谈判小组等,建立高效率和相互监督且透明的采购流程。如根据货物需求情况和质量要求,就采购的数量、质量、价格及付款方式、售后服务等方面,逐一与供应厂商进行谈判,实现交易环节和交易过程公开，与多个供应商达成一揽子采购协议，使得在进行货物采购时不仅能保证质量，又能及时交货，而且还可以得到其付款及价格的更多优惠，从而大大降低采购成本。

（7）寻求替代材料　采购部门与技术部门、质量管理部门等合作，积极寻求更具有经济性的可替代材料和货物。例如，水泥生产企业可以用脱硫干粉、煤矸石替代石膏，用砖坯替代烘干用黏土，既减少了工艺损耗，又降低了生产成本，从而降低材料的采购成本。

5.1.5 采购计价

1. 采购成本核算的范围

项目采购成本核算的范围包括采购总成本、直接材料成本、直接劳动力成本以及间接采购成本四个方面，具体说明见表5-1。

表 5-1　采购成本核算的范围

核算内容	具体说明
采购总成本	采购总成本就是采购成本、运输成本，以及间接操作程序、检验、质量保证、设备维护、重复劳动、后续作业和其他相关工序所造成的成本的总和
直接材料成本	用经济可行的办法能算出的、所有包含在最终产品中或能追溯到最终产品上的原材料
直接劳动力成本	用经济可行的办法能追溯到采购过程中的所有劳动力成本
间接采购成本	除了上述成本以外，所有和采购过程有关的成本

2. 采购成本核算控制措施

企业财务部应建立完善的会计核算制度以及采购成本核算制度，确保各类采购成本、费用能够准确地核算，从而为采购成本控制提供重要的依据。加强采购核算控制的主要措施包括四项，具体见表5-2。

表 5-2　采购成本核算控制措施

控制措施	具体说明
科学设定科目	财务部应科学设定与采购会计处理有关的科目，包括原材料、包装物及低值易耗品、在途物资、应付账款、应付票据、预付账款、应交税费等科目
记录各项资金和物流	全面、真实地记录和反映企业采购各环节的资金流和物流状况
选择合理的核算方法	常见的采购成本核算方法包括品种法、分批法、分步法、分类法和 ABC 成本法等，会计人员应选择合适的成本核算办法
全面核算采购成本	会计和采购人员在统计采购成本时，不仅应记录显见的物资获得成本，还需将物资的持有成本也计算在内，计算采购总成本

3. 采购价格计算方法

项目采购价格计算方法很多，不同的方法计算的结果也不同，需要的相关数据资料也不同，花费的时间和费用也有差异。在项目管理过程中，为了使时间、费用和工作范围内的资源得到最佳利用，可以选择相应的成本估算方法，以尽量得到较好的估算结果。项目采购价格的计算方法常见的有成本分析法、参数估算法、市场调查法和预期收益法等。

在掌握上述方法之前，需要了解项目价格计算的基础。

项目价格就是项目交易的市场价格，即买卖双方的项目交易价。采购招标前，准确的采购成本估算有利于项目决策、融资、制订项目采购计划、形成正确采购意识、项目实施和控制、项目评估等。

项目价格计算一般采用综合估算法，包括以下三个基本内容：

（1）项目的工作分解结构（Work Breakdown Structure，WBS）　项目的工作分解结构是项目管理的一种基本工作，WBS 为定义项目的所有组成及其相互管理，为确定项目的成本，以及整合项目管理活动提供了一个框架。施工企业的项目生命周期可以分为项目启动、项目策划、项目实施、项目检测和项目收尾五个阶段，采购是项目实施阶段中起始过程的重要工作。

（2）项目的成本分类　作为施工企业的项目生命周期内的主要成本包括：①固定资产投资；②流动资产投资；③人工成本；④材料成本；⑤维修费；⑥税费和保险费用；⑦损耗费用；⑧管理费；⑨资产处置费；⑩残值回收。

（3）估算方法　根据项目所处的不同阶段、数据详细程度、估算精度和用途等，项目价格估算方法有初步估算、准详细估算和详细估算。

1）初步估算。初步估算用于概念设计方案的估算，即项目可行性研究投资决策阶段的估算。估算精度为±30%～50%，估算方便快捷。最简单的初步估算是经验估算，根据估算者的专业知识和丰富的经验，提出近似的单价，然后乘以相应的数量后就可以估算出项目的价格。它对要求很快拿出一个大概数字的项目是可以的，但对要求详细的估算显然是不能满足要求的。

2）准详细估算。准详细估算相当于建设工程中的概算，即初步设计或扩大初步设计阶段的估算，主要用于初步设计阶段的采购成本估算。由于项目信息更加丰富和准确，估算方法和模型更加精确，估算工作量和成本相应增加，因此估算精度提高，通常为±15%。

3）详细估算。详细估算相当于建设工程中的预算，即施工图设计阶段的估算，通常需要以明确的项目定义、详细的项目设计和市场价格信息为依据，估算工作详尽规范，精度误差可达到±5%，可以作为项目采购决策的依据。估算人员一般需要拥有专业知识，根据项目的规范和说明、设计图纸、现场条件、市场价格信息、竞争激烈程度等综合计算。详细估算的结果可能成为施工企业中标合同价的重要依据，也将成为项目采购的主要依据。

5.1.6　项目采购成本控制的方法

项目采购成本控制的方法在实践中有很多，最常用的一般有以下几个：

（1）竞争招标　对非单一性货源的产品及大宗材料的采购，降低费用与成本的最佳方法是实行竞争招标；项目采购部可通过同一档次合格供应商之间的相互比价，最终得到合理的底线价格。

对需求量较大的材料采购，采购部应通过对不同供应商的选择和比较，形成供应商之间相互牵制的局面，从而使项目部在采购谈判中处于主动、有利的地位。

（2）选择付款条件　在项目资金充裕或银行贷款利率较低、供应商的产品质量近5年一直处于稳定可靠状态、供应商诚信度好的情况下，项目采购部可采用提高预付款比例或货到付全款的方式，来促使供应商给予所供产品以较大的价格折扣。

（3）把握价格变动趋势　市场规律表明，产品价格一般会随着季节、市场供求情况波动，尤其是建设高峰时期，价格变化尤为明显。通常情形下，年末的价格最低（供应商考虑减少库存和资金回笼原因所致）、年初的价格次之（供应商为多争取当年合同份额所致）、年中的价格最高（供应商当年的生产任务相对饱满所致），因此在采购中，采购工程师既要关注国家建设资金投入量对市场整体价格的影响，又要仔细揣摩供应商在一年生产中的供货心理变化，学会把握价格变动的规律，抓住采购的最佳价格时机，有效降低采购费用。

（4）直接采购或结成同盟采购　除非施工进度急需，采购部所购产品应尽量向制造商直接订购，这样既可以减少中间环节、降低采购成本，又可以直接与制造商保持较好的联络，以获得及时的技术、售后服务。

在同一大型项目的分包工程中，项目部可就同类产品与其他项目部结成同盟联合采购，通过需求数量大来获得供应商更多优惠的折扣，以降低产品成本。但在同一个施工企业中，依靠项目部的联合采购毕竟其采购规模仍然受到限制，而且花费项目部过多的精力。正确的做法是公司的集中采购。

（5）利用保险　利用保险可以有效控制风险损失、降低由于风险引起的缺陷成本。

对由供应商组织的运输，项目采购部应在采购合同（订单）中设立专门保险条款，明确规定供应商有为所供产品购买保险的义务，保险责任期应为从供应商处运输到项目部所在地的全部期间，并且这种保险的直接受益人为项目部。

对自行组织的运输，项目部还应根据产品的重要程度以及货物补充来源及时性等条件，为已到货产品办理意外风险保险，使那些重要程度等级高、货物补充来源困难的产品始终处于第三方的保险状态下，以减小由于风险损失而引起产品成本增加的可能性。

（6）提高项目管理人员和采购人员的薪酬　提高采购人员的工资和待遇，减少不良行为造成的损失。采购是项目资金对外支出的窗口之一，因其特殊岗位，采购人员常常成为供应商重点"关照"的对象。采购人员的不良行为也经常导致采购产品质量下降、费用增加、成本上升。分析产生这种现象的原因，除了采购制度不严谨、采购程序不完善之外，采购人员待遇偏低也是一个不容忽视的因素。采购人员相对于项目部其他人员而言，出差的机会明显偏高，并且不少项目所规定的差旅费的标准时常使得他们在外的衣、食、住、行陷入困境。在这种环境下，既可能造成合同差错的增多，也可能给不法供应商留下了可乘之机，进而导致采购费用增加，成本上升。

所以，在完善的采购制度、程序之外，适当提高项目管理人员和采购人员的薪酬和待遇标准，使他们无须为自己的衣、食、住、行操心，珍惜工作机会，努力工作，是一项控制采购费用与成本的积极措施。也许从管理成本方面来看，费用是增加的，但这个成本的增加相对采购人员不良行为、不法供应商私下交易所带来的损失而言，应当是利大于弊。

在探讨工程项目采购管理降低成本的问题时，应该确立采购全流程成本的概念，企业应该关注的是整个工程项目流程中的成本降低，是对总成本的控制，而不是单一的针对采购货物或服务的价格。获得了低价的采购物品固然是成本的降低，但获得优质的服务、及时快速的供货、可靠的货源保证等也无疑是获得了成本上的利益。同时，降低采购成本不仅指降低采购工程项目本身的成本，还要考虑相关方面的利益，成本就像在 U 形管中的水银，压缩这边的成本，那边的成本就增加。单独降低某项成本而不顾及其他方面，这种成本降低是不会体现在工程项目采购管理的利润之中的。所以，需要建立全流程成本的概念，来达到对整个工程项目采购管理总成本的控制和降低。我们不应该只看到最直接的成本降低，还应该从工程项目采购的全过程来衡量成本上的降低，探求降低总成本的有效措施。只有这样，才能在采购过程中发掘无处不在的降低成本的机会。

总之，采购费用与成本控制问题涉及项目采购全过程，既需要合格人员，也需要良好制度；既需要适宜的方法，也需要责权利的有机统一。后续环节的纰漏，可能使在前面环节的心血付诸东流。在前面环节的差错，可能需后续环节付出成倍努力方能弥补，唯有每个管理者、操作者自始至终地不懈努力，方能取得良好的成效。

5.2　项目采购质量控制

项目采购质量管理的总体目标是严格检验采购物资，杜绝不合格品入库，对采购物资进行质量控制管理，确保采购的物资符合企业生产及经营的规定和要求。一般采购质量控制从采购物资检验、不合格物资的处理和采购物资质量控制的措施三个方面入手。

5.2.1　采购物资的检验

1. 采购物资检验的内容

采购物资检验的内容包括以下七个方面：

1）确认供应商交货和验收日期。
2）比对采购单，确定物资名称、规格。
3）清点物资数量，确保数量准确。
4）检验物资质量，填写物资检验清单及采购检验报告单。
5）确定物资并上报验收结果。
6）处理短损物资，退还不合格品。
7）清理检验现场，标识合格品并组织入库。

2. 采购物资检验的方法和方式

采购物资检验的方法一般分为感官鉴定法、核对质量证明文件和理化检验。

（1）感官鉴定法　感官鉴定法是验收人员凭自己对物料知识的了解程度和工作经验，用视觉、听觉、嗅觉、触觉等来判断质量的一种方法；其优点是简便易行，缺点是检验有一定的局限性。

（2）核对质量证明文件　核对质量证明文件是对供应商提供的产品合格证和质量检验报告等质量证明文件与所运到现场的材料进行核对，以确认所提供的质量证明文件确为所提供的材料的质量文件。例如，钢材的质量检验报告所标明的钢材的炉批号与进场钢材所附标牌是否一致等。

（3）理化检验　理化检验是用各种设备、仪器、试剂对物料进行物料、化学和生物分析，从而判别物料质量是否符合要求。理化检验一般需工程甲乙双方会同监理方一道在进入现场的材料中按相关要求的一定批量抽取试样，送第三方检验机构进行。在公路、铁路、桥梁等施工现场，同时还要求施工项目部具备相应的检验能力，在施工项目部下设专职的试验室进行这项工作。

采购物资检验的方式一般分为全数检验、免检和抽样检验。全数检验适用于采购物资数量少、价值高、不允许有不合格品的物资，或工厂指定进行全检的物资；免检适用于大量低值辅助材料、从经认定的免检厂采购货物以及因生产急用而特批免检的物资，对于后者，采购货物检验专员应跟踪生产时的质量状况；抽样检验适用于平均数量较多、经常性使用的物资。不具备检验手段并且第三方也不具备相应检验手段的物资，在核对相应质量证明文件后会采用此种检验方式。

对采购物资进行检验时应当注意的是，不论采用什么检验方法，都必须是在货物进场后，在进场货物中按规定批量随机抽取样本进行检验。在货物生产地抽取的样本只能作为合格供应商评价的依据，不能作为进场货物合格与否的证据。

5.2.2 不合格物资的处理

企业需要加强对采购检验过程中发现的不符合要求的不合格物资的管理，坚持"三不放过"原则，即不查清不合格原因不放过、不查清责任人不放过、不落实改进措施不放过，为企业的产品质量把关。不合格物资的处理措施，具体如图5-2所示。

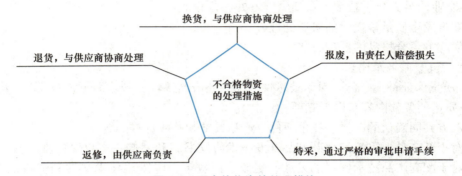

图 5-2 不合格物资的处理措施

5.2.3 采购物资质量控制的措施

1. 审核供应商的质量管理体系

（1）确定审核的时机　为了确保供应商的交货质量，采购人员需要定期对供应商的质量管理体系进行审核。对供应商质量体系进行审核的情况包括以下两种：

1）新供应商要审核一次到几次，以后每半年或一年审核一次。

2）出现重大质量问题或近期经常被退货且又难以变更供应商时，必须对供应商进行一次质量体系审核。供应商获得了ISO 9001的认证证书是供应商质量保证能力的证据之一，但这并不能表示可以免除对供应商的质量管理体系的审核。

（2）确定审核方式　大多数企业在对供应商的质量管理体系进行审核时，会聘请质量认证方面的专家定期实施对供应商的审核，全面掌握供应商的综合能力，尤其是产品质量水平。一旦发现了供应商在质量保证体系中的薄弱环节，应及时对供应商提出，督促供应商及时进行完善。

1）通过独立的体系认证机构。当今流行的ISO 9001等独立的体系认证机构，如国内的中国质量协会质量保证中心、北京中建协质量认证中心，国际的英国标准协会（British Standards Institution，BSI）、瑞士通用公证行（Societe Generale de Surveillance，SGS）、挪威船级社（Det Norske Veritas，DNV）、德国技术监督协会（Technischer Überwachungsverein，

TUV）等认证机构，它们促进了国内质量管理水平的提高。

2）通过第三方权威机构检验以确保质量。例如，美国某企业要从国内购买一批产品，因双方距离太远，不一定能到实地考察或验证，于是委托一个中间机构，帮助验证该批产品的质量，以避免产品到美国之后再协商及处理。目前，在国际上从事此类业务的机构有 SGS 和 TUV 等。

3）通过产品单项认证，即将产品送到指定的机构进行检验，同时获得相关的证书，也可以说是"特种行业证"，如美国的 UL 认证、欧洲的 CE 认证等。

2. 在合同条款中明确质量要求

（1）质量保证基本条款　在采购合同条款中，应明确对采购物资的质量要求，应当标明所采购物资的名称、型号、规格、数量、价格、质量保证及技术要求等。质量保证条款应明确规定以下内容：

1）验证产品质量的方式、方法、地点、产品改进、改型以及验证结果的处理等。必要时安排本企业质量人员、技术人员到供应方处进行验证。

2）双方发生质量争端时的协调处理方式。

3）供应方不合格品的处理方式。

4）"三包"服务承诺。

（2）质量保证补充条款　对于技术性产品，还应当签订"技术服务协议书"，其中涉及技术服务质量的条款内容有以下三项：

1）双方共同确认的图样、技术条件、产品标准和验收标准。

2）对于新产品，需签订"新产品开发技术协议书"和"知识产权保护协议书"。

3）对于配套产品技术资料的发放、更改、回收等，应按"技术文件和资料控制程序"的有关条款进行控制。

（3）监督供应商的生产过程　采购人员在同供应商签订合同后，要对供应商的订单生产过程进行监督控制，确保供应商能够按照合同条款的质量要求组织生产，确保产品质量的稳定性。供应商生产过程的监督方式有以下两种：

1）要求供应商提供相关的生产数据。

2）定期派人到供应商生产现场进行生产质量的监督，及时提出意见，与供应商进行沟通协调。

（4）设备监造　当采购者购买价值高、体量大、构造复杂的大型设备时，往往自行或委托具备相应资质的第三方，在合同约定的范围内，按照法律、法规、规章和标准，对产品制造过程的质量实施监督活动。设备监造时要对工程项目所需设备在制造和生产过程中的工艺流程、制造质量及设备制造单位的质量体系进行监督，以确保所采购的设备材料质量、进度等充分满足合同要求和工程进度要求，包括对供方设备材料的制造计划、质量计划、制造过程监造、产品检验、验收、包装、发运出厂等流程的控制。

一般情况下，项目采购合同签订后，采购经理应及时向监造小组负责人提交相应的采购合同信息，并根据总包合同的相关要求，编制该项目需要重点控制检查的设备清单，经部门讨论后提交监造小组负责人。监造工程师向供应商催要质量控制计划，并确认具备进度及设备具体检查的时间，监造负责人适时安排进行监造检验工作，及时派遣监造检验人员。

在质量检验现场，监造工程师必须随时协调解决业主方/业主指定第三监造方工程师提出的各种相关的问题，并敦促业主方/业主指定第三监造方人员现场出具质量检验报告，必须三方检验，采购方、供货商签字确认。

监造工程师需根据检查情况，现场编制《供方生产及质检情况汇报表》，回公司后将报告交给监造小组。对一次未通过验收或检验中出现重大问题的，监造工程师应及时电话通知监造小组负责人及部门负责人，详述存在的问题。项目采购经理或其指定的检验人员有权通知供方停工整改直至复工。

对于有特殊要求的设备、材料，根据设备、材料的要求，可委托工程设计单位或设备设计单位或有相应资格和能力的第三方进行检验。项目采购经理或其指定的检验人员有权依据合同对第三方的检验工作实施监督和控制。

设备监造的前提是监造方对制造厂的高度控制能力，而完善的监造体系（包括完善的管理程序及监督导则、高效的监造管理信息平台以及经验丰富的监造队伍）则是成功设备监造的保障。

设备监造可分为自主监造和第三方监造。

一般情况下的设备监造分为以下几个阶段：

1）监造准备。①熟悉与被监造设备有关的法规、规范、标准、合同等资料文件；②熟悉被监造设备的图纸和相关技术条件；③熟悉被监造设备的加工、焊接、检查、试验、无损探伤等主要工艺方法及相应标准；④熟悉制造厂的质量保证大纲（生产大纲）及相应的程序，⑤编制或熟悉有关设备监造的管理程序。

2）质量计划文件准备。设备制造厂应根据相关法律、法规、规章和标准编制质量计划。质量计划中应对每条要求进行细化，即确定明确的检查内容。监造代表对质量计划进行审核，选取 H 点（停工待检点）和 W 点（见证点），并按相应程序完成质量计划的审批。

3）驻厂监造实施。①对质量计划的控制点（W 点、H 点）进行见证，并签字确认；②对过程中发生的不符合项处理进行跟踪，按照程序要求对不同类别的不符合项进行见证处理、关闭和签字确认；③参加制造厂有关工艺和技术修改的审查等；④定期或不定期地编制监造报告，及时向公司或项目组织反映制造过程中存在的问题、处理情况以及对设备制造质量、交付进度、经费等可能产生的影响。

4）出厂验收。出厂验收是按合同和规范要求，对设备制造质量和应交付文件进行全面的最后检查、试验和清点。主要包括：①硬件验收，包括有关的功能、性能试验和必要的动作演示，总体尺寸、接口尺寸和关键尺寸的复测，零部件和备品备件的检查和清点；②文件验收，按合同和验收相关程序要求，清点交工资料文件，审查其合格性，检查装箱文件等；③包装及有关标识检查。

（5）加强交货质量验收管理　在物资验收环节，质量验收是验收的重要内容，也是进行质量控制的必然要求。

1）质量验收标准是否完善。质量验收标准是针对物资验收过程所制定的质量管理条款，质量检验人员在验收时要根据质量验收标准进行检验。完善的质量验收标准能避免因质量检验不到位而产生的质量问题。

质量验收标准一是简单以物资好坏为标准，二是在验收检查时的试验标准。前者常常有限制，可因人而异，所以并不具体；后者则视抽样松紧方法的不同而定，有时因供应商信用可靠，不经检验即可通过。

2）选择正确的质量验收方法。对于一般产品而言，质量验收比较简单；对于技术性能比较复杂的物资而言，则需要根据物资的要求选择正确的验收方法。如有一些物资对检验的温度、湿度等有所要求，这就需要创造符合温度、湿度要求的检验环境。必要时，还要送专门检测机构进行质量检验。企业在对采购的物资进行质量验收时，对于一些国家或行业规定需要进行第三方检验的物资，应委托有资格的部门进行质量检验。

3）记录质量检验数据。质量检验数据体现了质量检验的过程和结果，数据不完整可能导致检验无效，数据失真则可能带来质量隐患。在保存质量检验记录数据时，应确保以往的数据资料完备，以备参考。

5.3　项目采购进度控制

5.3.1　项目采购进度概述

采购进度是采购管理中重要的一项工作，企业对采购进度进行管理，可以规范企业在采购过程中各项工作的执行，确保采购按照计划要求开展。项目采购的进度控制一方面是为了保证项目进度的正常推进；另一方面是通过合理有效的进度控制可以节约成本，缩短工期，保证质量。

要想控制采购进度，首先要有效控制订单处理周期，及时跟进并解决采购订单处理过程中的问题，可确保采购物资按期交付、采购过程顺利完成，同时也保证了企业在经营活动中能够获得必要的原材料、设备、辅助材料等，减少因采购作业延误而造成的停产、延期交付、计划调整等问题，降低采购成本。

采购订单管理是企业根据本企业的销售计划、生产计划、用料计划等，并结合自身实际能力及相关因素，所制订的切实可行的采购订单计划，并下达至订单部门执行。在执行过程中要注意对订单进行跟踪，以使企业能从采购环境中购买到企业所需的商品，为生产部门和需求部门输送合格的原材料、辅助材料、零部件、配件等物资。

采购进度管理是企业采购人员对采购询价、订购、交货等一系列作业程序所需时间及其作业期限的分析、确定与应用管理，主要包括订单处理周期管理和紧急采购管理。

订单处理周期管理具体包括的事项有订单准备、订单传递、订单登录、按订单供货、订单处理状态跟踪等。改善订单处理流程，缩短订单处理周期，提高供应商交期准确率，可以大大提高企业的物资供应服务水平，同时也能对控制本企业的库存水平和物流总成本起到一定的作用。

紧急采购是企业在生产经营紧急的情况下，来不及纳入正常的采购计划而必须立即进行物资采购的行为。采购人员在执行紧急采购作业时，重点是要做好该项作业的申请与审批、询价与谈判、交期设定与催货等工作，最大限度地缩短采购作业周期，满足紧急需求。

5.3.2　采购订单管理

1. 采购订单的制作依据

（1）年度经营计划　经营计划是各项计划的基础。年度经营计划参考了过去年度本企业和对市场形势分析基础上列出的有关合同额及营收计划。企业要想制订准确的采购计划，必须依赖对市场营销的准确预测以及经营计划的准确制订。

（2）年度施工计划　年度施工计划是依据年度合同额加上预期的上年结转而得出的。有了年度施工计划，就可以在正常的提前期内进行采购并获得有利的最终价格。企业要想制订准确的采购计划，必须有一份准确的施工计划。

（3）物料清单　物料清单表面上是由市场投标部门制定的，在清单报价环境下，工程量清单对应所需物料清单，根据物料清单可以比较精确地计算出每一项工程的物料需求数量。然而清单报价是在有了具体工程对象时才可能发生的，年初只能根据经营计划和计划中的营销对象再加上以往年度的经验来预测物料清单。

（4）库存记录卡　库存记录卡可以用来表明某一材料目前的库存状况，包括账目和物料数量是否一致、物料存量是否全部符合要求。一个记载正确的库存记录卡是采购计划准确性的重要保证。

（5）物料标准成本的设定　在编制采购预算时，由于很难预测将来拟采购物料的价格，故多以标准成本替代。标准成本与实际购入价格之间的差额就是采购预算正确性的评估指标。

（6）生产效率　生产效率的高低将使预计的物料需求量与实际的耗用量产生误差。

2. 采购订单的编制步骤

通常来说，采购订单的编制包括以下四个步骤：

（1）准备订单计划　准备订单计划主要有四个方面的内容：接受市场需求、接受生产需求、准备订单环境资料和制作订单计划说明书，具体内容见表5-3。

表5-3　准备订单计划的内容

主要内容	具体说明
接受市场需求	市场需求是物资采购的"发动机"，要想制订比较准确的订单计划，必须了解市场营销和投标报价情况，通过对市场形势进一步分解得到物资需求计划
接受生产需求	生产需求对于采购来讲可以称为生产物资需求。生产物料需求的时间是根据施工计划而产生的，通常生产物资需求计划是订单计划的主要来源
准备订单环境资料	准备订单环境资料是准备供应商群体的供应信息资料，是准备订单计划中的一个非常重要的内容；订单环境是在订单物料的认证计划完毕之后形成的
制作订单计划说明书	制作订单计划说明书也就是准备好订单计划所需的资料

（2）评估订单需求　评估订单需求是采购计划中非常重要的一个环节，企业准确地评估订单需求能为计算订单容量提供参考依据，以便制订出好的订单计划。它主要包括分析营销形势、分析生产需求、确定订单需求三个方面的内容，具体见表5-4。

表5-4　评估订单需求的内容

主要内容	具体说明
分析营销形势	订单计划不仅要考虑生产计划，还要考虑市场需求，分析要货计划的可信度，仔细分析承包合同签订的数量、合同剩余量的各项数据，研究其变化趋势，全面考虑物资需用计划的规范性和严谨性

(续)

主 要 内 容	具 体 说 明
分析生产需求	分析生产需求，先研究生产需求的生产过程，再分析需求量的要货时间
确定订单需求	根据对市场需求和对生产需求的分析结果，可以确定订单需求

（3）计算订单容量　计算订单容量也是采购计划中的重要组成部分，只有准确地计算订单容量，才能对比需求和容量，再经过综合平衡，最后制订出正确的订单计划。计算订单容量主要有分析项目供应资料、计算总体订单容量、计算承接订单容量、确定剩余订单容量四个方面的内容，具体见表5-5。

表 5-5 订单容量的计算

主 要 内 容	具 体 说 明
分析项目供应资料	在采购过程中，物料和项目都是整个采购工作的操作对象。对于采购工作而言，在采购环境中，所要采购物料的供应商信息是一项非常重要的信息资料
计算总体订单容量	总体订单容量涉及许多内容，主要包括两个方面：一是可供给的物料数量；二是可供给物料的交货时间
计算承接订单容量	承接订单容量是指某供应商在指定的时间内已经签下的订单量。承接订单容量的计算过程较为复杂
确定剩余订单容量	剩余订单容量是指某物料所有供应商群体的剩余订单容量的总和，用公式表示为 物料剩余订单容量=物料供应商群体总体订单容量-已承接订单量

（4）制订订单计划　制订订单计划是采购计划的最后一个环节，也是最重要的环节。这一环节主要包括对比订单需求量和订单容量、综合平衡、确定余量认证计划、制订订单计划四个方面的内容，具体见表5-6。

表 5-6 制订订单计划内容

主 要 内 容	具 体 说 明
对比订单需求量和订单容量	对比需求与容量是制订订单计划的首要环节，只有比较出需求与容量的关系，才能有的放矢地制订订单计划
综合平衡	综合平衡是指综合考虑市场、生产、订单容量等要素，分析物资订单需求的可行性，必要时调整订单计划，计算容量不能满足的剩余订单容量
确定余量认证计划	在对比需求与容量的时候，如果容量小于需求，就会产生剩余需求。对于剩余需求，要提交认证计划的制定者处理，并确定能否按照物料需求规定的时间及数量交货
制订订单计划	制订订单计划是采购计划的最后一个环节，订单计划做好之后就可以按照计划进行采购工作。订单包含的内容有下单数量和下单时间两个方面，其计算公式为 单数量=生产需求量-计划入库量-现有库存量+安全库存量下单时间 =要求到货时间-认证周期-订单周期-缓冲时间

3. 采购订单异常的类型

对于在订单履行过程中会出现的各类异常问题，采购人员都必须事先进行了解，以便在出现此类问题时能够及时给出有效的处理措施。一般来说，在订单履行过程中，会出现以下四种异常情况：

（1）采购订单的交期异常　采购人员在遇到交期异常时，可以采取以下处理措施：

1）采购人员需在下单后及时跟踪订单情况，及时获取订单交货进度，并与供应商联络，及时获知交期异常情况。

2）采购人员得知异常后，应及时向采购部经理和请购部门反馈信息，以便及时进行补救或调整。

3）采购人员需要采取积极措施尽量挽回损失，可以采用跟催法催交货物，也可以根据具体情况变更采购订单或替换供应商等。

4）采购部应积极联络相关部门评估损失费用，并可视情况向供应商索赔。

（2）采购订单的品质异常　采购人员在遇到品质异常现象时，可以采取以下处理措施：

1）发现供应商所供物料品质异常且无法解决时，采购人员应及时以书面形式将问题反馈给采购部经理，请示解决办法。

2）由采购部和请购部门协商能否进行特采，必要时，采购人员可以召集请购部门到供应商生产现场协助解决异常。

3）如因品质问题返工或拒收，影响本公司正常生产的，采购部应组织相关部门评估损失费用，并可视情况向供应商索赔。

（3）采购订单的下单异常　采购人员在遇到下单异常时，可以采取以下处理措施：

1）采购人员如发现订购单等收据没有及时发出，应立即联系下单人员。

2）如果发现采购部下错订单，采购人员应与供应商协商能否撤单，尽可能避免呆料、废料，同时下达正确的订购单。如不能撤销，采购部应与相关部门沟通，尽量将问题订单内部消化。

3）如果订单不能撤销也不能内部消化，那么应由责任部门承担损失费用，并按照企业的相关规章制度对责任部门进行惩罚。

（4）采购订单的突发异常　采购人员在遇到突发异常时，可以采取以下处理措施：

1）经确认发生重大的事故或自然灾害，造成供应商短期内无法恢复生产的，或者突发事故造成原料严重短缺的，属于突发异常。

2）出现突发异常时，采购人员应及时向采购部经理汇报，并通过多种的渠道了解市场行情，力求减少损失。

3）因突发异常而影响正常生产时，采购人员应向请购部门确认，考虑是否可以通过高价调拨或采用其他减少公司损失的方式进行采购。

（5）采购订单的弹性处理　企业生产或销售订单变更需要改变采购订单时，采购人员应与供应商协商解决。

5.3.3　采购进度管理

1. 采购订单跟催方法

采购订单下达后，采购人员需要定期或不定期地与供应商进行沟通，了解供应商的备货情况，防止出现交期延误的现象。

（1）订单跟催措施　订单跟催的措施主要包括掌握备货进度、订单到期前的跟催和发出"催货通知单"三项内容，具体见表5-7。

表 5-7 订单跟催措施

主要内容	具体说明
掌握备货进度	采购人员需及时用邮件或电话形式询问供应商的备货进度，必要时可以请供应商提供生产计划，据此掌握并督促进度
订单到期前的跟催	在订单约定到货日期的前一天，采购人员需通过电话进行跟催，弄清楚供应商的具体备货情况、预计发货日期等详情
发出"催货通知单"	如果供应商未按时交货，可能影响企业的正常生产经营，采购部需向供应商发送催货通知单。催货通知单发出后，采购部需及时联系供应商，要求其提供确切的交货时间

（2）交期跟催方法　物资采购中经常用到四种交期跟催方法：订单跟催、定期跟催、物资跟催表、物资跟催箱，具体见表 5-8。

表 5-8 交期跟催方法

主要内容	具体说明
订单跟催	按照订单预订交付日期，并提前一定时间进行跟催
定期跟催	每周固定时间将要跟催的订单整理好，打印成报表，统一进行跟催
物资跟催表	采用物资跟催表掌握供料状况，明确跟催对象，确保采购顺利
物资跟催箱	设置物资跟催箱，取代传统翻页打钩办法，在跟催箱里规划 32 格，前 31 格分别代表每月的第 1 天，第 32 格是急件处理格

2. 采购交期定义与构成

采购交期是指从采购订货之日到供应商送货到库之日为止。交期由以下六项前置时间构成。

（1）行政作业前置时间　行政作业前置时间是指采购部与供应商之间共同为完成采购行为所必须进行的文书及准备工作。

（2）原材料采购前置时间　原材料采购前置时间是指供应商为了完成客户订单，也需向其分供应商采购必要的原材料而花费一定的时间。

（3）生产制造前置时间　生产制造前置时间是指供应商内部的生产线制造出订单上所订物资的生产时间。

（4）运送前置时间　运送前置时间是指当订单完成后，将物资从供应商的生产地送到采购合同指定的交货地点所花费的时间。

（5）验收检验前置时间　验收检验前置时间是指卸货与检查物资种类、数量、质量等的时间。

（6）其他零星前置时间　其他零星前置时间包括不可预计的外部或内部因素所造成的延误，以及供应商预留的缓冲时间。

3. 交期延误的原因

采购人员除了对某项具体采购的采购业务进行交期控制外，也需要定期根据业务采购经验，对交期延误的原因进行总结。

（1）供应商的原因　供应商的原因具体包括接单量超过供应商的产能，供应商技术、工艺能力不足，供应商对时间估计错误，供应商管理不当，供应商的生产材料出现货源危机，供应商的质量管理不当，供应商经营者的客户服务理念不佳，供应商欠缺交期管理能力等。

（2）采购方的原因　采购方的原因包括采购部的原因和采购人员的原因。采购部的原因具体包括供应商选定错误，业务手续不完整或耽误，价格决定不合理，进度掌握与督促不力，经验不足，下单量超过供应商的产能，更换供应商，付款条件过于严苛或未及时付款，缺乏交期管理意识等。

采购人员的原因。因采购人员导致交期延误的原因主要有三类，具体见表5-9。

表5-9　因采购人员导致交期延误的原因

交期延误原因	具 体 内 容
紧急订购	① 因库存数量计算错误等情况导致必须紧急订购，但供应商可能没有多余的生产能力来消化临时追加的订单 ② 采购人员未能正确地把握商品的供应来源与时机 ③ 与供应商议价时日耗费太久，导致购运时间不足
选错订购对象	采购人员可能因为贪图低价，选择了没有制造能力或商品来源困难的供应商，若该供应商没有如期交货的责任心，便不可能按期交货
跟催不积极	在市场出现供不应求时，采购人员没有及时跟催，而供应商会选择谁催得紧或谁的价格出得高，商品就往谁那里送，由此导致交期延误

（3）其他部门的原因　其他部门的原因包括请购前置时间不足，技术资料不齐备，紧急订货，生产计划变更，设计变更或标准调整，订货数量太少，供应商质量辅导不足，点收、检验等工作延误，请购错误，其他因本公司人员原因所致的情形。

（4）其他原因

1）双方沟通不良。因采购方与供应商沟通不良而导致交期延误的原因包括但不限于以下九个方面：①未能掌握一方或双方的产能变化；②双方的指示、联络不确实；③技术资料交接不充分；④质量标准沟通不一致；⑤单方面确定交期，缺少沟通；⑥首次合作出现偏差；⑦缺乏合理的沟通窗口；⑧未达成交期、单价、付款等问题的共识；⑨交期理解偏差等。

2）偶发不可抗力因素。导致交期延误的偶发不可抗力因素主要有五大类，具体见表5-10。

表5-10　偶发不可抗力因素的五种类型

因　素	具 体 说 明
战争因素	主要是指地区战争和武装叛乱等，可能发生使所需物料受到阻断的情形
自然灾害	主要是指台风、暴雨或地震等事先难以预防的灾害
经济因素	主要是指经济危机、通货膨胀以及汇率和利率变动，这些因素会使供应商的生产成本大幅增加，若无适当补偿办法，必然会导致毁约停产
政治因素	主要是指因政府政策变化或政府之间关系改变而影响正常商务交往活动，导致无法履约或取得商品供应
法律因素	法律上的严格禁止或限制也存在一定的影响，如商标专利、通关等对所需物料会有限制，应随时预防，以免因措手不及而造成延误

4. 交期延误的补救方法

企业在面临供货商交期延误时，较为主动的补救方法是从了解交期的构成基本前置时间要件开始,只要找到问题的源头,就能有效地管理供货商的交期。以下介绍六种交期延误补救方法,具体见表5-11。

表5-11 交期延误的补救方法

方 法	具 体 说 明
降低供货商接单的变异性	供货商的产能短期是固定的,需求的变动会影响供货商的工作量,也会直接导致交期时间延长。因此,采购人员最好将重点放在与供货商沟通上。采购人员应了解供货商的产能分配状况,而供货商也能了解客户的实际需求,使供货商产能的分配能配合客户需求的变动
缩短整备时间	供货商整备时间的改善可以提升生产的弹性,并且降低生产的时间,在准时生产环境下,其影响尤其显著。降低整备时间包括但不限于以下五种方法:①购买新机器设备,或机台重新设计变更;②使用电动或气动辅助设备;③安装快速夹持设备;④通过工业工程,进行工作流程分析改善;⑤使用标准零件与工具
改善运送时间	运送时间与供货商之间的距离、交货频率,以及运输模式之间有直接的关系。使用当地的供货商可大幅度缩短运送时间
减少行政作业时间	减少行政作业的时间,可以通过良好的沟通、正确的资料以及有效率的采购作业流程来达成。采购作业在公司内部与各公司间信息的流通占有相当大的比重
及时供货采购	及时供货的特性可从数量、品质、供货商以及制程四个方面来观察
让供应商管理库存	让供应商承担库存管理的责任是一种新兴的做法,在这个观念下,供货商负责库存的计划与保持。所以,库存的所有权在供货商,直到原料被提领消耗掉或被转换为产品为止,所有权方可转移至客户

5.3.4 经济订货采购模型

项目采购是以满足工程项目过程中的所有要求为目的的。随着过程概念的深入人心,越来越多的企业试图衡量总成本,而不是单一岗位上的成本,希望能使整个系统达到最优而不是局部最优。经济订货采购模型就产生于这种思想之下。

首先要了解一下库存。库存是指那些已经由供应商处进入项目仓库或处于运输中但尚未投入生产领域的物资。一般来说,工程项目中的库存有以下几类:

(1) 生产库存 生产库存是为了在两次进货间隔期间能够维持生产的正常供应而建立的储备。它在进货时达到最大值,随着生产消耗,库存量逐步下降,在下一次进货前储备量为零。

(2) 安全库存 安全库存是为了应付供应过程中发生的意外中断而建立的库存。例如,遇到货物延期、到货实物数量与质量和要求不符等特殊情况时,安全库存的存在可以保证工程项目施工的正常进行。

(3) 季节库存 季节库存是为了适应进料、用料的季节性特点而建立的库存,在原材料盛产时节囤积物资以供全年使用就是十分典型的例子。

由于库存与项目采购决策所处环境的快速变化,库存管理非常复杂,然而对于那些需求十分稳定的项目来说,其生产与施工过程同样十分稳定。对于这样的工程施工单位来说,用一些简单的模型确定采购数量和时间是一种简单易行又很实用的方法。这里介绍常用的经济订货采购模型。

1. 定量模型

在了解定量模型前,我们先了解以下几个概念:

(1) 生产准备成本　生产准备成本是准备一次生产运行所需的全部成本。生产准备费用的高低与生产时间的长短、生产过程的复杂程度、生产准备的时间长短有关。

(2) 订货、采购成本　与进行项目采购交易相关的费用就是订货、采购成本，诸如电话、邮件、传真、运输、检验、接收等费用。

(3) 储存成本　储存成本包括处理费用、存储设施成本、库存租金、劳务与作业成本等。公司的储存成本有可能会很高，生产性存货的年储存成本占库存总值的25%~50%。只要企业能估计出储存成本占库存总值的百分比，就可以按照下面的公式计算出库存的年储存成本。

(4) 价格变化成本　价格变化成本是由于价格浮动而带来的成本，有时供应商会为了鼓励购买或用现金支付而提供价格折扣。

$$年储存成本 = 平均库存价值 \times (库存储存成本 \div 库存价值) \tag{5-1}$$
$$平均库存价值 = 平均库存单位数 \times 单位价格 \tag{5-2}$$

用字母表示则为

$$C = \frac{Q}{2} \times I \times K \tag{5-3}$$

式中　C——年储存成本；
　　　Q——订货数量；
　　　I——单位价格；
　　　K——物料的库存储存成本占库存价值的百分比。

了解了以上库存成本的概念之后，我们来介绍一下定量模型。该模型的目的是寻找一个使年总成本最小的经济订货批量，为了使问题简单化，这里的年总成本只考虑采购成本、订货成本和储存成本，即

$$TC = RC + \frac{RS}{Q} + \frac{QCK}{2} \tag{5-4}$$

式中　TC——总成本；
　　　Q——经济订货量；
　　　R——年需求量；
　　　S——交易费用；
　　　C——单位价格；
　　　K——储存百分比。

使总成本最低的订货量Q就是我们所需寻找的经济订货数量。运用微积分的知识，对上一公式求导，我们可以得出：

$$Q = \sqrt{\frac{2RS}{KC}} \tag{5-5}$$

2. 再订货点

确定了Q点后，还需要进一步确定采购发生的时间。在这里我们引入三个概念：

(1) 再订货点　再订货点是指采购发生时的库存额。

(2) 提前期　提前期是指采购发生和材料进仓之间的间隔期，用L来表示。

(3) 缺货成本　缺货成本是指企业未能在适当的时间、适当的地点，获得所需物料所

带来的损失。它可以包括丧失商机所带来的销售损失、支出以及人力与设备的空闲而带来的损失等。

由于从采购到产品入库还需要一段时间，因此我们不可能在库存用完时才进行采购，而要根据提前期和消耗量确定一个再订货点 P。

$$P = LR \tag{5-6}$$

式中　P——再订货点；
　　　L——提前期；
　　　R——日消耗量。

如果我们考虑到安全库存，上面的公式还需要改动一下：

$$P = LR + D \tag{5-7}$$

式中　D——安全库存。

3. 定期模型

还有一种运用定期模型而不是再订货点来确定采购时间的方法。定期模型的目的是确定最优的订货期间，它的原理同上述的定量模型一致。

$$T = \frac{Q}{R} \tag{5-8}$$

式中　Q——每次订货量；
　　　R——需求。

将 $T = \frac{Q}{R}$ 带入 Q 的公式得出：

$$T = \sqrt{\frac{2S}{RKC}} \tag{5-9}$$

5.4　项目采购结算控制

采购结算控制是通过对采购预算、合同、相关单据凭证、审批程序等进行审核确认无误后，按照采购合同规定及时向供应商办理支付款项。在供应商按期交货后，企业相关部门应根据"采购订单"的要求进行验货、入库并认真填写"验收单"等相关单据。采购人员将采购过程中的"订购单""采购订单""采购物资验收单"及发票等凭证和单据进行整理，并据此向财务部申请付款。然后，采购部将确认过的"应付账款单"交与财务部门，财务人员根据"采购订单""采购合同""验收单"等单据进行审核，查验各类单据是否符合财务规定、数据是否相符等。最后，相关单据核对无误，经上级领导审批后，安排付款结算等相关工作。

5.4.1　采购货款结算步骤

采购货款结算包括填写并发出采购订单、验收入库、采购订单核对、催收与协调、订单状态确认、填写应付账款单和结算付款七个步骤。

（1）填写并发出采购订单　采购部根据企业生产的实际需要发出采购订单，明确说明采购货品的型号、种类、价格、数量、技术指标等。

（2）验收入库　供应商进行备货准备，并根据订单要求按期交货。企业相关部门根据采购订单要求验货、入库，认真填写验收单等相关单据。

（3）采购订单核对　采购人员将货品验收单与采购订单进行核对，并进行单据汇总，整理各项数据。

（4）催收与协调　若存在验收单不齐全或与采购订单不符的情况，采购人员应及时与相关部门沟通协调和催收。

（5）订单状态确认　采购人员应针对相关部门提出的问题及时与供应商确认订单状态，了解产生问题的原因，然后进行单据汇总。

（6）填写应付账款单　采购部采购人员根据汇总的各项数据填写"应付账款单"，列明应付款项明细。

（7）结算付款　对于采购部与供应商均确认通过的应付账款单，由采购部交予财务部。会计人员根据采购合同、采购订单、验收单等进行审核，查验各类单据是否数据相符、符合财务规定等。经财务部审核无误后，根据企业的审批制度进行审批，并由财务部安排付款。

5.4.2　采购结算方式

常见的采购结算方式主要有汇票、支票、信用卡、本票、汇兑、异地托收承付和委托银行收款七种。

（1）汇票　汇票是由出票人签发的、委托付款人在见票时或指定日期无条件支付一定金额给收款人或持票人的票据。当事人一般包括出票人、付款人和收款人。汇票对收款人的资格一般不加限制。

（2）支票　支票是出票人签发一定的金额，委托银行或其他金融机构见票无条件支付给收款人或持票人的票据。支票的当事人有出票人、付款人和收款人三方。其中，付款人仅限于办理支票存款业务的金融机构，出票人签发的支票金额应在其存款余额或与付款人约定的透支额度内。如不足支付的，付款人可拒绝付款，出票人应承担相应的法律责任。

（3）信用卡　信用卡是由银行及某些酒店、旅馆和其他专门机构发给私人使用的短期消费信贷凭证。

（4）本票　本票是一种无条件支付的承诺，是出票人签发并承诺自己在见票时无条件支付确定金额给收款人或持票人的票据。本票当事人就是出票人与收款人，出票人始终是债务人。

（5）汇兑　汇兑是汇款人委托银行将款项汇给异地收款人的一种结算方式，包括电汇和信汇。

（6）异地托收承付　异地托收承付是指收款人在发货后，根据购销合同，委托银行向异地付款人收取款项，并由付款人向银行承担付款的一种结算方式。

（7）委托银行收款　委托银行收款是指收款人向银行提供收款依据，委托银行向付款人收取款项的结算方式。委托银行收款分为邮寄和电报划回两种，并且不受金额起点的限制，由收款人选择使用。付款期为三天，付款期满，付款人存款余额不足的，按无款支付办理，不予延期。对于拒付的情况，银行一般不负责审查拒付理由。

5.4.3 采购付款步骤

采购付款操作步骤包括五个方面：查询物品入库信息、准备付款申请单据、付款审批、资金平衡和向供应商付款。

（1）查询物品入库信息　供应商的付款操作一般是在物品检验通过并且完成入库操作后进行的，所以订单操作人员要查询物品入库信息，并对已经入库的物品办理付款手续。对于长期采购的供应商，可以采用谈判的方式达成一定的付款周期。

（2）准备付款申请单据　对于国内供应商的付款，应拟制付款申请单，并随附合同、发票、物品检验单据、物品入库单据等。作为付款人员要注意五份单据：付款申请单、合同、发票、物品检验单、物品入库单。其中的合同编号、物品名称、单价、总价、数量、供应商必须一致。

（3）付款审批　付款审批包括以下三个方面的内容：

1）数据的真实性：包括发票的真假鉴别，检验单、入库单的真假识别等。

2）单据的匹配性：包括付款申请单、合同、发票、物品检验单、物品入库单在合同编号、物品名称、数量、单价、总价、供应商等内容上填写的一致性和正确性。

3）单据的规范性：特别是发票、付款申请单，要求格式标准统一、描述清楚。

（4）资金平衡　在采购过程中，企业必须合理利用资金，要综合考虑物品的重要性、供应商的付款周期等因素，从而确定付款顺序。对于不能及时付款的物品，要与供应商进行充分沟通，以便征得供应商的谅解和同意。

（5）向供应商付款　企业财务部门在接到付款申请单及通知后，便可向供应商付款，并提醒其注意收款。

思　考　题

1. 简述项目采购成本及其构成。
2. 影响项目采购成本的因素有哪些？
3. 简述项目采购成本的控制方法。
4. 简述采购物资检验的方法和方式。
5. 简述如何编制采购订单计划。
6. 采购进度管理有哪些方法？
7. 采购货款结算步骤有哪些？
8. 采购结算方式有哪些？

第 6 章
PPP 项目采购与合同管理

6.1 PPP 模式概述

6.1.1 PPP 模式的概念

PPP（Public Private Partnership，PPP）模式在全世界的应用已经成为一种趋势，许多国家已经建立了中央机构来管理和协调这些项目。关于 PPP 的定义有许多种（见表 6-1），如公私伙伴关系、公私机构的伙伴合作、公共民营合作制等。对于 PPP 的定义，在国际上还未形成统一的解释，这些定义可分为广义和狭义两种：广义的 PPP 也称 3P 模式，即公私合作模式，是公共基础设施的一种项目融资模式，是指政府公共部门与民营部门在合作过程中，让非公共部门所掌握的资源参与提供公共产品和服务，从而实现政府公共部门的职能并同时为民营部门带来利益。它的管理模式包含与此相符的诸多具体形式。通过这种合作和管理过程，可以在不排除并适当满足私人部门的投资营利目标的同时，为社会更有效率地提供公共产品和服务，使有限的资源发挥更大的作用。狭义的 PPP 是指政府与私人部门组成特殊目的机构（Special Purpose Vehicle，SPV），它包含 BT（Build-Transfer）、BOT（Build-Operate-Transfer）、TOT（Transfer-Operate-Transfer）等多种模式，更加强调合作过程中的风险分担和资金价值（Value For Money，VFM），引入社会资本方，共同设计开发，共同承担风险，全过程合作，期满后再移交给政府的公共服务开发运营方式。

表 6-1 国际组织机构对 PPP 模式的定义

序号	组 织 机 构	定 义
1	联合国培训研究院（United Nations Institute for Training and Research）	PPP 涵盖了不同社会系统倡导者之间的所有制度化合作方式，目的是解决当地或区域内的某些复杂问题。PPP 包含两层含义，其一是为满足公共产品需要而建立的公共和私人倡导者之间的各种合作关系，其二是为满足公共产品需要，公共产品和私人部门建立伙伴关系进行的大型公共项目的实施
2	欧盟委员会（European Commission）	PPP 是指公共部门和私人部门的一种合作关系，其目的是提供传统上由公共部门提供的公共项目或服务

(续)

序号	组织机构	定义
3	美国 PPP 国家理事会（National Council for PPP, NCPPP）	PPP 是介于外包和私有化之间并结合了两者特点的一种公共产品提供方式，它充分利用私人资源进行设计、建设、经营、和维护公共基础设施，并提供相关服务以满足公共需求
4	英国 PPP 委员会（Commission of Public private Partnership, CPPP）	PPP 模式是指公共部门和私营部门之间基于共同的期望所带来的一种风险共担政策机制。某些政府部门，特别是教育和劳工部门认为服务外包也是 PPP 的一种形式
5	加拿大 PPP 国家委员会（The Canadian Council for Public Private Partnership）	PPP 是公共部门和私人部门之间的一种合作经营关系，它建立在双方各自经验的路上，通过适当的资源分配、风险分担和利益共享机制，最好地满足实现清晰界定的公共需求
6	澳大利亚基础设施发展委员会（Australian Council for Infrastructure Development）	PPP 是公共部门和私营部门一起工作，双方有义务为服务的提供尽最大努力。私营部门主要负责设计、建设、经营、维修、融资、风险管理；公共部门负责战略计划的制订、规制、计划并提供便利、核心业务的提供、消费者保护
7	联合国发展计划署（United Nations Development Program）	PPP 模式是指政府、私人机构形成的相互合作关系的形式，同时私营机构提供某些形式的投资。因此，PPP 模式将服务和管理合同排除在外，但是包括租赁和特许经营
8	PPP 学会（Institute for Public Private Partnership, IP3）	PPP 模式是基于私营实体与政府部门之间的协议，邀请私营合作者提供期望的服务并承担相应的风险。作为提供服务的回报，私营机构可以根据一定的服务标准以及合同中约定的标准通过收取服务费用、税收、用户付费的方式获得相应的收益。政府将从提供服务的资金和管理的困扰中脱身，但是保留对私营合作者经营的规制和监督

总体来看，PPP 模式作为公共产品的一种采购模式，是有别于传统模式的新生事物，但对于 PPP 模式的理解仍未形成一个公认的权威定义和分类体系。这其中的原因可能有以下几个方面：

1）PPP 模式本身的复杂性，尤其是它涉及各参与方复杂的体系结构和漫长的生命周期，并且其应用的范围及其广泛，在不同领域中的应用也不尽相同。

2）由于各个国家的历史背景、文化传统不同，PPP 模式在各个国家的演变也不同，衍生出各种各样的子模式，而且仍然处于发展变化之中。

3）不同研究者所涉及的领域和知识背景的多样性，以及研究视角的不同，导致人们对 PPP 模式的认识在一定程度上产生歧义。

综合分析国内各种参考文献，PPP 的概念可定义为：公共部门和私营机构为提供公共服务，以合同方式确立的、基于风险分担和利益共享的长期合作机制。

6.1.2 PPP 项目采购的内涵

PPP 模式是指政府为增强公共产品和服务供给能力、提高供给效率，通过特许经营、购买服务、股权合作等方式，与社会资本方建立的利益共享、风险分担及长期合作关系。开展政府和社会资本方合作，有利于创新投融资机制，拓宽社会资本方投资渠道，增强经济增长的内生动力；有利于推动各类资本相互融合、优势互补，促进投资主体多元化，发展混合所有制经济；有利于理顺政府与市场关系，加快政府职能转变，充分发挥市场配置资源的决定性作用。

PPP 项目采购，是指政府为达成权利义务平衡、物有所值的 PPP 项目合同，遵循公开、公平、公正和诚实信用原则，按照相关法规要求完成 PPP 项目识别和准备等前期工作后，依法选择社会资本方合作者的过程。

6.1.3　PPP 项目采购的特点

PPP 项目采购与工程建设项目招投标和传统的政府采购不同，PPP 项目采购选择的是社会资本方。一般而言，PPP 项目不是某一单个的工程项目，而是动辄几亿元到几十亿元的集群性组合工程；承建项目的社会资本方也并非仅将工程建设完工验收了事，而是既要负责项目的前期设计与工程建设，又要负责项目建成后 10~30 年合作期间的运营、维护，并获得回报，同时承担风险，直至合作期满，将一个完好的项目移交给政府。

在操作流程和招标采购文件方面，PPP 项目采购和传统的建设工程招投标、政府采购有着显著区别，其主要特点有：

（1）强行资格预审　PPP 项目采购应当实行资格预审。项目实施机构根据项目需要准备资格预审文件，在省级以上财政部门指定媒体上发布资格预审公告，邀请社会资本方和与其合作的金融机构参与资格预审。

（2）增加授权和审批　《PPP 项目采购办法》规定政府对项目实施机构要进行授权；项目实施方案要经批复；项目建设规划等相关事项要有审批文件；项目合同必须报请本级人民政府审核同意，在获得同意前项目合同不得生效。

（3）成立谈判工作组　《PPP 项目采购办法》规定，评审结束后，项目实施机构应当成立采购结果确认谈判工作组，负责采购结果确认前的谈判和最终的采购结果确认工作。按照评审报告推荐的候选社会资本方排名，依次进行谈判，率先达成一致的候选社会资本方即为预中标、成交社会资本方。

采购结果确认谈判工作组成员及数量由项目实施机构确定。但应当至少包括财政预算管理部门、行业主管部门代表，以及财务、法律等方面的专家。涉及价格管理、环境保护的 PPP 项目，谈判工作组还应当包括价格管理、环境保护行政执法机关代表。评审小组成员可以作为采购结果确认谈判工作组成员参与采购结果确认谈判。

（4）强化采购功能　《PPP 项目办法》规定，项目实施机构应当在资格预审公告、采购公告、采购文件、项目合同中列明采购本国货物服务、技术引进和转让等政策要求，以及对社会资本方参与采购活动和履约保证的担保要求。

（5）允许现场考察　《PPP 项目办法》规定，项目实施机构应当组织社会资本方进行现场考察或者召开采购前答疑会，但不得单独或者分别组织只有一个社会资本方参加的现场考察和答疑会。项目实施机构可以视项目的具体情况，组织对符合条件的社会资本方的资格条件进行考察核实。

（6）公开采购资料　《PPP 项目办法》规定，项目实施机构应当在预中标供应商确定后 10 个工作日内，与预中标供应商签署确认谈判备忘录，并将预中标、成交结果和根据采购文件、响应文件及有关补遗文件和确认谈判备忘录拟定的项目合同文本在指定媒体进行公示，公示期不得少于 5 个工作日。项目合同文本应当将预中标供应商响应文件中的重要承诺和技术文件等作为附件。项目合同文本涉及国家秘密、商业秘密的内容可以不公示。中标、成交结果公告内容应当包括，评审小组和采购结果确认谈判工作组成员名单。

为了规范推进 PPP 项目实施工作，项目实施机构应当制定《PPP 项目实施方案》，并经论证和政府审批授权之后，对涉及投资、建设、规划以及环境评价等项目在办理相关手续之后进行政府采购。

6.2 《政府和社会资本方合作项目政府采购管理办法》简介

为了贯彻落实《国务院关于创新重点领域投融资机制 鼓励社会投资的指导意见》（国发〔2014〕60 号），推广政府和社会资本方合作（PPP）模式，规范 PPP 项目政府采购行为，根据《中华人民共和国政府采购法》和有关法律法规，财政部制定了《政府和社会资本方合作项目政府采购管理办法》（财库〔2014〕215 号），简称《PPP 项目采购办法》。

6.2.1 《PPP 项目采购办法》的制定背景

《PPP 项目采购办法》主要是顺应以下两个方面的需要：

1）党的十八届四中全会提出了推进政府购买服务、推广 PPP 模式等重要改革任务。与此相关的采购活动，在采购需求、采购方式、合同管理、履约验收、绩效评价等方面存在一定特殊性，需要在政府采购现行法律框架下，做出创新和有针对性的制度安排，对具体工作进行指引和规范，以确保采购工作顺畅、高效开展。

2）政府购买服务、推广 PPP 模式等工作，具有较强的公共性和公益性，其采购活动应当充分发挥支持产业发展、鼓励科技创新、节约资源、保护环境等政府采购政策功能，以促进经济和社会政策目标的实现。

6.2.2 《PPP 项目采购办法》的主要内容

（1）明确将 PPP 项目选择合作者的过程纳入政府采购管理　PPP 项目采购，是指政府为达成权利义务平衡、物有所值的 PPP 项目合同，遵循公开、公平、公正和诚实信用原则，按照相关法规要求完成 PPP 项目识别和准备等前期工作后，依法选择社会资本方合作者的过程。

《PPP 项目采购办法》第二条规定，主要适用于 PPP 项目实施机构（采购人）选择合作社会资本方（供应商）的情形。PPP 是政府从公共服务的"生产者"转为"提供者"而进行的特殊采购活动。《政府采购法》第二条第七款规定"本法所称服务，是指除货物和工程以外的其他政府采购对象"，对政府采购服务做了兜底式定义。从法律定义上看，PPP 属于服务项目政府采购范畴。将 PPP 项目选择合作者的过程纳入政府采购管理，将更加有利于 PPP 项目发挥公共性和公益性作用。

（2）明确 PPP 项目采购方式　《PPP 项目采购办法》明确 PPP 项目采购方式包括公开招标、邀请招标、竞争性谈判、竞争性磋商和单一来源采购。新增竞争性磋商采购模式。

竞争性磋商采购方式是财政部首次依法创新的采购方式，核心内容是"先明确采购需求、后竞争报价"的两阶段采购模式，倡导"物有所值"的价值目标。

竞争性磋商和竞争性谈判两种采购方式在流程设计和具体规则上既有联系又有区别：在"明确采购需求"阶段，两者关于采购程序、供应商来源方式、磋商或谈判公告要求、响应文件要求、磋商或谈判小组组成等方面的要求基本一致；在"竞争报价"阶段，竞争性磋商采用了类似公开招标的"综合评分法"，区别于竞争性谈判的"最低价成交"。

（3）明确规范性要求　明确强制资格预审、现场考察和答疑、采购结果及合同文本公示等规范性要求。为了保证 PPP 项目采购的成功率和减少后续争议，《PPP 项目采购办法》第五条、第六条、第七条、第八条明确规定，PPP 项目采购应当实行资格预审及评审的程序。《PPP 项目采购办法》第十一条新增项目实施机构组织社会资本方进行现场考察或召开采购前答疑会的制度。

（4）为保证项目采购的质量和效果，《PPP 项目采购办法》创新了采购结果确认谈判、项目实施机构可以自行选定评审专家等程序。

（5）列明政策要求　为维护国家安全和发挥政府采购政策功能，《PPP 项目采购办法》明确必须在资格预审公告、采购公告、采购文件、项目合同中列明采购本国货物和服务、技术引进和转让等政策要求。

（6）创新监管方式　《PPP 项目采购办法》创新监管方式，对项目履约实行强制信用担保，用市场化手段引入担保机构进行第三方监管，以弥补行政监督手段的不足。同时，要求项目采购完成后公开项目采购合同，引入社会监督。

（7）从事 PPP 项目采购业务的条件　《PPP 项目采购办法》明确具备相应条件和能力的政府采购代理机构可以从事 PPP 项目政府采购业务，提供 PPP 项目咨询服务的机构在按照财政部对政府采购代理机构管理的相关政策要求进行网上登记后，也可以从事 PPP 项目采购代理业务。

6.3　PPP 项目的采购方式及采购流程

6.3.1　PPP 项目的采购方式

PPP 项目采购应根据《中华人民共和国政府采购法》及相关规章制度执行，采购方式包括公开招标、邀请招标、竞争性谈判、竞争性磋商和单一来源采购五种方式。项目实施机构应根据项目采购需求特点，依法选择适当的采购方式。

根据《中华人民共和国政府采购法》《关于征求〈政府和社会资本合作模式操作指南（修订稿）〉意见的函》（财办金〔2019〕94 号，下称"PPP 操作指南"）《PPP 项目采购办法》《政府采购非招标采购方式管理办法》《政府采购竞争性磋商采购方式管理暂行办法》等规定，PPP 项目采购方式的适用条件见表 6-2。

表 6-2　PPP 项目采购方式的适用条件

采购方式	适用条件
公开招标	公开招标主要适用于核心边界条件和技术经济参数明确、完整、符合国家法律法规和政府采购政策，且采购中不做更改的项目
邀请招标	（1）具有特殊性，只能从有限范围的供应商处采购的 （2）采用公开招标方式的费用占政府采购项目总价值的比例过大的

（续）

采购方式	适用条件
竞争性谈判	（1）招标后没有供应商投标或者没有合格的或者重新招标未能成立的 （2）技术复杂或者性质特殊，不能确定详细规格的 （3）采用招标所需时间不能满足用户需求的 （4）不能事先计算出价格总额的
竞争性磋商	（1）政府购买服务项目 （2）技术复杂或者性质特殊，不能确定详细规格或者具体要求的 （3）因艺术品采购、专利、专有技术或者服务的时间、数量事先不能确定等原因不能事先计算出价格总额的 （4）市场竞争不充分的科研项目，以及需要扶持的科技成果转化项目 （5）按照招标投标法及其实施条例必须进行招标的工程建设项目以外的工程建设项目
单一来源采购	（1）只能从唯一供应商处采购的 （2）发生了不可预见的紧急情况不能从其他供应商处采购的 （3）必须保证原有采购项目一致性或者服务配套的要求，需要继续从原供应商处添购，且添购资金总额不超过原合同采购金额10%的

6.3.2 PPP 项目的采购流程

1. PPP 项目采购前的准备工作

与一般的政府采购项目相比，PPP 项目方案复杂，采购环节多、周期长。县级（含）以上人民政府或具备同等级别的行政主体在接收到一个 PPP 项目后，首先要对项目内容进行分析，了解项目内容和特点，要与项目实施机构进行交流，就项目方案进行沟通、协商，了解项目在识别、准备阶段的有关情况，熟悉项目方案的具体内容和要求。在此过程中，需要对项目方案中的有关内容进行审查，查验项目立项、审批手续的齐备性和项目资料的完整性，必要时，可组织专家进行方案论证，并与潜在的社会资本方及相关供应商进行沟通，全面掌握项目建设方案、预算构成、收益及回报和项目运营、执行、移交等过程中的相关内容。其次要与项目实施机构签订委托代理协议，明确委托代理事项以及双方在项目采购中的权利和义务。

2. 选择恰当的采购方式

根据《PPP 项目采购办法》《PPP 操作指南》的有关规定，PPP 项目采购方式包括公开招标、邀请招标、竞争性谈判、竞争性磋商和单一来源采购。《PPP 项目采购办法》对公开招标方式适用范围做了界定，同时提出，应结合 PPP 项目情况和采购需求特点，依照《政府采购法》的有关规定，选择恰当的采购方式。需要注意的是，PPP 项目一般都会超过公开招标的限额标准，如因情况特殊需采取公开招标以外的非招标方式，应在采购活动开始前报设区的市级财政部门审批。一般来说，PPP 项目方案在完成识别、准备工作后，就已经拟定了采购方式，项目实施机构可按照方案中批准的方式组织采购。

3. 开展资格预审

《PPP 项目采购办法》《PPP 操作指南》均明确规定了 PPP 项目采购应当实行资格预审，也就是说，不管采取何种方式进行采购都必须实施资格预审。在一般的政府采购项目中，资格预审并非强制性的前置程序，而在 PPP 项目中，无论采取哪种方式都要求对参加采购活动的社会资本方进行资格预审。这是由于 PPP 项目作为一种新型的政府采购服务，建立了政府与企业间的长期合作关系，政府希望通过前置的资格预审程序，实现项目实施机构对参与 PPP 项目的社会资本进行更为严格的筛选和把控，保障项目安全。

在 PPP 项目采购中，通过发布资格预审公告，能够邀请更多的社会资本方参与采购，实现充分竞争。《PPP 项目采购办法》《PPP 操作指南》明确规定了 PPP 项目采购资格预审包括编制资格预审文件、发布资格预审公告、成立资格预审评审小组、提交资格预审申请文件、进行资格预审、编写资格预审结果报告等环节。

（1）编制资格预审文件　项目实施机构开展资格预审，需要编制资格预审文件，明确资格预审的程序和办法。资格预审文件需明确 PPP 项目名称、内容、需求、采购方案以及对社会资本方的资格要求、社会资本方申请资格预审须知、是否允许联合体参与采购活动、资格预审申请响应文件的格式和编制、提交要求和资格预审程序、办法以及拟确定参与竞争的合格社会资本方的办法、标准等。资格预审文件编制完成后，须经项目实施机构审核同意。

（2）发布资格预审公告　资格预审文件经项目实施机构审核同意后，项目实施机构应编写并发布资格预审公告。资格预审公告应当包括项目授权主体、项目实施机构和项目名称、采购需求、对社会资本的资格要求、是否允许联合体参与采购活动、是否限定参与竞争的合格社会资本的数量及限定的方法和标准以及社会资本提交资格预审申请文件的时间和地点。提交资格预审申请文件的时间自公告发布之日起不得少于 15 个工作日。

（3）成立资格预审评审小组　项目实施机构应当成立评审小组，负责 PPP 项目采购的资格预审和评审工作。评审小组由项目实施机构代表和评审专家共 5 人以上单数组成，其中评审专家人数不得少于评审小组成员总数的 2/3，评审专家可以由项目实施机构自行选定，但评审专家中至少应当包含 1 名财务专家和 1 名法律专家。项目实施机构代表不得以评审专家身份参加项目的评审。

（4）提交资格预审申请文件　社会资本方应当按照资格预审文件的要求，编制资格预审申请文件，并在提交资格预审申请文件截止时间之前，向项目实施机构提交书面资格预审申请文件以及能证明其资格、资质的文件资料。

（5）进行资格预审　资格预审评审小组按照资格预审文件规定的评审办法，对社会资本方提交的资格申请文件及证明文件进行审查，判定其是否具备资格。资格预审分为基本资格审查和专业资格审查。其中，基本资格审查主要审查社会资本方成立及开展经营活动所具备的资格条件是否合法有效，如法人营业执照等证照是否合法有效；专业资格审查主要审查社会资本方是否具有完成项目建设、运营所要求的专业资质条件，以及是否具有完成项目建设、运营所需的能力和业绩等。经过评审，项目有 3 家以上社会资本通过资格预审的，项目实施机构可以继续开展采购文件准备工作；项目通过资格预审的社会资本不足 3 家的，项目实施机构应当在调整资格预审公告内容后重新组织资格预审；项目经重新资格预审后合格社会资本仍不够 3 家的，可以依法变更采购方式。经批准采用竞争性磋商方式的，通过资格预审的社会资本方只有两家的，可继续开展采购；只有 1 家的，则采购应予以终止。经批准采用单一来源方式的，参与竞争的社会资本方可以是一家。

（6）编写资格预审结果报告　资格预审结束后，资格预审评审小组应汇总资格预审评审情况，编写资格预审结果报告。资格预审结果报告应说明资格预审的程序、方法，参与申请的社会资本方数量、通过资格预审合格的社会资本方名单、不合格的社会资本方名单及不合格的原因等。评审小组成员应在预审结果报告上签字，对预审结果有异议的应在报告上注明；既不签字又不注明的，视为同意资格预审结果。资格预审结果应告知所有参与资格预审的社会资本，并将资格预审的评审报告提交财政部门（政府和社会资本合作中心）备案。

4. 编制项目采购文件

资格预审结束后，若通过资格预审的社会资本方数量符合规定，则需编制项目采购文件。按照所选择的采购方式，PPP项目采购文件可分为招标文件、竞争性谈判文件、竞争性磋商文件、单一来源采购文件。无论是何种采购文件，其内容一般都应包括采购邀请、竞争者须知（包括密封、签署、盖章要求等）、竞争者应当提供的资格、资信及业绩证明文件、采购方式、政府对项目实施机构的授权、实施方案的批复和项目相关审批文件、采购程序、响应文件编制要求、提交响应文件截止时间、开启时间及地点、保证金交纳数额和形式、评审方法、评审标准、政府采购政策要求、PPP项目合同草案及其他法律文本、采购结果确认谈判中项目合同可变的细节，以及是否允许未参加资格预审的供应商参与竞争并进行资格后审等内容。

PPP项目的实施需要取得政府对项目实施机构的授权，这也是PPP项目与一般政府采购项目的一大区别。因此，PPP项目采购文件中需明确政府对实施方案的批复和项目立项的相关审批文件，还应明确项目合同必须报请本级人民政府审核同意，在获得同意前项目合同不得生效。PPP项目评审结束后，还要经过采购结果确认谈判、签署采购结果确认谈判备忘录并公示谈判结果后才能最终确定中标、成交社会资本方。因此，需在采购文件中对采购结果确认谈判、签署谈判结果备忘录及采购结果公示做出规定。在PPP项目合同方面，如果项目实施机构需要成立项目公司，那么需在合同签订后，就项目公司与社会资本方签订补充合同的内容和程序做出相应规定。此外，由于PPP项目采购必须进行资格预审，采购文件中还应明确是否允许未参加资格预审的社会资本方参与竞争并进行资格后审等内容。

与一般的政府采购项目相同，PPP项目采购文件编制完成后，须经项目实施机构审核、确认同意。

5. 发布采购公告

采购文件编制完成并经项目实施机构审核、确认同意后，应发布采购公告。与采购方式相对应，PPP项目采购公告也分为招标公告、竞争性谈判公告、竞争性磋商公告、单一来源采购公告等几种形式。PPP项目采购公告与一般项目采购公告的内容大体相同，包括项目基本情况、对竞争者的资格要求和提交响应文件的地点、截止时间以及保证金交纳的方式和账户、联系人和联系方式等。PPP项目采购公告应在省级及以上财政部门指定的政府采购信息发布媒体公开发布。

6. 发售采购文件

对通过资格预审的社会资本方，项目实施机构应向其发售或提供采购文件。与采购方式相对应，发售的采购文件可分为招标文件、竞争性谈判文件、竞争性磋商文件、单一来源采购文件。一般来说，采购文件、采购公告对采购文件的发售时间、地点和售价都有具体规定，相关法律法规以及规范性文件对采购文件的发售也有规定，项目实施机构在发售采购文件时必须遵守。

7. 组织现场考察或召开采购答疑会

社会资本方在获取采购文件后，可能会就采购文件中的项目方案、采购程序等进行询问，这就要求项目实施机构做出解释和澄清。

为了让社会资本方充分了解项目方案的内容及要求，项目实施机构应当组织社会资本进行现场考察或者召开采购前答疑会，但不得单独或者分别组织只有一个社会资本参加的现场考察和答疑会。项目实施机构可以视项目的具体情况，组织对符合条件的社会资本的资格条件进行考察核实。

现场考察或答疑会结束后，应根据现场考察及答疑情况，对项目方案和内容做出调整。若调整的内容涉及项目核心内容，影响社会资本方编制响应文件的，则需向社会资本方发出对采购文件的书面澄清说明或变更通知。书面澄清说明或变更通知是采购文件的有效组成部分。若书面澄清说明或变更通知发出后距离提交响应文件截止时间不足于法定时间的，则应顺延提交响应文件截止时间。

8. 成立评审小组

在 PPP 项目采购阶段，项目实施机构应成立评审小组，由评审小组对社会资本方提交的响应文件进行评审。与招标、谈判、磋商、单一来源采购方式相对应，评审小组可分为评标委员会、谈判小组、磋商小组、采购小组。评审小组一般应由项目实施机构的代表和评审专家共 5 人以上的单数组成，其中评审专家不得少于评审小组成员总数的 2/3。评审专家一般应在政府采购评审专家库中随机抽取，如专家库中的专家不能满足评审需要时，项目实施机构可会同政府主管部门自行选定，但其中应包括 1 名法律专家和 1 名财务专家。项目实施机构代表不得以评审专家的身份出现在评审小组中，项目实施机构工作人员也不得参与项目评审。资格预审阶段的评审小组成员，可作为评审小组成员，参加评审。

9. 接收社会资本方提交的响应文件

社会资本方参加 PPP 项目采购，须按照采购文件规定的格式和要求编制响应文件。根据采购方式的不同，社会资本方需对应编制投标文件、谈判响应文件、磋商响应文件、单一来源采购响应文件，并在提交响应文件截止时间前向项目实施机构提交。项目实施机构应在采购公告、采购文件规定的时间和地点，安排专人负责接收社会资本方递交的响应文件。社会资本方提交响应文件时，须提交资格证明文件及要求提交的其他相关文件；凡未与响应文件一并提交的文件资料，在采购评审时不得作为评审依据。

10. 举行开标仪式或召开采购会

项目实施机构应在采购公告、采购文件规定的时间和地点举行开标仪式。如采取谈判、磋商等方式的，则应举行谈判、磋商采购会。开标仪式或谈判、磋商采购会由项目实施机构主持，项目实施机构应派代表出席并在开标会上介绍项目情况；提交了响应文件的社会资本方也应派代表参加开标。项目实施机构还应邀请纪检、监察等有关部门派代表进行现场监督。PPP 项目开标仪式、谈判及磋商采购会与一般政府采购项目的开标仪式程序相同，除了公开查验响应文件的密封情况、宣布查验结果外，还应公开宣读社会资本方的投标报价（参加谈判、磋商时的第一次报价）、报价声明以及应当宣读的其他内容。开标时未公开宣读的报价内容，在项目评审时不得作为评审依据。

11. 进行评审

在评审环节，项目实施机构的职责主要是召集、组织评审小组按照采购文件的规定进行评审，项目实施机构工作人员应协助评审小组的工作，承担评审过程中的组织、协调和后勤服务工作，但不得参与项目评审，不得影响和干扰评审小组成员独立开展评审工作。项目评审可按以下程序进行：

（1）召开评审预备会议　在项目评审开始前，项目实施机构应召集评审小组成员，召开评审预备会议，介绍项目的基本情况，宣布评审工作纪律，安排评审工作。在预备会上，评审小组成员应认真阅读并确认采购文件，签订评审承诺书，推选评审小组负责人。评审小组负责人要对成员进行分工，并对评审程序、步骤和办法做出安排。评审预备会议结束后，评审小组应独立进行项目评审。评审小组发现采购文件内容违反国家有关强制性规定的，应停止评审，并向项目实施机构说明情况。

（2）符合性审查　符合性审查主要是对社会资本方的资格、资质以及提交的响应文件进行审查，以判定其是否符合要求。前期已进行资格预审的，在采购评审阶段可不再对社会资本方进行资格审查。前期未进行资格预审，允许进行资格后审的，或者前期已经进行过资格预审，但采购文件规定在采购评审阶段还要再进行资格预审的，在评审时，评审小组均应对社会资本方进行资格审查。符合性审查的第二项内容，是审查社会资本方提交的响应文件是否完整、格式是否符合要求、是否有重大缺漏项、是否含有项目实施机构不能接受的条件等。响应文件的符合性审查也包括两个方面：一是审查响应文件是否完整，是否符合采购文件的要求；二是审查响应方案是否符合采购文件要求，技术响应方案、商务响应方案是否对项目方案做出实质性响应。最终通过审查的社会资本方数量不足法定数量的，评审应予终止；经批准转为其他方式的，评审可按相应规定继续进行。

（3）询问和澄清　在评审过程中，评审小组对响应文件的内容及技术、商务方案对采购文件的响应情况可向社会资本方进行询问，要求社会资本方就询问的事项做出解释和澄清说明。社会资本方应就询问的事项进行澄清并做出说明，重要的澄清及说明必须以书面形式做出，并由其法人代表或被授权人签字确认。

（4）综合评审　在符合性审查、询问、澄清之后，进入综合评审阶段。综合评审仅针对通过符合性审查的社会资本方进行。综合评审时，如项目采取招标方式，则由评标委员会根据招标文件规定的评标办法、评标标准对社会资本方进行评分，并根据评分情况对各社会资本方做出综合评审结论。如采取竞争性谈判方式，则在符合性审查之后，由谈判小组与参与谈判的各社会资本方分别进行一对一谈判；经谈判后，谈判小组应对社会资本方的谈判方案做出综合评审结论，并对项目采购方案做出调整和完善；社会资本方就完善后的采购方案重新提交响应文件，做出最终承诺报价；谈判小组对各社会资本方提交的响应文件及最终承诺报价做出综合评审结论。如采取竞争性磋商方式，则在符合性审查之后，磋商小组与参与磋商的社会资本方分别进行一对一磋商；磋商结束后，磋商小组可以根据磋商文件和磋商情况，调整采购方案，就采购需求中的技术、服务要求以及合同草案条款做出实质性变动；各社会资本方应针对调整和变动后的采购方案重新提交响应方案，提交最后报价；磋商小组根据磋商文件规定的评审办法、评审标准，对各社会资本方的响应文件和最后报价进行综合评分，根据综合评分情况，对社会资本方做出综合评审结论。

（5）编写评审结果报告　综合评审结束后，评审小组应根据综合评审情况，编写评审结果报告。评审结果报告中应推荐1至3名中标、成交候选人。采用招标、竞争性磋商方式的，候选人的顺序按照综合评分得分从高到低依次排列；采用竞争性谈判方式的，按照符合最低要求的社会资本方的最终承诺报价，从低到高依次排列。允许进行资格后审的，评审结果报告还应包含资格评审结果。评审小组成员应在评审结果报告上签字，对自己的评审意见承担法律责任。评审小组成员对评审结果报告有异议的，应在报告上签署不同意见并说明理由，否则视为同意评审结果报告。

12. 采购结果确认谈判

评审结束后，进行采购结果确认谈判，经谈判后再确定中标、成交候选社会资本方，是PPP项目区别于一般政府采购项目的另一特点。采购结果确认谈判可按以下程序开展：

（1）成立采购结果确认谈判工作组　评审结束后，项目实施机构应成立采购结果确认谈判工作组。谈判工作组成员及数量由项目实施机构确定，其成员应包括预算管理部门、行业主管部门代表及财务、法律等方面的专家。涉及价格管理、环境保护的PPP项目，还应包括价格管理、环境保护行政执法机关代表。评审小组成员可作为谈判工作组成员参与采购结果确认谈判。

（2）进行采购结果确认谈判　采购结果确认谈判工作组按照评审结果报告推荐的候选社会资本方排名，依次与候选社会资本方就PPP项目方案以及项目合同中可变的细节问题进行合同签署前的确认谈判，率先达成一致的候选社会资本方即为预中标、成交社会资本方。在确认谈判过程中，不得涉及合同中不可谈判的核心条款，也不得与排序在前但已终止谈判的社会资本方进行重复谈判。

（3）编写谈判结果报告　采购结果确认谈判结束后，谈判工作组应根据谈判情况以及与中标、成交社会资本方达成一致的事项，编写谈判结果报告，确定最先达成一致的候选社会资本方为预中标、成交社会资本方。谈判工作组成员应在谈判结果报告上签字确认，对谈判结果有异议的应在报告上签字并注明；既不注明也不签字确认的，视为同意谈判结果。

13. 签署确认谈判备忘录

预中标、成交社会资本方确定后，项目实施机构应组织项目实施机构与预中标、成交社会资本方签署采购结果确认谈判备忘录。采购结果确认谈判结果备忘录应在预中标、成交社会资本方确定后10个工作日内签署。

14. 公示采购结果及拟定的合同文本

签署采购结果确认谈判备忘录后，应将谈判确认结果即预中标、成交结果进行公示，公示期不得少于5个工作日。预中标、成交结果公示应在省级及以上财政部门指定的政府采购信息公告媒体上进行，并与项目采购公告原发布媒体保持一致。此外，还应同时公示根据采购文件、响应文件及有关补遗文件和确认谈判备忘录拟定的项目合同文本。合同文本应将预中标、成交社会资本方响应文件中的重要承诺和技术文件等作为附件，涉及国家秘密、商业秘密的内容可以不公示。

15. 公告采购结果

公示期满2个工作日后，如公示期间有关当事人未提出异议，可确定中标、成交社会资本方。中标、成交社会资本方确定后，应将中标、成交结果在省级及以上财政部门指定的政府采购信息发布媒体上进行公告，向中标、成交社会资本方发出中标、成交通知书，并将中标、成交结果告知参加采购活动的其他社会资本方。

中标、成交结果公告内容应当包括：项目实施机构和采购代理机构的名称、地址和联系方式；项目名称和项目编号；中标或者成交社会资本的名称、地址、法人代表；中标或者成交标的名称、主要中标或者成交条件（包括但不限于合作期限、服务要求、项目概算、回报机制）等；评审小组和采购结果确认谈判工作组成员名单。

16. 签订项目合同

PPP 项目合同由项目实施机构与中标、成交社会资本方签订，项目实施机构应做好组织、协调工作。合同须在中标、成交通知书发出后 30 日内签订，具体程序为：

1）组织项目实施机构与中标、成交社会资本方协商、洽谈合同条款，协商一致后，签订合同草案，并报本级人民政府审核、批准。

2）经本级人民政府审核、批准后，项目实施机构与中标、成交社会资本方正式签订合同。

3）需要为 PPP 项目设立专门项目公司的，待项目公司成立后，由项目公司与项目实施机构重新签署 PPP 项目合同，或者签署关于继承 PPP 项目合同的补充合同。

4）合同公告。项目实施机构应在 PPP 项目合同签订之日起 2 个工作日内，将 PPP 项目合同在省级以上人民政府财政部门指定的政府采购信息发布媒体上公告，但 PPP 项目合同中涉及国家秘密、商业秘密的内容除外。

5）合同备案。合同正式签订后，项目实施机构应将合同向同级财政部门备案。

根据《PPP 操作指南》十九条规定，PPP 项目合同应载明下列事项：

① 合作项目的名称、合作范围及内容、运作方式及合作期限等。
② 政府承诺和保障。
③ 投融资期限及方式。
④ 项目建设、运营维护，以及服务质量的标准或者产出说明。
⑤ 社会资本取得收益的方式及标准。
⑥ 绩效评价标准及方式。
⑦ 履约担保机制。
⑧ 应急预案和临时接管预案。
⑨ 合作期结束后项目及资产的移交。
⑩ 项目合同变更、提前终止及终止补偿。
⑪ 违约责任、争议解决方式及法律、法规规定应当载明的其他事项。

17. 退付保证金

项目实施机构应当在采购文件中要求社会资本交纳参加采购活动的保证金和履约保证金。社会资本应当以支票、汇票、本票或者金融机构、担保机构出具的保函等非现金形式缴纳保证金。参加采购活动的保证金数额不得超过项目预算金额的 2%。履约保证金的数额不得超过 PPP 项目初始投资总额或者资产评估值的 10%，无固定资产投资或者投资额不大的服务型 PPP 项目，履约保证金的数额不得超过平均 6 个月服务收入额。

PPP 项目采购活动结束后，项目实施机构应按采购文件规定向社会资本方退付保证金。其中，未中标、成交社会资本方的保证金，应在中标、成交结果通知书发出后 5 个工作日内退付；中标、成交社会资本方的保证金，应在合同签署后 5 个工作日内退付。发生了保证金不予退还的情形时，应按采购文件规定及时办理有关手续。履约保证金的退付，也应在采购文件中予以明确，项目实施机构应按规定及时为社会资本方办理履约保证金的退付、结算手续。

PPP 项目采购的主要流程如图 6-1 所示。

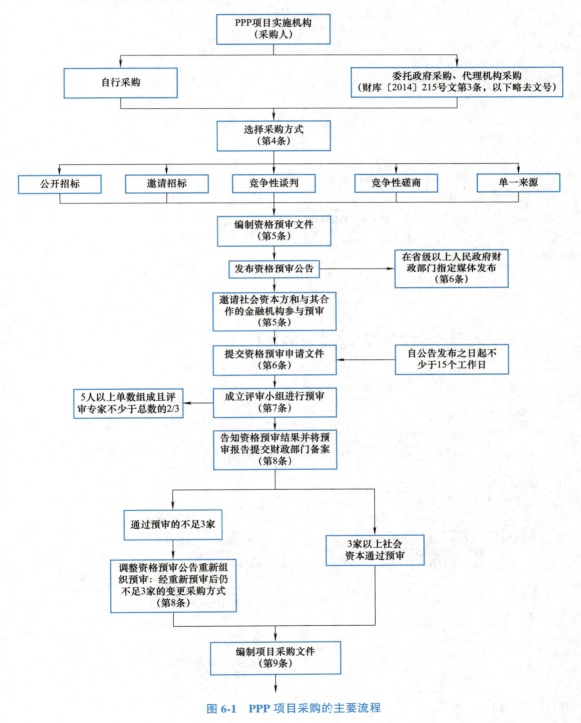

图 6-1　PPP 项目采购的主要流程

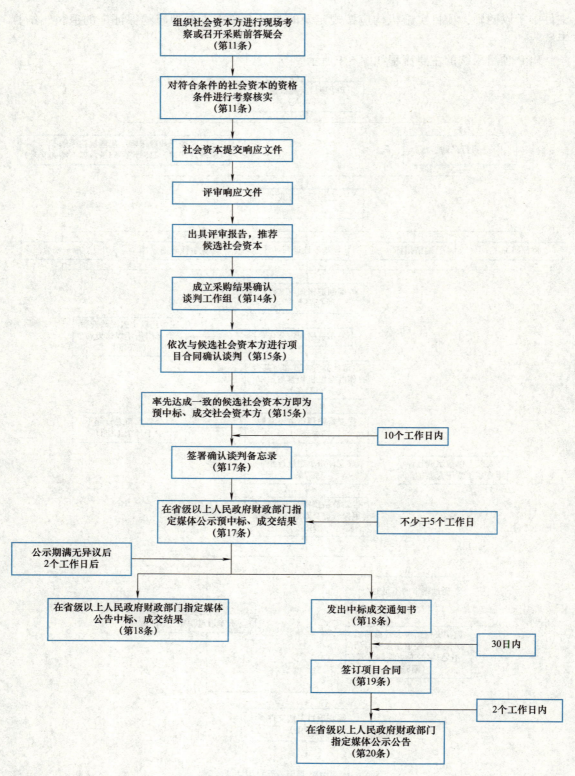

图 6-1　PPP 项目采购的主要流程（续）

6.4　PPP 项目采购合同管理

6.4.1　《合同指南》简介

为规范政府和社会资本合作项目合同编制工作，鼓励和引导社会投资，增强公共产品供给能力，根据《国务院关于创新重点领域投融资机制鼓励社会投资的指导意见》（国发〔2014〕60号）有关要求，编制《政府和社会资本合作项目通用合同指南（2014年版）》（简称《合同指南》）。本书根据《合同指南》的规定，介绍 PPP 合同管理中的要点。

1.《合同指南》的编制原则

（1）强调合同各方的平等主体地位　合同各方均是平等主体，以市场机制为基础建立互惠合作关系，通过合同条款约定并保障权利义务。

（2）强调提高公共服务质量和效率　政府通过引入社会资本和市场机制，促进重点领域建设，增加公共产品有效供给，提高公共资源配置效率。

（3）强调社会资本获得合理回报　鼓励社会资本在确保公共利益的前提下，降低项目运作成本、提高资源配置效率、获取合理投资回报。

（4）强调公开透明和阳光运行　针对项目建设和运营的关键环节，明确政府监管职责，发挥专业机构的作用，提高信息公开程度，确保项目阳光运行。

（5）强调合法合规及有效执行　项目合同要与相关法律法规和技术规范做好衔接，确保内容全面、结构合理、具有可操作性。

（6）强调国际经验与国内实践相结合　借鉴国外先进经验，总结国内成功实践，积极探索，务实创新，适应当前深化投融资体制改革需要。

2.《合同指南》的主要内容

项目合同由合同正文和合同附件组成，《合同指南》主要反映合同的一般要求，采用模块化的编写框架，共设置 15 个模块、86 项条款，适用于不同模式合作项目的投融资、建设、运营和服务、移交等阶段，具有较强的通用性。原则上，所有模式项目合同的正文都应包含 10 个通用模块：总则、合同主体、合作关系、项目前期工作、收入和回报、不可抗力和法律变更、合同解除、违约处理、争议解决，以及其他约定。其他模块可根据实际需要灵活选用。例如，建设-运营-移交模式的项目合同除了 10 个通用模块之外，还需选用投资计划及融资方案、工程建设、运营和服务、社会资本主体移交项目等模块。

3.《合同指南》的使用要求

1）合作项目已纳入当地相关发展规划，并按规定报经地方人民政府或行业主管部门批准实施。

2）合同签署主体应具有合法和充分的授权，满足合同管理和履约需要。

3）在项目招标或招商之前，政府应参考《合同指南》组织编制合同文本，并将其作为招标或招商文件的组成部分。

4）社会资本确定之后，政府和社会资本可就相关条款和事项进行谈判，最终确定并签署合同文本。

5）充分发挥专业中介机构的作用，完善项目合同具体条款，提高项目合同编制质量。

6）参考《合同指南》设置章节顺序和条款。如有不能覆盖的事项，可在相关章节或"其他约定"中增加相关内容。

6.4.2 《合同指南》的主要条款

根据《合同指南》的规定，PPP项目采购合同的主要条款包括：

1. 总则

政府和社会资本合作项目合同（简称"项目合同"），是指政府主体和社会资本主体依据《中华人民共和国民法典》及其他法律法规就政府和社会资本合作项目的实施所订立的合同文件。总则应就项目合同全局性事项进行说明和约定，具体包括合同相关术语的定义和解释、合同签订的背景和目的、声明和保证、合同生效条件、合同体系构成等。总则为项目合同的必备篇章。

（1）术语定义和解释　为避免歧义，项目合同中涉及的重要术语需要根据项目具体情况加以定义。凡经定义的术语，在项目合同文本中的内涵和外延应与其定义保持一致。

需要定义和解释的术语通常包括但不限于：

1）项目名称与涉及合同主体或项目相关方的术语，如"市政府""项目公司"等。

2）涉及项目技术经济特征的相关术语，如"服务范围""技术标准""服务标准"等。

3）涉及时间安排或时间节点的相关术语，如"开工日""试运营日""特许经营期"等。

4）涉及合同履行的相关术语，如"批准""不可抗力""法律变更"等。

5）其他需定义的术语。

（2）合同背景和目的　为便于更准确地理解和执行项目合同，对合同签署的相关背景、目的等加以简要说明。

（3）声明和保证　项目合同各方需要就订立合同的主体资格及履行合同的相关事项加以声明和保证，并明确项目合同各方因违反声明和保证应承担相应责任。主要内容包括：

1）关于已充分理解合同背景和目的，并承诺按合同相关约定执行合同的声明。

2）关于合同签署主体具有相应法律资格及履约能力的声明。

3）关于合同签署人已获得合同签署资格授权的声明。

4）关于对所声明内容的真实性、准确性、完整性的保证或承诺。

5）关于诚信履约、提供持续服务和维护公共利益的保证。

6）其他声明或保证。

（4）合同生效条件　根据有关法律法规及相关约定，涉及项目合同生效条件的，应予明确。

（5）合同构成及优先次序　本条应明确项目合同的文件构成，包括合同正文、合同附件、补充协议和变更协议等，并对其优先次序予以明确。

2. 合同主体

合同主体模块应重点明确项目合同各主体资格，并概括性地约定各主体的主要权利和义务，为项目合同的必备篇章。

（1）政府主体

1）主体资格。签订项目合同的政府主体，应是具有相应行政权力的政府，或其授权的实施机构。本条应明确以下内容：①政府主体的名称、住所、法定代表人等基本情况；②政府主体出现机构调整时的延续或承继方式。

2）权利界定。项目合同应明确政府主体拥有以下权利：①按照有关法律法规和政府管理的相关职能规定，行使政府监管的权利；②行使项目合同约定的权利。

3）义务界定。项目合同应概括约定政府主体需要承担的主要义务，如遵守项目合同、及时提供项目配套条件、项目审批协调支持、维护市场秩序等。

（2）社会资本主体

1）主体资格。签订项目合同的社会资本主体，应是符合条件的国有企业、民营企业、外商投资企业、混合所有制企业，或其他投资、经营主体。

本条应明确以下内容：①社会资本主体的名称、住所、法定代表人等基本情况；②项目合作期间社会资本主体应维持的资格和条件。

2）权利界定。项目合同应明确社会资本主体的主要权利：①按约定获得政府支持的权利；②按项目合同约定实施项目、获得相应回报的权利等。

3）义务界定。项目合同应明确社会资本主体在合作期间应履行的主要义务，如按约定提供项目资金，履行环境、地质、文物保护及安全生产等义务，承担社会责任等。

4）对项目公司的约定。如以设立项目公司的方式实施合作项目，应根据项目实际情况，明确项目公司的设立及其存续期间法人治理结构及经营管理机制等事项，如①项目公司注册资金、住所、组织形式等的限制性要求；②项目公司股东结构、董事会、监事会及决策机制安排；③项目公司股权、实际控制权、重要人事发生变化的处理方式。

如政府参股项目公司的，还应明确政府出资人代表、投资金额、股权比例、出资方式等；政府股份享有的分配权益，如是否享有与其他股东同等的权益，在利润分配顺序上是否予以优先安排等；政府股东代表在项目公司法人治理结构中的特殊安排，如在特定事项上是否拥有否决权等。

3. 合作关系

合作关系模块主要约定政府和社会资本合作关系的重要事项，包括合作内容、合作期限、排他性约定及合作的履约保证等，为项目合同的必备篇章。

（1）合作内容　项目合同应明确界定政府和社会资本合作的主要事项，包括：

1）项目范围。明确合作项目的边界范围。如涉及投资的，应明确投资标的物的范围；涉及工程建设的，应明确项目建设内容；涉及提供服务的，应明确服务对象及内容等。

2）政府提供的条件。明确政府为合作项目提供的主要条件或支持措施，如授予社会资本主体相关权利、提供项目配套条件及投融资支持等。

涉及政府向社会资本主体授予特许经营权等特定权利的，应明确社会资本主体获得该项权利的方式和条件，是否需要缴纳费用，以及费用计算方法、支付时间、支付方式及程序等事项，并明确社会资本主体对政府授予权利的使用方式及限制性条款，如不得擅自转让、出租特许经营权等。

3）社会资本主体承担的任务。明确社会资本主体应承担的主要工作，如项目投资、建设、运营、维护等。

4）回报方式。明确社会资本主体在合作期间获得回报的具体途径。根据项目性质和特点，项目收入来源主要包括使用者付费、使用者付费与政府补贴相结合、政府付费购买服务等方式。

5）项目资产权属。明确合作各阶段项目有形及无形资产的所有权、使用权、收益权、处置权的归属。

6）土地获取和使用权利。明确合作项目土地获得方式，并约定社会资本主体对项目土地的使用权限。

（2）合作期限　明确项目合作期限及合作的起讫时间和重要节点。

（3）排他性约定　如有必要，可进行合作期间内的排他性约定，如对政府同类授权的限制等。

（4）合作履约担保　如有必要，可以约定项目合同各方的履约担保事项，明确履约担保的类型、提供方式、提供时间、担保额度、兑取条件和退还等。对于合作周期较长的项目，可分阶段安排履约担保。

4. 投资计划及融资方案

投资计划及融资方案模块重点约定项目投资规模、投资计划、投资控制、资金筹措、融资条件、投融资监管及违约责任等事项。适用于包含新建、改扩建工程，或政府向社会资本主体转让资产（或股权）的合作项目。

（1）项目总投资

1）投资规模及其构成。

① 对于包含新建、改扩建工程的合作项目，应在合同中明确工程建设总投资及构成，包括建筑工程费、设备及工器具购置费、安装工程费、工程建设其他费用、基本预备费、价差预备费、建设期利息、流动资金等。合同应明确总投资的认定依据，如投资估算、投资概算或竣工决算等。

② 对于包含政府向社会资本主体转让资产（或股权）的合作项目，应在合同中明确受让价款及其构成。

2）项目投资计划。明确合作项目的分年度投资计划。

（2）投资控制责任　明确社会资本主体对约定的项目总投资所承担的投资控制责任。根据合作项目的特点，可约定社会资本主体承担全部超支责任、部分超支责任，或不承担超支责任。

（3）融资方案　项目合同需要明确项目总投资的资金来源和到位计划，包括以下事项：

1）项目资本金比例及出资方式。

2）债务资金的规模、来源及融资条件。如有必要，可约定政府为债务融资提供的支持条件。

3）各类资金的到位计划。

（4）政府提供的其他投融资支持　如政府为合作项目提供投资补助、基金注资、担保补贴、贷款贴息等支持，应明确具体方式及必要条件。

（5）投融资监管　若需要设定对投融资的特别监管措施，应在合同中明确监管主体、内容、方法和程序，以及监管费用的安排等事项。

（6）投融资违约及其处理　项目合同应明确各方投融资违约行为的认定和违约责任。

可视影响将违约行为划分为重大违约和一般违约,并分别约定违约责任。

5. 项目前期工作

项目前期工作模块重点约定合作项目前期的工作内容、任务分工、经费承担及违约责任等事项,为项目合同的必备篇章。

(1) 前期工作内容及要求　明确项目需要完成的前期工作内容、深度、控制性进度要求,以及需要采用的技术标准和规范要求,对于超出现行技术标准和规范的特殊规定,应予以特别说明。如包含工程建设的合作项目,应明确可行性研究、勘察设计等前期工作要求;包含转让资产(或股权)的合作项目,应明确项目尽职调查、清查核资、资产评估等前期工作要求。

(2) 前期工作任务分担　项目合同应分别约定政府和社会资本主体所负责的前期工作内容。

(3) 前期工作经费　明确政府和社会资本主体分别承担的前期工作费用。对于政府开展前期工作的经费需要社会资本主体承担的,应明确费用范围、确认和支付方式,以及前期工作成果和知识产权归属。

(4) 政府提供的前期工作支持　政府应对社会资本主体承担的项目前期工作提供支持,包括但不限于:①协调相关部门和利益主体提供必要资料和文件;②对社会资本主体的合理诉求提供支持;③组织召开项目协调会。

(5) 前期工作监管　若需要设定对项目前期工作的特别监管措施,应在合同中明确监管内容、方法和程序,以及监管费用的安排等事项。

(6) 前期工作违约及处理　项目合同应明确各方在前期工作中违约行为的认定和违约责任。可视影响将违约行为划分为重大违约和一般违约,并分别约定违约责任。

6. 工程建设

工程建设模块重点约定合作项目工程的建设条件,进度、质量、安全要求,变更管理,实际投资认定,工程验收,工程保险及违约责任等事项,适用于包含新建、改扩建工程的合作项目。

(1) 政府提供的建设条件　项目合同可约定政府为项目建设提供的条件,如建设用地、交通条件、市政配套等。

(2) 进度、质量、安全及管理要求　项目合同应约定项目建设的进度、质量、安全及管理要求。详细内容可在合同附件中描述。

1) 项目控制性进度计划,包括项目建设期各阶段的建设任务、工期等要求。
2) 项目达标投产标准,包括生产能力、技术性能、产品标准等。
3) 项目建设标准,包括技术标准、工艺路线、质量要求等。
4) 项目安全要求,包括安全管理目标、安全管理体系、安全事故责任等。
5) 工程建设管理要求,包括对招投标、施工监理、分包等。

(3) 建设期的审查和审批事项　项目合同应明确需要履行的建设审查和审批事项,并明确社会资本主体的责任,以及政府应提供的协助与协调。

(4) 工程变更管理　项目合同应约定建设方案变更(如工程范围、工艺技术方案、设计标准或建设标准等的变更)和控制性进度计划变更等工程变更的触发条件、变更程序、方法和处置方案。

（5）实际投资认定　项目合同应根据投资控制要求，约定项目实际投资的认定方法，以及项目投资发生节约或出现超支时的处理方法，并视需要设定相应的激励机制。

（6）征地、拆迁和安置　项目合同应约定征地、拆迁、安置的范围、进度、实施责任主体及费用负担，并对维护社会稳定、妥善处理后续遗留问题提出明确要求。

（7）项目验收　项目验收应遵照国家及地方主管部门关于基本建设项目验收管理的规定执行。项目验收通常包括专项验收和竣工验收。项目合同应约定项目验收的计划、标准、费用和工作机制等要求。如有必要，应针对特定环节做出专项安排。

（8）工程建设保险　项目合同应约定建设期需要投保的相关险种，如建筑工程一切险、安装工程一切险、建筑施工人员团体意外伤害保险等，并落实各方的责任和义务，注意保险期限与项目运营期相关保险在时间上的衔接。

（9）工程保修　项目合同应约定工程完工之后的保修安排，内容包括但不限于：

1）保修期限和范围。
2）保修期内的保修责任和义务。
3）工程质保金的设置、使用和退还。
4）保修期保函的设置和使用。

（10）建设期监管　若需要，可对项目建设招标采购、工程投资、工程质量、工程进度以及工程建设档案资料等事项安排特别监管措施，应在合同中明确监管的主体、内容、方法和程序，以及费用安排。

（11）建设期违约和处理　项目合同应明确各方在建设期违约行为的认定和违约责任。可视影响将违约行为划分为重大违约和一般违约，并分别约定违约责任。

7. 政府移交资产

政府移交资产模块重点约定政府向社会资本主体移交资产的准备工作、移交范围和标准、移交程序及违约责任等，适用于包含政府向社会资本主体转让或出租资产的合作项目。

（1）移交前的准备　项目合同应对移交前的准备工作做出安排，以保证项目顺利移交，内容一般包括：

1）准备工作的内容和进度安排。
2）各方责任和义务。
3）负责移交的工作机构和工作机制等。

（2）资产移交　合同应对资产移交以下事项进行约定：

1）移交范围，如资产、资料、产权等。
2）进度安排。
3）移交验收程序。
4）移交标准，如设施设备技术状态、资产法律状态等。
5）移交的责任和费用。
6）移交的批准和完成确认。
7）其他事项，如项目人员安置方案、项目保险的转让、承包合同和供货合同的转让、技术转让及培训要求等。

（3）移交违约及处理　项目合同应明确资产移交过程中各方违约行为的认定和违约责

任。可视影响将违约行为划分为重大违约和一般违约，并分别约定违约责任。

8. 运营和服务

运营和服务模块重点约定合作项目运营的外部条件、运营服务标准和要求、更新改造及追加投资、服务计量、运营期保险、政府监管、运营支出及违约责任等事项，适用于包含项目运营环节的合作项目。

（1）政府提供的外部条件　项目合同应约定政府为项目运营提供的外部条件，如：

1）项目运营所需的外部设施、设备和服务及其具体内容、规格、提供方式（无偿提供、租赁等）和费用标准等。

2）项目生产运营所需特定资源及其来源、数量、质量、提供方式和费用标准等，如污水处理厂的进水来源、来水量、进水水质等。

3）对项目特定产出物的处置方式及配套条件，如污水处理厂的出水、污泥的处置，垃圾焚烧厂的飞灰、灰渣的处置等。

4）道路、供水、供电、排水等其他保障条件。

（2）试运营和正式运营　项目合同应约定试运营的安排，如：

1）试运营的前提条件和技术标准。

2）试运营的期限。

3）试运营期间的责任安排。

4）试运营的费用和收入处理。

5）正式运营的前提条件。

6）正式运营开始时间和确认方式等。

（3）运营服务标准　项目合同应从维护公共利益、提高运营效率、节约运营成本等角度，约定项目运营服务标准。详细内容可在合同附件中描述。

1）服务范围、服务内容。

2）生产规模或服务能力。

3）技术标准，如污水处理厂的出水标准、自来水厂的水质标准等。

4）服务质量，如普遍服务、持续服务等。

5）其他要求，如运营机构资质、运营组织模式、运营分包等。

（4）运营服务要求变更　项目合同应约定运营期间服务标准和要求的变更安排，如：

1）变更触发条件，如因政策或外部环境发生重大变化，需要变更运营服务标准等。

2）变更程序，包括变更提出、评估、批准、认定等。

3）新增投资和运营费用的承担责任。

4）各方利益调整方法或处理措施。

（5）运营维护与修理　项目合同应约定项目运营维护与设施修理事项。详细内容可在合同附件中描述。

1）项目日常运营维护的范围和技术标准。

2）项目日常运营维护记录和报告制度。

3）大修和中等维修资金的筹措和使用管理等。

（6）更新改造和追加投资　对于运营期间需要进行更新改造和追加投资的合作项目，项目合同应对更新改造和追加投资的范围、触发条件、实施方式、投资控制、补偿方案等进行约定。

（7）主副产品的权属　项目合同应约定在运营过程中产生的主副产品（如污水处理厂的出水等）的权属和处置权限。

（8）项目运营服务计量　项目合同应约定项目所提供服务（或产品）的计量方法、标准、计量程序、计量争议解决、责任和费用划分等事项。

（9）运营期的特别补偿　项目合同应约定运营期间由于政府特殊要求造成社会资本主体支出增加、收入减少的补偿方式、补偿金额、支付程序及协商机制等。

（10）运营期保险　项目合同应约定运营期需要投保的险种、保险范围、保险责任期间、保额、投保人、受益人、保险赔偿金的使用等。

（11）运营期政府监管　政府有关部门依据自身行政职能对项目运营进行监管，社会资本主体应当予以配合。政府可在不影响项目正常运营的原则下安排特别监管措施，并与社会资本主体议定费用分担方式，如：

1）委托专业机构开展中期评估和后评价。

2）政府临时接管的触发条件、实施程序、接管范围和时间、接管期间各方的权利义务等。

（12）运营支出　项目合同应约定社会资本主体承担的成本和费用范围，如人工费、燃料动力费、修理费、财务费用、保险费、管理费、相关税费等。

（13）运营期违约事项和处理　项目合同应明确各方在运营期违约行为的认定和违约责任。可视影响将违约行为划分为重大违约和一般违约，并分别约定违约责任。

9. 社会资本主体移交项目

社会资本主体移交项目模块重点约定社会资本主体向政府移交项目的过渡期、移交范围和标准、移交程序、质量保证及违约责任等，适用于包含社会资本主体向政府移交项目的合作项目。

（1）项目移交前过渡期　项目合同应约定项目合作期届满前的一定时期（如12个月）作为过渡期，并约定过渡期安排，以保证项目顺利移交。内容一般包括：

1）过渡期的起讫日期、工作内容和进度安排。

2）各方责任和义务，包括移交期间对公共利益的保护。

3）负责项目移交的工作机构和工作机制，如移交委员会的设立、移交程序、移交责任划分等。

（2）项目移交　对于合作期满时的项目移交，项目合同应约定以下事项：

1）移交方式，明确资产移交、经营权移交、股权移交或其他移交方式。

2）移交范围，如资产、资料、产权等。

3）移交验收程序。

4）移交标准，如项目设施设备需要达到的技术状态、资产法律状态等。

5）移交的责任和费用。

6）移交的批准和完成确认。

7）其他事项，如项目人员安置方案、项目保险的转让、承包合同和供货合同的转让、技术转让及培训要求等。

（3）移交质量保证　项目合同应明确如下事项：

1）移交保证期的约定，包括移交保证期限、保证责任、保证期内各方权利义务等。

2）移交质保金或保函的安排，可与履约保证结合考虑，包括质保金数额和形式、保证期限、移交质保金兑取条件、移交质保金的退还条件等。

（4）项目移交违约及处理　项目合同应明确项目移交过程中各方违约行为的认定和违约责任。可视影响将违约行为划分为重大违约和一般违约，并分别约定违约责任。

10. 收入和回报

收入和回报模块重点约定合作项目收入、价格确定和调整、财务监管及违约责任等事项，为项目合同的必备篇章。

（1）项目运营收入　项目合同应按照合理收益、节约资源的原则，约定社会资本主体的收入范围、计算方法等事项。详细内容可在合同附件中描述。

1）社会资本主体提供公共服务而获得的收入范围及计算方法。

2）社会资本主体在项目运营期间可获得的其他收入。

3）如涉及政府与社会资本主体收入分成的，应约定分成机制，如分成计算方法、支付方式、税收责任等。

（2）服务价格及调整　项目合同应按照收益与风险匹配、社会可承受的原则，合理约定项目服务价格及调整机制。

1）执行政府定价的价格及调整：①执行政府批准颁布的项目服务或产品价格；②遵守政府价格调整相关规定，配合政府价格调整工作，如价格听证等。

2）项目合同约定的价格及调整：①初始定价及价格水平；②运营期间的价格调整机制，包括价格调整周期或调价触发机制、调价方法、调价程序及各方权利义务等。

（3）特殊项目收入　若社会资本主体不参与项目运营或不通过项目运营获得收入的，项目合同应在法律允许框架内，按照合理收益原则约定社会资本主体获取收入的具体方式。

（4）财务监管　政府和社会资本合作项目事关公共利益，项目合同应约定对社会资本主体的财务监管制度安排，明确社会资本主体的配合义务，如：

1）成本监管和审计机制。

2）年度报告及专项报告制度。

3）特殊专用账户的设置和监管等。

（5）违约事项及其处理　项目合同应明确各方在收入获取、补贴支付、价格调整、财务监管等方面的违约行为的认定和违约责任。可视影响将违约行为划分为重大违约和一般违约，并分别约定违约责任。

11. 不可抗力和法律变更

不可抗力和法律变更模块重点约定不可抗力事件和法律变更的处理事项，为项目合同的必备篇章。

（1）不可抗力事件项目　项目合同应约定不可抗力的类型和范围，如自然灾害、社会异常事件、化学或放射性污染、核辐射、考古文物等。

（2）不可抗力事件的认定和评估　项目合同应约定不可抗力事件的认定及其影响后果评估程序、方法和原则。对于特殊项目，应根据项目实际情况约定不可抗力事件的认定标准。

（3）不可抗力事件发生期间各方权利和义务　项目合同应约定不可抗力事件发生后的各方权利和义务，如及时通知、积极补救等，以维护公共利益，减少损失。

（4）不可抗力事件的处理　项目合同应根据不可抗力事件对合同履行造成的影响程度，分别约定不可抗力事件的处理。造成合同部分不能履行，可协商变更或解除项目合同；造成合同履行中断，可继续履行合同并就中断期间的损失承担做出约定；造成合同整体不能履行，应约定解除合同。

（5）法律变更　项目合同应约定，如在项目合同生效后发布新的法律、法规或对法律、法规进行修订，影响项目运行或各方项目收益时，变更项目合同或解除项目合同的触发条件、影响评估、处理程序等事项。

12. 合同解除

合同解除模块重点约定合同解除事由、解除程序，以及合同解除后的财务安排、项目移交等事项，为项目合同的必备篇章。

（1）合同解除的事由　项目合同应约定各种可能导致合同解除的事由，包括：

1）发生不可抗力事件，导致合同履行不能或各方不能就合同变更达成一致。
2）发生法律变更，各方不能就合同变更达成一致。
3）合同一方严重违约，导致合同目的无法实现。
4）社会资本主体破产清算或类似情形。
5）合同各方协商一致。
6）法律规定或合同各方约定的其他事由。

（2）合同解除程序　项目合同应约定合同解除程序。

（3）合同解除的财务安排　按照公平合理的原则，在项目合同中具体约定各种合同解除情形时的财务安排，以及相应的处理程序，如：

1）明确各种合同解除情形下，补偿或赔偿的计算方法。赔偿应体现违约责任及向无过错方的利益让渡。补偿或赔偿额度的评估要坚持公平合理、维护公益性原则，可设计具有可操作性的补偿或赔偿计算公式。

2）明确各方对补偿或赔偿计算成果的审核、认定和支付程序。

（4）合同解除后的项目移交　项目合同应约定合同解除后的项目移交事宜，可参照本指南"项目移交"条款进行约定。

（5）合同解除的其他约定　结合项目特点和合同解除事由，可分别约定在合同解除时项目接管、项目持续运行、公共利益保护以及其他处置措施等。

13. 违约处理

其他模块关于违约的未约定事项，在本模块中予以约定；也可将关于违约的各种约定在本模块中集中明确，本模块为项目合同的必备篇章。

（1）违约行为认定　项目合同应明确违约行为的认定以及免除责任或限制责任的事项。

（2）违约责任承担方式　项目合同应明确违约行为的承担方式，如继续履行、赔偿损失、支付违约金及其他补救措施等。

（3）违约行为处理　项目合同可约定违约行为的处理程序，如违约发生后的确认、告知、赔偿等救济机制，以及上述处理程序的时限。

14. 争议解决

争议解决模块重点约定争议解决方式，为项目合同的必备篇章。

（1）争议解决方式

1）协商。通常情况下，项目合同各方应在一方发出争议通知指明争议事项后，首先争取通过友好协商的方式解决争议。协商条款的编写应包括基本协商原则、协商程序、参与协商人员及约定的协商期限。若在约定期限内无法通过协商方式解决问题，则采用调解、仲裁或诉讼方式处理争议。

2）调解。项目合同可约定采用调解方式解决争议，并明确调解委员会的组成、职权、议事原则，调解程序，费用的承担主体等内容。

3）仲裁或诉讼。协商或调解不能解决的争议，合同各方可约定采用仲裁或诉讼方式解决。采用仲裁方式的，应明确仲裁事项、仲裁机构。

（2）争议期间的合同履行　诉讼或仲裁期间项目各方对合同无争议的部分应继续履行；除法律规定或另有约定外，任何一方不得以发生争议为由，停止项目运营服务、停止项目运营支持服务或采取其他影响公共利益的措施。

15. 其他约定

其他约定模块约定项目合同的其他未尽事项，为项目合同的必备篇章。

（1）合同变更与修订　可对项目合同变更的触发条件、变更程序、处理方法等进行约定。项目合同的变更与修订应以书面形式做出。

（2）合同的转让　项目合同应约定合同权利义务是否允许转让；如允许转让，应约定需满足的条件和程序。

（3）保密　项目合同应约定保密信息范围、保密措施、保密责任。保密信息通常包括项目涉及国家安全、商业秘密或合同各方约定的其他信息。

（4）信息披露　为维护公共利益、促进依法行政、提高项目透明度，项目合同各方有义务按照法律法规和项目合同约定，向对方或社会披露相关信息。详细披露事项可在合同附件中明确。

（5）廉政和反腐　项目合同应约定各方恪守廉洁从政、廉洁从业和防范腐败的责任。

（6）不弃权　项目合同应声明任何一方均不被视为放弃本合同中的任何条款，除非该方以书面形式做出放弃。任何一方未坚持要求对方严格履行本合同中的任何条款，或未行使其在本合同中规定的任何权利，均不应被视为对任何上述条款的放弃或对今后行使任何上述权利的放弃。

（7）通知　项目合同应约定通知的形式、送达、联络人、通信地址等事项。

（8）合同适用法律　项目合同适用中华人民共和国法律。

（9）适用语言　项目合同应约定合同订立及执行过程中所采用的语言。对于采用多种语言订立的项目合同，应明确以中文为准。

（10）适用货币　明确项目合同所涉及经济行为采用的支付货币类型。

（11）合同份数　项目合同应约定合同的正副本数量和各方持有份数，并明确合同正本和副本具有同等法律效力。

（12）合同附件　项目合同可列示合同附件名称。

思 考 题

1. 简述 PPP 项目采购的特点。
2. 简述《PPP 项目采购办法》主要内容。
3. 简述 PPP 项目的采购方式及适应条件。
4. PPP 项目的采购流程有哪些?
5.《政府和社会资本合作项目通用合同指南（2014 年版）》的编制原则是什么?

第 7 章
项目合同管理

7.1 合同概述

《中华人民共和国民法典》(以下简称《民法典》)第四百六十四条规定:"合同是民事主体之间设立、变更、终止民事法律关系的协议。""婚姻、收养、监护等有关身份关系的协议,适用有关该身份关系的法律规定;没有规定的,可以根据其性质参照适用本编规定。"

因此,合同有广义和狭义之分。广义的合同是指所有法律部门中确定权利、义务内容的协议,即一切合同,比如民事合同、行政合同、劳动合同等。

狭义的合同是指一切财产合同和身份合同的民事合同,其中财产合同包括债权合同、物权合同、准物权合同、知识产权合同;身份合同包括婚姻、收养、监护等有关身份关系的协议。最狭义的合同仅指民事合同中的债权合同,是指两个以上民事主体之间设立、变更、终止债权债务关系的协议。

7.1.1 合同的法律特征

(1) 合同是一种合法的民事法律行为 民事法律行为是指民事主体实施的能够设立、变更、终止民事权利义务关系的行为。民事法律行为以意思表示为核心,且按照意思表示的内容产生法律后果。作为民事法律行为,合同应当是合法的,即只有在合同当事人所做出的意思表示符合法律要求时,才能产生法律约束力,受到法律保护。如果当事人的意思表示违法,即使双方已经达成协议,也不能产生当事人预期的法律效果。

(2) 合同是两个或两个以上当事人意思表示一致的协议 合同是两个或两个以上的民事主体在平等自愿的基础上互相或平行做出意思表示,且意思表示一致而达成的协议。因此,合同的成立首先必须有两个或两个以上的合同当事人;其次,合同的各方当事人必须互相或平行做出意思表示;最后,各方当事人的意思表示一致。

(3) 合同以设立、变更、终止财产性的民事权利义务关系为目的 当事人订立合同都有一定的目的,都是为了各自的经济利益或共同的经济利益。同时,合同当事人为了实现或保证各自的经济利益或共同的经济利益,以合同的方式来设立、变更、终止财产性的民事权利义务关系。

（4）合同的订立、履行应当遵守法律、行政法规的规定　合同的主体必须合法，订立合同的程序必须合法，合同的形式必须合法，合同的内容必须合法，合同的履行必须合法，合同的变更、解除必须合法等。

（5）合同依法成立即具有法律约束力　所谓法律约束力，是指合同的当事人必须遵守合同的规定，如果违反，就要承担相应的法律责任。合同的法律约束力主要体现在以下两个方面：①不得擅自变更或解除合同；②违反合同应当承担相应的违约责任。除了不可抗力等法律规定的情况外，合同当事人不履行或者不完全履行合同时，必须承担违反合同的责任，即按照合同或法律的规定，由违反合同的一方承担违反合同的责任；同时，如果对方当事人仍要求违约方履行合同时，违反合同的一方当事人还应当继续履行。

7.1.2　合同遵守的基本原则

（1）平等原则　在合同法律关系中，当事人之间在合同的订立、履行和承担违约责任等方面，都处于平等的法律地位，彼此的权利义务对等。不论是自然人、法人还是非法人组织，不论所有制性质和经济实力，不论有无上下级隶属关系，合同一方当事人不得将自己的意志强加给另一方当事人。

（2）自愿原则　自然人、法人及非法人组织是否签订合同、与谁签订合同以及合同的内容和形式，除法律另有规定外，完全取决于当事人的自由意志，任何单位和个人不得非法干预。合同的自愿原则体现了民事活动的基本特征，是合同关系不同于行政法律关系、刑事法律关系的重要标志。

（3）公平原则　当事人设定民事权利和义务，承担民事责任等时要公正、公允，合情合理。不允许在订立、履行、终止合同关系时偏袒一方。合同的公平原则要求当事人依据社会公认的公平观念从事民事活动，体现了社会公共道德的要求。

（4）诚实信用原则　诚实信用原则是指当事人在行使权利、履行义务时，当事人在订立、履行合同的全过程中，都应当以真诚的善意，相互协作、密切配合、实事求是、讲究信誉，全面地履行合同所规定的各项义务。诚实信用原则的本质是将道德规范和法律规范合为一体，兼有法律调节和道德调节的双重职能。

（5）遵守法律和公序良俗原则　遵守法律与公序良俗原则是指自然人、法人和非法人组织在从事民事活动时，不得违反各种法律的强制性规定，不得违背公共秩序和善良习俗。公序良俗原则要求民事主体遵守社会公共秩序，遵循社会主体成员所普遍认可的道德准则，它可以弥补法律禁止性规定的不足。公序良俗是建设法治国家与法治社会的重要内容，也是衡量社会主义法治与德治建设水准的重要标志。公民在进行民事活动时既要遵守法律的规定，又要符合道德的要求。

7.1.3　合同的形式

合同的形式又称合同的方式，是指合同当事人双方对合同的内容、条款经过协商，做出共同的意思表示的具体形式。合同的形式是合同内容的外在表现，是合同内容的载体。

《民法典》第四百六十九条规定："当事人订立合同，可以采用书面形式、口头形式或者其他形式。"

（1）书面形式　书面形式是指合同书、信件、电报、电传、传真等可以有形地表现所载内容的形式。以电子数据交换、电子邮件等方式能够有形地表现所载内容，并可以随时调取查用的数据电文，视为书面形式。

书面合同的优点在于有据可查、权利义务记载清楚、便于履行，发生纠纷时容易举证和分清责任。书面合同是实践中广泛采用的一种合同形式。建设工程合同应当采用书面形式。

（2）口头形式　口头形式是指当事人用谈话的方式订立的合同，如当面交谈、电话联系等。口头合同形式一般运用于标的数额较小和即时结清的合同。例如，到商店、集贸市场购买商品，基本上都是采用口头合同形式。

以口头形式订立合同，其优点是建立合同关系简便、迅速，缔约成本低。但在发生争议时，难以取证、举证，不易分清当事人的责任，可通过开发票、购物小票等凭证加以补救。

（3）其他形式　其他形式是指除书面形式、口头形式以外的方式来表现合同内容的形式，主要包括默示形式和推定形式。默示形式是指当事人既不用口头形式、书面形式，也不用实施任何行为，而是以消极的不作为的方式进行的意思表示。默示形式只有在法律有特别规定的情况下才能运用。推定形式是指当事人不用语言、文字，而是通过某种有目的的行为表达自己意思的一种形式，从当事人的积极行为中，可以推定当事人已进行意思表示，如在自动售货机上投币购物。

7.1.4　项目采购合同的内容

在项目采购中，合同是对双方具有约束力的法律协议，它规定卖方提供买方所要求的产品（工程、货物或咨询服务），规定买方支付一定的金额。项目采购合同根据项目采购的对象可以分为工程采购合同、货物采购合同和咨询服务采购合同三类。

不同类型的采购合同的主要内容既有相似之处，也有差异。在签订合同的过程中，一般可以根据法律规定，参考现成的范本，然后根据具体情况，双方通过协商进行拟定。项目采购合同通常包括如下几个方面的内容：

（1）当事人的姓名或者名称和住所　这是合同必备的条款，要把各方当事人的名称或者姓名和住所都规定准确、清楚。

（2）标的　标的即合同法律关系的客体。标的可以是货物、劳务、工程项目或者货币等。标的是合同的核心，它是合同当事人权利和义务的焦点。尽管当事人双方签订合同的主观意向各有不同，但最后必须集中在一个标的上。因此，当事人双方签订合同时，首先要明确合同标的，没有标的或者标的不明确，必然会导致合同无法履行，甚至产生纠纷。

（3）数量　数量是衡量合同当事人权利义务大小、程度的尺度。因此，合同标的数量一定要确切，并应当采用国家标准或行业标准中确定的，或者当事人共同接受的计量方法和计量单位。

（4）质量　合同中应当对质量问题尽可能规定细致、准确和清楚。国家有强制性标准的，必须按照强制性标准执行。当事人可以约定质量检验方法、质量责任期限和条件、对质量提出异议的条件与期限等。

（5）价款或者报酬　价款通常是指一方当事人为取得对方标的物，而支付给对方一定数额的货币。报酬通常是指一方当事人向另一方提供劳务、服务等，从而向对方收取一定数额的货币报酬。

（6）履行期限、地点和方式　履行期限是指享有权利的一方要求对方履行义务的时间要求。它是权利主体行使请求权的时间界限，是确认合同是否按期履行或迟延履行的客观标准。履行地点是指合同当事人履行或接受履行合同规定义务的地点。履行方式是指当事人采用什么样的方式和手段来履行合同规定的义务，往往是根据合同的内容不同而不同。例如，交货方式、验收方式、付款方式和结算方式。

（7）违约责任　违约责任是指当事人不履行或者不适当履行合同规定的义务所应承担的法律责任。

为了保证合同义务的严格履行，及时解决合同纠纷，可以在合同中约定定金、违约金、赔偿金额以及赔偿金的计算方法等。

（8）解决争议的方法　解决争议的方法是指合同争议的解决途径，对合同条款发生争议时的解释以及法律适用等。解决争议的方法主要有四种：①和解；②调解；③仲裁；④诉讼。当事人可以约定解决争议的方法，如若通过诉讼解决争议则不用约定。

当事人可以参照各类合同的示范文本订立合同。

7.1.5　货物采购合同

货物采购合同，是指平等主体的自然人、法人、其他组织之间，为实现项目货物买卖，设立、变更、终止相互权利义务关系的协议。货物采购合同属于买卖合同，具有买卖合同的一般特点：

（1）出卖人与买受人订立买卖合同，是以转移财产所有权为目的　买卖合同的买受人取得财产所有权，必须支付相应的价款；出卖人转移财产所有权，必须以买受人支付价款为对价。

（2）买卖合同是双务、有偿合同　所谓双务、有偿，是指合同双方互负一定义务，出卖人应当保质、保量、按期交付合同订购的物资、设备，买受人应当按合同约定的条件接收货物并及时支付货款。

（3）买卖合同是诺成合同　除了法律有特殊规定的情况外，当事人之间意思表示一致，买卖合同即可成立，并不以实物的交付为合同成立的条件。

1. 货物采购合同的特点

货物采购合同与项目的顺利实施密切相关，其特点主要表现为：

（1）货物采购合同的当事人不确定　货物采购合同的买受人即采购人，可以是业主，也可以是承包人，依据合同来确定。例如，永久工程的大型设备一般情况下由发包人采购；施工中使用的建筑材料采购责任，按照施工合同专用条款的约定执行，可以是发包人负责采购供应，也可以由承包人负责采购（包工包料承包）。采购合同的出卖人即供货人，可以是生产厂家，也可以是从事物资流转业务的供应商。

（2）货物采购合同的标的差异较大　货物采购合同的标的品种繁多，如生产工具及设备、运输设备、通信设备、电子设备、施工机械等设备和钢筋、水泥、木材、燃料等材料。由于合同标的不同，在供货条件方面存在较大差异。

（3）货物采购合同的内容不同　由于货物采购合同标的品种众多，因此合同涉及的条款繁简程度差异较大。材料采购合同的条款一般限于交货阶段，主要涉及交接程序、检验方式和质量要求、合同价款的支付等。大型设备的采购，除了交货阶段的工作外，往往还需要包括设备生产阶段、设备安装调试阶段、设备试运行阶段、设备性能达标检验和保修等方面的条款约定。

（4）货物供应时机准确　货物采购合同与项目进度密切相关，出卖人必须严格按照合同约定的时间交付订购的货物。延误交货将导致项目进度的延迟，不能使项目及时发挥效益。另外，由于增加买受人的仓储保管费用等原因，提前交货通常买受人也不同意接受。例如，出卖人提前将500t水泥发运到施工现场，而买受人仓库已满，只能露天存放，为了防潮则需要投入很多资源进行维护保管。

2. 材料采购合同的主要内容

按照《民法典》的分类，材料采购合同属于买卖合同。国内物资购销合同的示范文本规定，合同条款应包括以下几方面内容：

1）产品名称、商标、型号、生产厂家、订购数量、合同金额、供货时间及每次供应数量。
2）质量要求的技术标准、供货方对质量负责的条件和期限。
3）交（提）货地点、方式。
4）运输方式及到站、港和费用的负担责任。
5）合理损耗及计算方法。
6）包装标准、包装物的供应与回收。
7）验收标准、方法及提出异议的期限。
8）随机备件、配件工具数量及供应方法。
9）结算方式及期限。
10）如需提供担保，另立合同担保书作为合同附件。
11）违约责任。
12）解决合同争议的方法。
13）其他约定事项。

3. 设备采购合同的主要内容

大型设备采购合同是指采购方（通常为业主，也可能是承包人）与供货方为提供项目所需要的大型复杂设备而签订的合同。大型设备采购合同的标的物可能是非标准产品，需要专门加工制作，也可能虽为标准产品，但技术复杂而市场需求量较小，一般没有现货供应，待双方签订合同后由供货方专门进行加工制作，因此属于承揽合同的范畴。一个较为完备的大型设备采购合同，通常由合同条款和附件组成。

（1）合同条款的主要内容　当事人双方在合同内根据具体订购设备的特点和要求，约定以下几个方面的内容：合同中的词语定义，合同标的，供货范围，合同价格，付款，交货和运输，包装与标记，技术服务，质量监造与检验，安装、调试、时运和验收，保证与索赔，保险，税费，分包与外购，合同的变更、修改、中止和终止，不可抗力，合同争议的解决及其他。

（2）主要附件　为了对合同中某些约定条款涉及内容较多部分做出更为详细的说明，还需要编制一些附件作为合同的一个组成部分。附件通常可能包括：技术规范，供货范围，技术资料的内容和交付安排，交货进度，监造、检验和性能验收试验，价格表，技术服务的内容，分包和外购计划，大部件说明表等。

7.1.6 施工合同

施工合同是指发包人与承包人就完成具体工程项目的建筑施工、设备安装、设备调试、工程保修等工作内容，确定双方权利和义务的协议。施工合同是双务有偿合同，在订立时应遵守自愿、公平、诚实信用等原则。

1. 施工合同的特点

施工合同的标的是将设计图纸变为满足功能、质量、进度、投资等发包人投资预期目的的建筑产品。建设工程施工合同还具有以下特点：

（1）合同标的的特殊性　施工合同的标的是各类建筑产品，建筑产品是不动产，建造过程中往往受到自然条件、地质水文条件、社会条件、人为条件等因素的影响，这就决定了每个施工合同的标的物不同于工厂批量生产的产品，具有单件性的特点。所谓"单件性"，是指不同地点建造的相同类型和级别的建筑，施工过程中所遇到的情况不尽相同，在甲工程施工中遇到的困难在乙工程不一定发生，而在乙工程施工中可能出现甲工程没有发生过的问题，相互间具有不可替代性。

（2）合同履行期限的长期性　建筑物的施工由于结构复杂、体积大、建筑材料类型多、工作量大，使得工期都较长（与一般工业产品的生产相比）。在较长的合同期内，双方履行义务往往会受到不可抗力、履行过程中法律法规政策的变化、市场价格的浮动等因素的影响，必然导致合同的内容约定、履行管理都很复杂。

（3）合同内容的复杂性　虽然施工合同的当事人只有两方，但履行过程中涉及的主体却有许多种，内容的约定还需要与其他相关合同相协调，如设计合同、供货合同、本工程的其他施工合同等。

2. 施工合同的主要内容

鉴于施工合同的内容复杂、涉及面宽，为了避免施工合同的编制者遗漏某些方面的重要条款，或条款约定责任不够公平合理，住房和城乡建设部、国家市场监督管理总局制定了《建设工程施工合同（示范文本）》（GF—2017—0201）（以下简称《示范文本》）。

施工合同文本的条款内容不仅涉及各种情况下双方的合同责任和规范化的履行管理程序，而且涵盖了非正常情况的处理原则，如变更、索赔、不可抗力、合同的被迫终止、争议的解决等方面。

示范文本中的条款属于推荐使用，应结合具体工程的特点加以取舍、补充，最终形成责任明确、操作性强的合同。作为推荐使用的 2017 版《示范文本》由合同协议书、通用合同条款和专用合同条款三部分组成，并包括了 11 个附件。

（1）合同协议书　《示范文本》中的合同协议书主要包括：工程概况、合同工期、质量标准、签约合同价和合同价格形式、项目经理、合同文件构成、承诺，以及合同生效条件等重要内容，集中约定了合同当事人基本的合同权利义务。

（2）通用合同条款　通用合同条款是合同当事人根据《中华人民共和国建筑法》（以下简称《建筑法》）等法律法规的规定，就工程建设的实施及相关事项，对合同当事人的权利义务做出的原则性约定。通用合同条款共计 20 条，具体条款分别为：一般规定、发包人、承包人、监理人、工程质量、安全文明施工与环境保护、工期和进度、材料与设备、试验与检验、变更、价格调整、合同价格、计量与支付、验收和工程试车、竣工结算、缺陷责任与保修、违约、不可抗力、保险、索赔和争议解决。前述条款安排既考虑了现行法律规范对工程建设的有关要求，也考虑了建设工程施工管理的特殊需要。

（3）专用合同条款　专用合同条款是对通用合同条款原则性约定的细化、完善、补充、修改或另行约定的条款。合同当事人可以根据不同建设工程的特点及具体情况，通过双方的谈判、协商对相应的专用合同条款进行修改补充。专用合同条款的编号应与相应的通用合同条款的编号一致。

（4）附件　《示范文本》包括了11个附件，分别为协议书附件：承包人承揽工程项目一览表；专用合同条款附件：发包人供应材料设备一览表、工程质量保修书、主要建设工程文件目录、承包人用于本工程施工的机械设备表、承包人主要施工管理人员表、分包人主要施工管理人员表、履约担保格式、预付款担保格式、支付担保格式、暂估价一览表。

合同协议书范本如下：

第一部分　合同协议书

发包人（全称）：_____

承包人（全称）：_____

根据《中华人民共和国民法典》《中华人民共和国建筑法》及有关法律规定，遵循平等、自愿、公平和诚实信用的原则，双方就_____工程施工及有关事项协商一致，共同达成如下协议：

一、工程概况

1. 工程名称：_____。

2. 工程地点：_____。

3. 工程立项批准文号：_____。

4. 资金来源：_____。

5. 工程内容：_____。

群体工程应附《承包人承揽工程项目一览表》（附件1）。

1. 工程承包范围：_____。

二、合同工期

计划开工日期：_____年____月____日。

计划竣工日期：_____年____月____日。

工期总日历天数：_____天。工期总日历天数与根据前述计划开工、竣工日期计算的工期天数不一致的，以工期总日历天数为准。

三、质量标准

工程质量符合_____标准。

四、签约合同价与合同价格形式

1. 签约合同价为：

人民币（大写）_____（¥_____元）；

其中：

（1）安全文明施工费：

人民币（大写）_____（¥_____元）；

（2）材料和工程设备暂估价金额：

人民币（大写）_____（¥_____元）；

（3）专业工程暂估价金额：

人民币（大写）_____（¥_____元）；

（4）暂列金额：

人民币（大写）_____（¥_____元）。
2. 合同价格形式：_____。
五、项目经理
承包人项目经理：_____。
六、合同文件构成
本协议书与下列文件一起构成合同文件：
（1）中标通知书（如果有）。
（2）投标函及其附录（如果有）。
（3）专用合同条款及其附件。
（4）通用合同条款。
（5）技术标准和要求。
（6）图纸。
（7）已标价工程量清单或预算书。
（8）其他合同文件。
在合同订立及履行过程中形成的与合同有关的文件均构成合同文件组成部分。
上述各项合同文件包括合同当事人就该项合同文件所做出的补充和修改，属于同一类内容的文件，应以最新签署的为准。专用合同条款及其附件须经合同当事人签字或盖章。

七、承诺
1. 发包人承诺按照法律规定履行项目审批手续、筹集工程建设资金并按照合同约定的期限和方式支付合同价款。
2. 承包人承诺按照法律规定及合同约定组织完成工程施工，确保工程质量和安全，不进行转包及违法分包，并在缺陷责任期及保修期内承担相应的工程维修责任。
3. 发包人和承包人通过招投标形式签订合同的，双方理解并承诺不再就同一工程另行签订与合同实质性内容相背离的协议。

八、词语含义
本协议书中词语含义与第二部分通用合同条款中赋予的含义相同。

九、签订时间
本合同于_____年___月___日签订。

十、签订地点
本合同在_____签订。

十一、补充协议
合同未尽事宜，合同当事人另行签订补充协议，补充协议是合同的组成部分。

十二、合同生效
本合同自_____生效。

十三、合同份数
本合同一式___份，均具有同等法律效力，发包人执___份，承包人执___份。
发包人：　（公章）　　　　承包人：　（公章）

法定代表人或其委托代理人：　法定代表人或其委托代理人：
（签字）　　　　　　　　　　（签字）
组织机构代码：_____　　组织机构代码：_____
地　　址：_____　　　地　　址：_____
邮政编码：_____　　　邮政编码：_____

法定代表人：_____　　法定代表人：_____
委托代理人：_____　　委托代理人：_____
电　　话：_____　　电　　话：_____
传　　真：_____　　传　　真：_____
电子信箱：_____　　电子信箱：_____
开户银行：_____　　开户银行：_____
账　　号：_____　　账　　号：_____

7.1.7　勘察合同

1. 《建设工程勘察合同（示范文本）》概述

建设工程勘察合同是指根据建设工程的要求，查明、分析、评价建设场地的地质地理环境特征和岩土工程条件，编制建设工程勘察文件订立的协议。建设工程勘察的内容一般包括工程测量、水文地质勘察和工程地质勘察。目的在于查明工程项目建设地点的地形地貌、地层土壤岩型、地质构造、水文条件等自然地质条件资料，进行鉴定和综合评价，为建设项目的工程设计和施工提供科学的依据。2016年住房和城乡建设部、国家市场监督管理总局对《建设工程勘察合同（一）［岩土工程勘察、水文地质勘察（含凿井）、工程测量、工程物探］》（GF—2000—0203）及《建设工程勘察合同（二）［岩土工程设计、治理、监测］》（GF—2000—0204）进行修订，制定了《建设工程勘察合同（示范文本）》（GF—2016—0203）（以下简称《示范文本》）。

2. 《建设工程勘察合同（示范文本）》的组成

《示范文本》由合同协议书、通用合同条款和专用合同条款三部分组成。

（1）合同协议书　《示范文本》合同协议书共计12条，主要包括工程概况、勘察范围和阶段、技术要求及工作量、合同工期、质量标准、合同价款、合同文件构成、承诺、词语定义、签订时间、签订地点、合同生效和合同份数等内容，集中约定了合同当事人基本的合同权利义务。

（2）通用合同条款　通用合同条款是合同当事人根据《建筑法》《招标投标法》等相关法律法规的规定，就工程勘察的实施及相关事项对合同当事人的权利义务做出的原则性约定。

通用合同条款具体包括一般约定、发包人、勘察人、工期、成果资料、后期服务、合同价款与支付、变更与调整、知识产权、不可抗力、合同生效与终止、合同解除、责任与保险、违约、索赔、争议解决及补充条款共计17条。上述条款安排既考虑了现行法律法规对工程建设的有关要求，也考虑了工程勘察管理的特殊需要。

（3）专用合同条款　专用合同条款是对通用合同条款原则性约定的细化、完善、补充、修改或另行约定的条款。合同当事人可以根据不同建设工程的特点及具体情况，通过双方的谈判、协商对相应的专用合同条款进行修改补充。在使用专用合同条款时，应注意以下事项：①专用合同条款编号应与相应的通用合同条款编号一致；②合同当事人可以通过对专用合同条款的修改，满足具体项目工程勘察的特殊要求，避免直接修改通用合同条款；③在专用合同条款中有横道线的地方，合同当事人可针对相应的通用合同条款进行细化、完善、补充、修改或另行约定；如无细化、完善、补充、修改或另行约定，则填写"无"或画"/"。

7.1.8 设计合同

1. 《建设工程设计合同（示范文本）》概述

建设工程设计合同是指根据建设工程的要求，对建设工程所需的技术、经济、资源、环境等条件进行综合分析、论证，编制建设工程设计文件的协议。在建设项目的选址和设计任务书已确定的情况下，建设项目是否能保证技术上先进和经济上合理，设计将起着决定性作用。

住房和城乡建设部、国家市场监督管理总局制定了《建设工程设计合同示范文本（房屋建筑工程）》（GF—2015—0209）和《建设工程设计合同示范文本（专业建设工程）》（GF—2015—0210）（以下简称《示范文本》）两个版本。

（1）《示范文本（房屋建筑工程）》的性质和使用范围　《示范文本（房屋建筑工程）》供合同双方当事人参照使用，可适用于方案设计招标投标、队伍比选等形式下的合同订立。

《示范文本（房屋建筑工程）》适用于建设用地规划许可证范围内的建筑物构筑物设计、室外工程设计、民用建筑修建的地下工程设计及住宅小区、工厂厂前区、工厂生活区、小区规划设计及单位设计等，以及所包含的相关专业的设计内容（总平面布置、竖向设计、各类管网管线设计、景观设计、室内外环境设计及建筑装饰、道路、消防、智能、安保、通信、防雷、人防、供配电、照明、废水治理、空调设施、抗震加固等）等工程设计活动。

（2）《示范文本（专业建设工程）》的性质和使用范围　《示范文本（专业建设工程）》供合同双方当事人参照使用。

《示范文本（专业建设工程）》适用于房屋建筑工程以外各行业建设工程项目的主体工程和配套工程（含厂/矿区内的自备电站、道路、专用铁路、通信、各种管网管线和配套的建筑物等全部配套工程）以及主体工程、配套工程相关的工艺、土木、建筑、环境保护、水土保持、消防、安全、卫生、节能、防雷、抗震、照明工程等工程设计活动。

房屋建筑工程以外的各行业建设工程统称为专业建设工程，具体包括煤炭、化工石化医药、石油天然气（海洋石油）、电力、冶金、军工、机械、商物粮、核工业、电子通信广电、轻纺、建材、铁道、公路、水运、民航、市政、农林、水利、海洋等工程。

2. 《建设工程设计合同（示范文本）》的组成

《设计合同示范文本（房屋建筑工程）》和《设计合同示范文本（专业建设工程）》的组成相同，均由合同协议书、通用合同条款和专用合同条款三部分组成。

（1）合同协议书　《示范文本》合同协议书集中约定了合同当事人基本的合同权利义务。

（2）通用合同条款　通用合同条款是合同当事人根据《建筑法》等相关法律法规的规定，就工程设计的实施及相关事项对合同当事人的权利义务做出的原则性约定。

通用合同条款既考虑了现行法律法规对工程建设的有关要求，也考虑了工程设计管理的特殊需要。

（3）专用合同条款　专用合同条款是对通用合同条款原则性约定的细化、完善、补充、修改或另行约定的条款。合同当事人可以根据不同建设工程的特点及具体情况，通过双方的谈判、协商对相应的专用合同条款进行修改补充。在使用专用合同条款时，应注意以下事项：①专用合同条款编号应与相应的通用合同条款编号一致；②合同当事人可以通过对专用合同条款的修改，满足具体建设工程勘察的特殊要求，避免直接修改通用合同条款；③在专用合同条款中有横道线的地方，合同当事人可针对相应的通用合同条款进行细化、完善、补充、修改或另行约定；如无细化、完善、补充、修改或另行约定，则填写"无"或画"/"。

7.1.9 监理合同

建议工程委托监理合同简称监理合同，是指由建设单位（委托人）委托和授权具有相应资质的监理单位（监理人）为其对工程建设的全过程或某个阶段进行监督和管理而签订的、明确双方权利和义务的协议。

1. 监理合同的特点

从《民法典》的角度看，监理合同属于分则中所列 19 种有名合同中委托合同的范畴，因而具有委托合同的特征，例如诺成、双务合同等。此外，由于监理对象（建设工程）的复杂性，委托监理合同还具有以下特点：

（1）监理合同的当事人双方应当具有民事权利能力和民事行为能力 作为委托人，必须是有国家批准的建设项目，落实投资计划企事业单位、其他社会组织和在法律允许范围内的个人；作为受托人，必须是依法成立、具有法人资格并且具有相应资质的监理企业。目前，监理企业资质分为综合类资质、专业类资质和事务所资质三个序列。综合类资质、事务所资质不分级别。专业类资质按照工程性质和技术特点划分为房屋建筑工程、冶炼工程、矿山工程、石油化工工程、水利水电工程、电力工程、农林工程、铁路工程、公路工程、港口与航道工程、航天航空工程、通信工程、市政公用工程、机电安装工程共 14 个工程类别，分为甲级，乙级；其中，房屋建筑、水利水电、公路和市政公用专业资质可设立丙级。工程监理企业可以根据其资质等级，监理经核定的工程类别中相应等级的工程。

（2）监理合同委托的工作内容及订立应符合工程项目建设程序 所谓建设程序是指一项建设工程从设想、提出、评估到决策，经过设计、施工、验收，直至投产或交付使用的整个过程中，应当遵循的内在规律。我国工程建设程序已不断完善。监理合同以对建设工程实施控制和管理为主要内容，因此监理合同订立前应审查工程建设各阶段的相关文件是否齐备。双方签订合同必须符合建设程序，符合国家和建设行政主管部门颁发的有关建设工程的法律、行政法规、部门规章和各种标准、规范要求。

（3）委托监理合同的标的是服务 建设工程实施阶段所签订的其他合同，如勘察设计合同、施工承包合同、物资采购合同、加工承揽合同的标的是产生新的物质成果或信息成果，而建设工程监理的工作机理是监理工程师根据自己的知识、经验、技能受建设单位委托为其所签订其他合同的履行实施监督和管理。从合同法律关系的构成要素上来说，监理合同的客体属于行为，因而监理合同的标的应该是监理服务。这一特点决定了监理合同从订立到履行的管理重点。

2. 监理合同的主要内容

由住房和城乡建设部、国家工商行政管理局于 2012 年 3 月制定的《建设工程监理合同（示范文本）》（GF—2012—0202）由协议书、通用条件、专用条件以及两个附录组成。

（1）协议书 "建设工程监理合同协议书"是一个总的协议，是纲领性文件，其主要内容是当事人双方确认的委托监理工程的概况（工程名称、工程地点、工程规模及总投资）；总监名称、合同酬金和监理期限；双方愿意履行约定的各项义务的承诺，以及合同文件的组成。

协议书是一份标准的格式文件，经当事人双方在有限的空格内填写具体规定的内容并签字盖章后，即发生法律效力。

对委托人和监理人有约束力的合同，除双方签署的合同协议书外，还包括以下文件：
1）中标通知书（适用于招标工程）或委托书（适用于非招标工程）。
2）投标文件（适用于招标工程）或监理与相关服务建议书（适用于非招标工程）。
3）专用条件。
4）通用条件。
5）在实施过程中双方共同签署的补充与修正文件。

（2）通用条件　通用条件是监理合同的通用文本，适用于各类建设工程监理委托，是所有监理工程都应遵守的基本条件。内容包括合同中的所有定义、监理人义务、委托人义务、违约责任、支付、合同生效、变更、暂停、解除和终止、争议解决和其他等内容。它是委托监理合同的通用文件，适用于各类建设工程项目监理。各个委托人、监理人都应遵守。

（3）专用条件　专用条件是在签订具体监理合同时，就地域特点、专业特点和委托监理项目的特点，对标准条件中的某些条款进行补充、修改。

合同协议书范本如下：

第一部分　合同协议书

委托人（全称）：_____。
监理人（全称）：_____。
根据《中华人民共和国民法典》《中华人民共和国建筑法》及其他有关法律、法规，遵循平等、自愿、公平和诚信的原则，双方就下述工程委托监理与相关服务事项协商一致，订立本合同。

一、工程概况
1. 工程名称：_____。
2. 工程地点：_____。
3. 工程规模：_____。
4. 工程概算投资额或建筑安装工程费：_____。

二、词语限定
协议书中相关词语的含义与通用条件中的定义与解释相同。

三、组成本合同的文件
1. 协议书。
2. 中标通知书（适用于招标工程）或委托书（适用于非招标工程）。
3. 投标文件（适用于招标工程）或监理与相关服务建议书（适用于非招标工程）。
4. 专用条件。
5. 通用条件。
6. 附录，即：
附录A　相关服务的范围和内容
附录B　委托人派遣的人员和提供的房屋、资料、设备
本合同签订后，双方依法签订的补充协议也是本合同文件的组成部分。

四、总监理工程师
总监理工程师姓名：_____；身份证号码：_____；注册号：_____。

五、签约酬金
签约酬金（大写）：＿＿＿＿＿＿＿＿＿＿＿＿（¥＿＿＿＿＿）。
包括：
1. 监理酬金：＿＿＿＿＿＿＿＿＿＿＿＿＿＿＿。
2. 相关服务酬金：＿＿＿＿＿＿＿＿＿＿＿＿＿。
其中：
(1) 勘察阶段服务酬金：＿＿＿＿＿＿＿＿＿＿＿＿。
(2) 设计阶段服务酬金：＿＿＿＿＿＿＿＿＿＿＿＿。
(3) 保修阶段服务酬金：＿＿＿＿＿＿＿＿＿＿＿＿。
(4) 其他相关服务酬金：＿＿＿＿＿＿＿＿＿＿＿＿。

六、期限
1. 监理期限：
自＿＿＿＿年＿月＿日始，至＿＿＿＿年＿月＿日止。
2. 相关服务期限：
(1) 勘察阶段服务期限自＿＿＿＿年＿月＿日始，至＿＿＿＿年＿月＿日止。
(2) 设计阶段服务期限自＿＿＿＿年＿月＿日始，至＿＿＿＿年＿月＿日止。
(3) 保修阶段服务期限自＿＿＿＿年＿月＿日始，至＿＿＿＿年＿月＿日止。
(4) 其他相关服务期限自＿＿＿＿年＿月＿日始，至＿＿＿＿年＿月＿日止。

七、双方承诺
1. 监理人向委托人承诺，按照本合同约定提供监理与相关服务。
2. 委托人向监理人承诺，按照本合同约定派遣相应的人员、提供房屋、资料、设备，并按本合同约定支付酬金。

八、合同订立
1. 订立时间：＿＿＿＿＿＿＿年＿＿＿＿月＿＿＿＿日。
2. 订立地点：＿＿＿＿＿＿＿＿＿＿＿＿＿＿＿＿。
3. 本合同一式＿＿＿份，具有同等法律效力，双方各执＿＿＿份。

委托人：＿＿＿（盖章）　　　　　监理人：＿＿＿（盖章）
住所：＿＿＿＿＿＿＿　　　　　　住所：＿＿＿＿＿＿＿
邮政编码：＿＿＿＿＿　　　　　　邮政编码：＿＿＿＿＿
法定代表人或其授权的代理人：（签字）　法定代表人或其授权的代理人：（签字）
开户银行：＿＿＿＿＿　　　　　　开户银行：＿＿＿＿＿
账号：＿＿＿＿＿＿＿　　　　　　账号：＿＿＿＿＿＿＿
电话：＿＿＿＿＿＿＿　　　　　　电话：＿＿＿＿＿＿＿
传真：＿＿＿＿＿＿＿　　　　　　传真：＿＿＿＿＿＿＿
电子邮箱：＿＿＿＿＿　　　　　　电子邮箱：＿＿＿＿＿

7.2 项目采购合同管理的过程

在买卖双方签订合同之后，项目采购管理就进入了合同管理阶段。合同管理是确保卖方履行合同要求、提供合格产品的过程。对于具有多个产品供应方的大型项目，合同管理的重点是管理各供应方之间的关系。

合同管理是圆满完成项目采购的重要过程。只有实行质量、进度、费用以及合同商务、法律等方面的全面管理，才能达到质量、进度和成本控制的目的，从而实现项目预期的经济效益和社会效益。

合同管理往往涉及其他项目管理的过程，或者说，合同管理与整体项目管理的其他部分存在着信息集成关系。与合同管理存在着关联的项目管理过程主要包括：

1）项目计划执行，授权承包商在适当时间内工作。
2）绩效报告，监控承包商费用、进度和技术绩效。
3）质量控制，检查和核实承包商产品是否满足要求。
4）变更控制，确保变更经过批准，并通知有关人员。

合同管理中还应包括财务管理部分，合同中应该说明付款条件，并应建立卖方实际执行进度和费用支付之间的联系。

合同管理的过程，如图7-1所示。

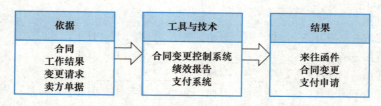

图7-1 合同管理的过程

7.2.1 合同管理的依据

买卖双方签订合同后，就需要在项目的实施过程中共同开展合作，处理好项目采购合同规定的供应工作，以保证项目合同的顺利实施。在项目合同管理中，买方在合同实施管理与控制方面所需的依据主要包括合同、工作结果、变更请求和卖方单据。

（1）合同　在项目采购合同中明确规定了项目业主和供应商或承包商的权利与义务，以及有关采购货物或服务的具体交付计划；它是项目业主和供应商或承包商开展项目合同管理的重要依据之一。

（2）工作结果　卖方的工作结果是指卖方提供货物或服务和履约的实际情况信息，即关于卖方已经交付了哪些货物或服务、哪些还没交付、以及这些货物或服务的质量达到什么程度和究竟发生了多大的采购成本等信息。买方可以根据这些信息监控卖方的合同履约活动。工作结果作为项目计划执行成果的一部分。

（3）变更请求　随着项目的进展，可能会因各种原因而需要对项目合同进行变更。例如，项目实施进度计划的调整、供应商或承包商因自身因素不能履约等都可能导致对某些合同条款提出变更请求。变更请求可以由买方或卖方提出，其内容包括对合同条款或应提供的产品说明的修改。如果不满意卖方的工作，那么终止合同的决定也可作为变更申请处理。对有争议的变更，即卖方和项目管理团队不能就变更补偿达成一致，可以称作索赔、争议和申诉等。

（4）卖方单据　卖方在发出货物或提供服务以后，必须及时向项目业主提交相应单据，以便对已完成供货或服务请求付款。在合同中应对单据的要求以及必要的支持文件进行明确规定，并将其作为项目合同管理的重要信息和依据之一进行管理。

7.2.2 合同管理的工具和技术

1. 合同变更控制系统

合同变更可以由业主提出,也可以由承包商提出。无论是业主还是承包商提出合同的变更,都需要一套有效的合同变更控制方法。合同的变更处理好了,可以改进合作方式,提高项目的绩效;处理得不好,很容易引起纠纷。

合同中一般都规定了对合同变更的处理和控制方法,即所谓的合同变更控制系统。合同变更控制系统规定了合同修改的过程,包括书面文书处理工作、变更跟踪系统、争议解决程序,以及批准变更所需的审批层次。

合同变更控制系统应当与整体变更控制系统结合起来。变更控制系统对于项目的成功来说非常重要。目前已经有很多成功应用变更控制系统的案例。大部分项目执行组织都有自己的变更控制系统,可以在项目执行过程中使用。如果没有一个适当的变更控制系统可供项目使用,项目管理团队就需要建立一个变更控制系统并作为项目的一部分。

2. 绩效报告

绩效报告涉及收集和分发绩效信息,以便使项目关系人了解项目团队是如何使用项目资源以实现项目目标的。业主根据绩效报告与合同(或合同附件)中的规定进行比较,以监控卖方各方面的绩效。该报告包括以下内容:

(1)状态报告 描述项目目前所处位置,例如与进度计划和预算指标相关的状态。

(2)进度报告 描述项目队伍的成绩,例如进度计划完成百分比,或者完成的任务有哪些,没完成的任务有哪些。

(3)预测 预计项目未来的状况和进度。

绩效报告一般应提供关于范围、进度计划、成本和质量的信息。许多项目还要求提供关于风险和采购的信息。报告可以是综合的,也可以是以例外报告为基础的。

根据绩效报告,项目业主可以对卖方的工作进行必要的跟踪与评价管理,了解有关卖方履行合同的实际情况和相关信息。根据这些信息,项目业主可以对卖方开展必要的项目合同控制工作。例如,在成本补偿合同的履约过程中,项目业主会要求卖方及时提供货物和服务的成本情况,以及它们与项目成本预算计划相比较的分析情况;当发现项目实际成本超出预算计划时,就必须及时对项目供应实施情况进行调整。另外,绩效报告还可以反映卖方提供货物或服务的及时性,如果卖方不能按时按质交付项目所需货物或劳务,那么就需要调整原定的项目进度计划。

绩效报告常用的格式有横道图、S曲线图、直方图和表格。表7-1是以表格形式描述的绩效报告。

表7-1 表格式绩效报告

工作分解结构(WBS)组成部分	预算成本(PV)(元)	净值(EV)(元)	实际成本(AC)(元)	成本偏差		进度偏差		成本绩效指数 CPI = EV/AC	进度绩效指数 SPI = EV/PV
				CV=EV-AC(元)	CV/EV(%)	SV=EV-PV(元)	SV/PV(%)		
1. 前期计划编制	86000	65000	76000	-11000	-16.92	-21000	-24.42	0.86	0.76
2. 检查表草案	88000	62000	60000	2000	3.23	-26000	-29.55	1.03	0.70

(续)

工作分解结构（WBS）组成部分	预算成本（PV）（元）	净值（EV）（元）	实际成本（AC）（元）	成本偏差 CV=EV−AC（元）	成本偏差 CV/EV（％）	进度偏差 SV=EV−PV（元）	进度偏差 SV/PV（％）	成本绩效指数 CPI=EV/AC	进度绩效指数 SPI=EV/PV
3. 课题涉及	25000	22000	26000	−4000	−18.18	−3000	−12.00	0.85	0.88
4. 中期评估	86000	75000	72000	3000	4.00	−11000	−12.79	1.04	0.87
5. 实施支持	22000	12000	12000	0	0	−10000	−45.45	1.00	0.55
6. 实践手册	1000	8000	5000	3000	37.50	7000	700.00	1.60	8.00
7. 推广计划	25000	12000	18000	−6000	−50.00	−13000	−52.00	0.67	0.48

3. 支付系统

对卖方的付款通常由执行组织的应付款系统处理。对于有多项采购或复杂采购的大型项目，项目可以开发自己的支付系统。无论哪种情况，这个系统必须包括项目管理团队对支付的适当审查和批准。

根据国际惯例，项目采购合同的支付方式一般有两种：一种是现金支付（这只能在规定所限的金额内使用），另一种是转账支付（通过开户银行将资金从付款单位的账户转入收款单位的账户）。项目业主与供应商或承包商之间为项目采购合同支付的货款和报酬大都是采用转账结算的方式进行的。项目业主通常应依据合同规定，按卖方提交的单据进行付款，并严格管理这些支付活动过程。

7.2.3 合同管理的结果

1. 来往函件

合同条款经常规定买方与卖方某些方面的沟通需要使用书面文件，例如对不令人满意的实施情况的警告、合同变更或情况的澄清。这些合同管理过程中产生的来往函件应该收集起来并归档。

2. 合同变更

不管是批准的合同变更还是未批准的合同变更，都要通过有关的项目计划和项目采购过程进行反馈，并在必要时更新项目计划或其他相关的文件。

3. 支付申请

这里假定项目使用的是外部支付系统。如果项目有自己的内部系统，这里的结果就是简单的"支付"。

7.2.4 货物价款的结算

货物采购的途径有国内采购和国外进口两种形式，针对不同的采购途径，货物价款结算的方式各有不同。这里重点介绍建设项目中货物价款结算。

1. 国内货物价款结算

（1）国内设备价款的支付与结算　建设单位对订购的设备、工具器一般不预付定金，只对制造期在半年以上的大型专用设备和船舶的价款，按合同分期付款。有的合同规定，设备购置方扣留一定比例的质量保证金,待设备运抵现场验收合格或质量保证期届满时再返还质量保证金。建设单位收设备及器具后,要按合同规定及时结算付款,不应无故拖欠。如果资金不足而延期付款,那么要支付一定的赔偿金。

(2) 国内材料价款结算 建筑安装工程承发包双方的材料往来,可以按以下方式结算:

1) 由承包单位自行采购建筑材料的,发包单位可以在双方签订工程承包合同后按年度工作量的一定比例向承包单位预付备料资金,预付的备料款可从竣工前未完工程所需材料价值相当于预付备料款额度时起,在工程价款结算时按材料款占结算价款的比重陆续抵扣;也可按有关文件规定办理。

2) 按工程承包合同规定,由承包方包工包料的,则由承包方负责购货付款,并按规定向发包方收取备料款。

3) 按工程承包合同规定,由发包单位供应材料的,其材料可按材料预算价格转给承包单位。材料价款在结算工程款时陆续抵扣,这部分材料,承包单位不应收取备料款。

2. 进口设备价款结算

进口设备分为标准机械设备和专制机械设备两类。标准机械设备是指通用性广泛的、供应商(厂)有现货,可以立即提交的货物。专制机械设备是指根据业主提交的定制设备图纸专门为该业主制造的设备。

标准机械设备的结算,大都使用国际贸易广泛使用的不可撤销的信用证。这种信用证在合同生效之后一定日期由买方委托银行开出,经买方认可的卖方所在地银行为议付银行。以卖方为收款人的不可撤销的信用证,其金额与合同总额相等。

专制机械设备的结算一般分为三个阶段,即预付款、阶段付款和最终付款。一般专制机械设备的采购,在合同签订后开始制造前,由买方向卖方提供合同总价的10%~20%的预付款。按照合同条款,当机械制造开始加工到一定阶段,可按设备合同价一定的百分比进行付款。阶段的划分是当专制机械设备加工制造到关键部位时进行一次付款,到货物装船买方收货验收后再付一次款。每次付款都应在合同条款中做较详细的规定。最终付款是指在保证期结束时的付款。

7.2.5 工程价款的结算

1. 工程价款的结算方式

(1) 按月结算 实行旬末或月中预支、月终结算、竣工后清算的方法。对于跨年度竣工的工程,在年终进行工程盘点,办理年度结算。我国现行建筑安装工程价款结算中,有相当一部分是实行这种按月结算。

(2) 竣工后一次结算 建设项目或单项工程全部建筑安装工程建设期在12个月以内,或者工程承包合同价值在100万元以下的,可以实行工程价款每月月中预支,竣工后一次结算。

(3) 分段结算 分段结算即对于当年开工而当年不能竣工的单项工程或单位工程,按照工程形象进度,划分不同阶段进行结算。分段结算可以按月预支工程款。分段的划分标准,由各部门、自治区、直辖市、计划单列市规定。

(4) 目标结款方式 目标结款方式即在工程合同中,将承包工程的内容分解成不同的控制界面,以业主验收控制界面作为支付工程价款的前提条件。也就是说,将合同中的工程内容分解成不同的验收单元，当承包商完成单元工程并经业主（或其委托人）验收后，业主支付构成单元工程内容的工程价款。目标结款方式下，承包商要想获得工程价款，必须按照合同约定的质量标准完成界面内的工程内容；要想尽早获得工程价款，承包商必须充分发挥自己的组织实施能力，在保证质量的前提下，加快施工进度。在目标结款方式中，对控制界面的设定应明确描述，便于量化和质量控制，同时要适应项目资金的供应周期和支付频率。

（5）其他结算方式　其他结算方式即结算双方约定的其他结算方式。

2. 工程价款的结算内容

（1）工程预付款　施工企业承包工程，一般都实行包工包料，这就需要有一定数量的备料周转金。在工程承包合同条款中，一般要明文规定发包单位（甲方）在开工前拨付给承包单位（乙方）一定限额的工程预付备料款。此预付款构成施工企业为该承包工程项目储备主要材料、结构件所需的流动资金。按照我国有关规定，实行工程预付款的，双方应当在专用条款内约定发包方向承包方预付工程款的时间和数额，开工后按约定的时间和比例逐次扣回。工程预付款仅用于承包方支付施工开始时与本工程有关的动员费用。如承包方滥用此款，发包方有权立即收回。在承包方向发包方提交金额等于预付款数额（发包方认可的银行开出）的银行保函后，发包方按规定的金额和规定的时间向承包方支付预付款，在发包方全部扣回预付款之前，该银行保函将一直有效。当预付款被发包方扣回时，银行保函金额相应递减。

（2）工程进度款　施工企业在施工过程中，按逐月（或形象进度、控制界面等）完成的工程数量计算各项费用，向建设单位（业主）办理工程进度款的支付（中间结算）。以按月结算为例，现行的中间结算办法是，施工企业在旬末或月中向建设单位提出预支工程款账单，预支一旬或半月的工程款。

月终再提出工程款结算账单和已完工程月报表，收取当月工程价款，并通过银行进行结算。按月进行结算，要对现场已施工完毕的工程逐一进行清点，资料提出后要交监理工程师和建设单位审查鉴证。为简化手续，多年来采用的办法是以施工企业提出的统计进度月报表为支取工程款的凭证，即通常所称的工程进度款。

（3）工程保修金（尾留款）　按照有关规定，工程项目总造价中应预留出一定比例的尾留款作为质量保修费用（又称保留金），待工程项目保修期结束后最后拨付。有关尾留款应如何扣除，一般有两种做法：一是当工程进度款拨付累计额达到该建筑安装工程造价的一定比例（一般为95%~97%）时，停止支付，预留造价部分作为尾留款；二是尾留款（保留金）的扣除也可以从发包方向承包方第一次支付的工程进度款开始，在每次承包方应得的工程款中扣除投标书附录中规定金额作为保留金，直至保留金总额达到投标书附录中规定的限额为止。

（4）其他费用　其他费用主要包括安全施工方面的费用、专利技术及特殊工艺涉及的费用、文物和地下障碍物涉及的费用等。

（5）工程竣工结算　工程竣工结算是指施工企业按照合同规定的内容全部完成所承包的工程，经验收质量合格，并符合合同要求之后，向发包单位进行的最终工程价款结算。在实际工作中，当年开工、当年竣工的工程，只需办理一次性结算。跨年度的工程，在年终办理一次年终结算，将未完工程结转到下一年度，此时竣工结算等于各年度结算的总和。

7.3 项目采购合同的变更、解除和终止

7.3.1 合同的变更

在采购合同的实施过程中，很少能够完全按照计划顺利进行，项目的变动是难免的，这就需要进行相应的合同变更。合同变更应当符合合同签订的原则和程序。

1. 合同变更的概念

合同的变更是指合同依法成立后尚未履行或尚未完全履行时，经双方当事人同意，依照法律规定的条件和程序，对原合同条款进行的修改和补充所达成的协议。

合同变更有广义与狭义之分。广义的合同变更是指合同的主体和合同的内容发生变化。主体变更主要是指以新的主体取代原合同关系的主体，这种变更并未使合同的内容发生变化，也即合同的转让。狭义的合同变更主要是指合同内容的变更。狭义合同变更是指合同成立后，尚未履行或者未完成履行以前，当事人就合同的内容达成修改或补充的协议。《民法典》第五百四十三条规定："当事人协商一致，可以变更合同。"《民法典》的这一条款，实际上就是指狭义的合同变更。

2. 合同变更的原因

合同变更的原因主要有以下几种：

1）在合同签订过程中，签订合同的双方往往由于时间紧迫、急于求成、缺乏经验等原因，没有充分考虑合同各个方面的影响因素，有可能存在许多疏漏。这些疏漏常常在合同的执行过程中才被发现，所以产生变更合同的需求。

2）在项目采购合同的实施过程中，由于外部环境的不确定性，外界不可预见的状况有可能带来合同变更的需求，例如市场需求的变化、技术的进步、国家政策的限制等。特别是那些期限长、复杂性高的项目受外部环境的影响尤为明显，随着项目的进行，原来的合同与计划可能会变得不经济，就需要变更合同。

3）在合同的执行过程中，合同双方当事人可能发现比原合同更好的、对双方都有利的解决问题的方式，虽然不变更合同也是可以进行下去的，但是基于使项目朝更有利的方向进展的考虑，双方当事人就可能通过协商达到合同变更的结果。

3. 合同变更的主要内容

从形式上看，合同变更就是用一份更改后的合同取代原合同，但是合同的主要内容没有本质的改变。如果主要内容和项目性质有很大的改变，就叫作签订新合同，不属于本节的讨论范围。合同变更的主要内容可以有以下几种：

1）改变工程量或产品数量。
2）改变工作所用材料的性质或种类。
3）改变工程或产品的结构或尺寸。
4）改变项目的时间进度安排。
5）付款方式的变更。
6）人员安排的变更。

4. 合同变更的条件

（1）原已存在着合同关系　合同的变更是在原合同的基础上，通过当事人双方的协商，改变原合同关系的内容。因此，不存在原合同关系，就不可能发生变更问题。对无效合同和已经被撤销的合同，不存在变更的问题。对可撤销而尚未被撤销的合同，当事人也可以不经人民法院或仲裁机关裁决，而采取协商的手段，变更某些条款，消除合同中的重大误解或显失公平的现象，使之成为符合法律要求的合同。合同变更，通常要遵循一定的程序或依据某项具体原则或标准。这些程序、原则、标准等可以在订立合同时约定，也可以在合同订立后约定。

（2）合同的变更在原则上必须经过当事人协商一致　《民法典》第五百四十三条规定："当事人协商一致，可以变更合同。"在协商变更合同的情况下，变更合同的协议必须符合民事法律行为的有效要件，任何一方不得采取欺诈、胁迫的方式来欺骗或强制他方当事人变更合同。如果变更合同的协议不能成立或不能生效，则当事人仍然应按原合同的内容履行。如果当事人对变更的内容约定不明确的，应视为未变更。此外，合同变更还可以依据法律直接规定而发生。比如《民法典》第一百四十七条和第一百四十八规定："基于重大误解实施的民事法律行为，行为人有权请求人民法院或者仲裁机构予以撤销。""一方以欺诈手段，使对方在违背真实意思的情况下实施的民事法律行为，受欺诈方有权请求人民法院或者仲裁机构予以撤销。"

（3）合同的变更必须遵循法定的程序和方式　《民法典》第五百零二条规定："依照法律、行政法规的规定，合同应当办理批准等手续的，依照其规定。"依此规定，如果当事人在法律、行政法规规定变更合同应当办理批准、登记手续的情况下，未遵循这些法定方式的，即便达成了变更合同的协议，也是无效的。由于法律、行政法规对合同变更的形式未做强制性规定，因此我们可以认为，当事人变更合同的形式可以协商决定，一般要与原合同的形式相一致。如原合同为书面形式，变更合同也应采取书面形式；如原合同为口头形式，变更合同既可以采取口头形式，也可以采取书面形式。

（4）合同变更使合同内容发生变化　合同变更仅指合同的内容发生变化，不包括合同主体的变更，因而合同内容发生变化是合同变更不可或缺的条件。当然，合同变更必须是非实质性内容的变更，变更后的合同关系与原合同关系应当保持同一性。

5. 合同变更的价款调整

合同变更之后，一般要进行相应的价款调整。合同变更的估价是一个无法回避，但又容易引起争议的问题。在项目采购的三种类型中，货物采购的合同变更估价相对要简单一些，因为货物（商品）具有可分离性；而工程项目采购通常是一个复杂的整体，合同变更的估价也就比较烦琐；另外，咨询服务采购的合同变更估价也比较复杂，但是由于服务的抽象性，没有固定的章法可循。所以，以下主要讨论工程项目采购的合同变更估价。

（1）我国《建设工程施工合同》条件下的合同变更价款确定

1）变更后合同价款的确定程序。承包人应在收到变更指示后14天内，向监理人提交变更估价申请。监理人应在收到承包人提交的变更估价申请后7天内审查完毕并报送发包人，监理人对变更估价申请有异议，通知承包人修改后重新提交。发包人应在承包人提交变更估价申请后14天内审批完毕。发包人逾期未完成审批或未提出异议的，视为认可承包人提交的变更估价申请。

因变更引起的价格调整应计入最近一期的进度款中支付。

2）变更后合同价款的确定方法。除专用合同条款另有约定外，变更估价按照下列方法处理：①已标价工程量清单或预算书有相同项目的，按照相同项目单价认定；②已标价工程量清单或预算书中无相同项目，但有类似项目的，参照类似项目的单价认定；③变更导致实际完成的变更工程量与已标价工程量清单或预算书中列明的该项目工程量的变化幅度超过15%的，或已标价工程量清单或预算书中无相同项目及类似项目单价的，按照合理的成本与利润构成的原则，由合同当事人会同总监理工程师按照"商定或确定"条款确定变更工作的单价。

（2）FIDIC合同条件下的变更估价

1）变更估价的原则。承包人按照工程师的变更指示实施变更工作后，往往涉及对变更工程的估价问题。变更工程的费率或价格，往往是双方协商时的焦点。计算变更工程应采用的费率或价格，可分为三种情况：①变更工作在工程量表中若有同种工作内容的单价，应以该费率计算变更工程费用；②工程量表中虽然列有同类工作的单价或价格，但对具体变更工作而言已不适用，则应在原单价和价格的基础上制定合理的新单价或价格；③变更工作的内容在工程量表中没有同类工作的费率和价格，应按照与合同单价水平相一致的原则，确定新的费率或价格。任何一方不能以工程量表中没有此项价格为借口，将变更工作的单价定得过高或过低。

2）可以调整合同工作单价的原则。具备以下条件时，允许对某项工作规定的费率或价格加以调整：①此项工作实际测量的工程量比工程量表或其他报表中规定的工程量的变动大于10%；②工程量的变更与对该项工作规定的具体费率的乘积超过了合同款额的0.01%；③由此工程量的变更直接造成该项工作每单位工程量费用的变动超过1%。

3）删减原定工作后对承包商的补偿。工程师发布删减工作的变更指示后承包商不再实施部分工作，合同价款中包括的直接费用部分没有受到损害，但摊销在该部分的间接费用、税费和利润则实际不能合理回收。因此承包商可以就其损失向工程师发出通知并提供具体的证明资料，工程师与合同双方协商后确定一笔补偿金加入合同价内。

7.3.2 合同的解除

合同的解除，是指当事人一方在合同规定的期限内未履行、未完全履行或者不能履行合同时，另一方当事人或者发生不能履行情况的当事人可以根据法律规定的或者合同约定的条件，通知对方解除双方合同关系的法律行为。

1. 合同解除的条件

合同解除可分为约定解除和法定解除。

（1）约定解除　约定解除包括协议解除和约定解除权两种情形。协议解除就是在合同成立后，当合同存在无法继续履行情况时，双方通过协商解除合同。《民法典》第五百六十二条规定："当事人协商一致，可以解除合同。"约定解除权，指的是双方事前在合同中约定了，当合同无法履行时，一方当事人对某种解除合同的条件享有解除权，通过行使这种解除权来解除合同。

（2）法定解除　法定解除即法律规定的明确赋予合同当事人合法解除合同的权利，包括：①因不可抗力致使不能实现合同目的；②在履行期限届满前，当事人一方明确表示或者以自己的行为表明不履行主要债务；③ 当事人一方迟延履行主要债务，经催告后在合理期限内仍未履行；④ 当事人一方迟延履行债务或者有其他违约行为致使不能实现合同目的；⑤法律规定的其他情形。以持续履行的债务为内容的不定期合同，当事人可以随时解除合同，但是应当在合理期限之前通知对方。

2. 合同解除权的行使

不论是行使约定解除权还是法定解除，都必须按照合同解除的程序进行。

（1）行使解除权的一方须做出意思表示

1）当事人一方在符合法定或约定解除情况时，主张解除合同的，应当通知另一方。通知应明确合同自动解除的届满期限。如果另一方对于解除合同存有异议的，那么任一方均可向人民法院或仲裁机构确定解除行为的效力。

2）如果一方未通知另一方，而是直接以诉讼或者申请仲裁的方式主张解除，那么经过人民法院和仲裁机构审理确认该合同解除的，合同自起诉状副本或者仲裁申请书副本送达对方时解除。

（2）解除权必须在规定期限内行使　一种是法律规定或者当事人约定了解除权行使期限的，那么期限届满不行使权利的，则视为权利消灭。

另一种是法律无规定或者当事人无约定解除权行使期限的，那么自解除权人知道（或应当知道）解除事由之日起一年内不行使权利的，则视为该权利消灭。

7.3.3　合同的终止

合同的终止又称合同的消灭，是指合同当事人之间的债权债务关系因一定法律事实的出现而不复存在。我国《民法典》规定了终止合同的六种情形。

1. 债务已经履行

债务按期履行，即合同因履行而终止，当事人订立合同的目的得到实现，这是合同终止的最主要形式。

2. 债务相互抵消

债务相互抵消是指合同双方当事人互负到期债务，而依照一定的规则，同时消灭各自的债权。债务相互抵消有以下两种形式：

（1）法定抵消　法定抵消是指当事人互负到期债务，该债务的标的物种类、品种相同的，任何一方可以将自己的债务与对方的债务抵消。法定抵消的限制为：①依照法律规定或者按照合同性质不得抵消的，则不能行使抵消权；②当事人主张抵消的，应当通知对方，通知自到达对方时生效；③抵消的通知不得附条件或者期限。

（2）协议抵消　协议抵消是指当事人互负到期债务，该债务的标的物种类、品质不相同的，经双方协商一致，也可抵消。可见，对不同种类、品质的债务，当事人不能单方面主张债务抵消，只有通过双方协商一致，方可抵消。

3. 债务人依法将标的物提存

提存是指由于债权人的原因致使债务人无法向债权人清偿其所负债务时，债务人将合同标的物交给提存机关，从而使债权债务归于消灭。

（1）提存的原因　提存的原因有以下四个方面：①债权人无正当理由拒绝受领标的物；②债权人下落不明；③债权人死亡未确定继承人或者丧失民事行为能力未确定监护人；④法

律规定的其他情形。

但并非所有符合上述条件的标的物都可以提存,如果标的物不适于提存或提存费用过高的,债务人可以拍卖或者变卖标的物,提存所得的价款。债务人可以从"所得价款"中扣除拍卖或变卖费、提存费等费用。

(2)提存通知　债务人提存标的物后,应及时通知债权人或者债权人的继承人、监护人,债权人下落不明的除外。债务人履行"及时通知"的义务也是为了促使债权人及时行使权利。

4. 债权人免除债务

债权人免除债务是债权人放弃债权而使得债权债务关系终止。债权人可以免除债务人的全部债务,也可以只免除债务人的部分债务。免除全部债务的,合同权利义务全部终止;免除部分债务的,合同的权利义务部分终止。

5. 债权债务同归于一人

债权债务同归于一人又称债的混同,是指合同的债权主体和债务主体合为一体。引起债权债务混同的事由主要有当事人合并和债权债务的转让两种。

6. 法律规定或者当事人约定终止的其他情形

在现实生活中,还存在着其他法律规定可以终止合同的情形,还可能有合同当事人约定终止合同的情形。因此,《民法典》关于终止合同的情形的第六种情形规定得较为弹性。

7.4　项目合同纠纷的处理

合同当事人签订合同之后,理想的状态是当事人各自按照合同内容完成应履行的义务,直至合同圆满终止。但是在项目实施过程中,由于各种主观和客观原因,导致合同在签订之后的履行过程中并不是一帆风顺的,往往会出现各种各样、或大或小的纠纷,没有任何纠纷合同即履行完毕的情况并不多见。纠纷如果得不到解决,就会影响合同的正常履行,甚至扰乱社会经济秩序,因此应尽量予以避免合同纠纷。

7.4.1　合同纠纷概述

1. 合同纠纷的概念

合同纠纷是合同当事人之间就合同内容的理解和执行情况及其法律后果等发生的争议。合同纠纷的范围广泛,涵盖了一项合同从成立到终止的整个过程。从内容上讲,凡是合同双方当事人对合同是否成立、合同成立的时间、合同内容的解释、合同的效力、合同的履行、违约责任,以及合同的变更、中止、转让、解除、终止等发生的争议,均应包括在合同纠纷内。

2. 合同常见纠纷及防范

(1)工程采购合同纠纷的成因与防范措施

1)合同主体纠纷。合同主体纠纷的成因包括:因承包商资质不够导致的纠纷,因无权代理与表见代理导致的纠纷,因联合体承包导致的纠纷,因"挂靠"问题而产生的纠纷。

合同主体纠纷的防范措施:加强对建筑市场承包商资质的监管;加强对承包商资质的审

查，避免与不具备相应资质的承包商订立合同；合同各方应当加强对授权委托书的管理，避免无权代理和表见代理的产生；避免与无权代理人签订合同；联合体承包应当规范、自愿；避免"挂靠"。

2）工程款纠纷。工程款纠纷的成因包括：承包商竞争过分激烈，"三边工程"引起的工程造价失控，从业人员法律意识薄弱，合同调价与索赔条款的重合，合同缺陷，双方理解分歧，工程款拖欠。

工程款纠纷的防范措施：签订书面合同，避免合同总价与分项工程单价之和不符，避免约定不明与理解分歧，避免合同缺项，协调合同内容冲突，预防风险，调价条款与索赔条款重合的处理。

3）质量纠纷。质量纠纷的成因包括：建设单位不顾实际降低造价、缩短工期；不按建设程序运作；在设计或施工中提出违反法律、行政法规和建筑工程质量、安全标准的要求；将工程发包给没有资质的单位或者将工程任意肢解进行发包；建设单位未将施工图设计文件报县级以上人民政府建设行政主管部门或者其他有关部门审查；建设单位采购的建筑材料、建筑构配件和设备不合格或给施工单位指定厂家，明示、暗示使用不合格的材料、构配件和设备；施工单位脱离设计图纸、违反技术规范以及在施工过程中偷工减料；施工单位未履行属于自己在施工前产品检验的强化责任；施工单位对于在质量保修期内出现的质量缺陷不履行质量保修责任；监理制度不严格。

质量纠纷的防范措施：应当严格按照建设程序进行工程建设；对造价和工期的要求应当符合客观规律；应当按照法律、行政法规和建筑工程质量、安全标准的要求进行设计和施工；标段的划分应当合理，不能随意肢解工程；施工图设计文件应当按照规定进行审查；加强建筑材料、建筑构配件和设备采购的管理；应当按照设计图纸、技术规范进行施工；严格施工前产品检验的强化责任；完善质量保修制度；严格监理制度，加强质量监督管理。

4）分包与转包纠纷。分包与转包纠纷的成因包括：因资质问题而产生的纠纷，因履约范围不清而产生的纠纷，因转包而产生的纠纷，因配合与协调问题而产生的纠纷，因违约和罚款问题而产生的纠纷，因各方对分包管理不严而产生的纠纷。

分包与转包纠纷的防范措施：加强对分包商资质的管理，在分包合同中明确各自的履约范围，严格禁止转包，加强有关各方的配合与协调，避免违约和罚款，加强对分包的管理。

5）变更和解除纠纷。变更和解除纠纷的成因包括：工程本身具有的不可预见性，设计与施工以及不同专业设计之间的脱节，"三边工程"导致大量变更产生，大量的口头变更导致事后责任无法分清，单方解除合同。

变更和解除纠纷的防范措施：做好工程计划，避免设计与施工以及不同专业设计之间的脱节，避免"三边工程"，规范口头变更，规范单方解除合同。

6）竣工验收纠纷。竣工验收纠纷的成因包括：隐蔽工程竣工验收所产生的纠纷，未经竣工验收而提前使用所产生的纠纷。

竣工验收纠纷的防范措施：严格按照规范和合同约定进行隐蔽工程竣工验收，避免未经竣工验收而提前使用。

7）审计纠纷。审计纠纷的成因包括：有关各方对审计监督权的认识偏差，审计机关的独立性得不到保证，工程造价的技术性问题也是导致纠纷的原因。

审计纠纷的防范措施：正确认识审计监督权；确保审计机关的独立性；规范审计工作。

(2) 货物采购合同纠纷的成因与防范措施　货物采购合同纠纷主要包括质量纠纷、数量纠纷、履行期限及地点的纠纷、合同价款纠纷等，其合同纠纷的成因与防范措施见表7-2。

表7-2　货物采购合同纠纷的成因与防范措施

纠纷种类	纠纷成因	防范措施
质量纠纷	① 合同约定不明确 ② 检查验收不严格、不及时	① 合同约定应当明确 ② 严格检查验收制度 ③ 到货后及时验收
数量纠纷	① 合同约定不明确 ② 检查验收不严格、不及时	① 合同约定应当明确 ② 严格检查验收制度 ③ 到货后及时验收
履行期限及地点的纠纷	① 合同约定不明确 ② 不按合同约定履行	① 合同约定应当明确 ② 严格按照合同约定履行
合同价款纠纷	① 合同约定不明确 ② 履行期间价格的变动	① 合同约定应当明确 ② 按照《民法典》的规定处理履行期间价格的变动

(3) 咨询服务合同纠纷的成因与防范措施　咨询服务合同纠纷主要包括勘察设计合同纠纷、监理合同纠纷等，其合同纠纷的成因与防范措施见表7-3。

表7-3　咨询服务合同纠纷的成因与防范措施

纠纷种类	纠纷成因	防范措施
勘察设计合同纠纷	① 勘察、设计质量纠纷 ② 勘察、设计期限纠纷 ③ 勘察、设计变更纠纷	① 严格勘察、设计的质量与期限管理 ② 避免和减少勘察、设计变更
监理合同纠纷	① 监理工作内容纠纷 ② 监理工作缺陷纠纷	① 合同约定应当明确 ② 严格按照合同约定完成各自的职责 ③ 出现监理工作缺陷，应当按照规定补救和承担相应的责任

7.4.2　合同纠纷的解决方式

无论是哪种合同纠纷，都需要采取适当的方式和途径来解决，合同纠纷解决的方式有和解、调解、仲裁和诉讼四种。

至于当事人选择何种方式解决合同纠纷，则取决于当事人自己的意愿，其他任何单位和个人都不得强迫当事人采用哪种解决方式。对于解决的方式，当事人双方可以在签订合同时就进行选择，并以合同条款形式写入合同，也可以在发生争议后就解决办法达成协议。在解决合同争议过程中，任何一方当事人都不得采取非法手段，否则将依法追究违法者的法律责任。

1. 和解

(1) 和解的含义　和解是指合同纠纷发生后，由合同当事人在自愿、互谅的基础上，就合同争议的问题依照法律规定和合同约定进行磋商，双方都做出一定的让步，在彼此都认可接受的基础上达成和解协议的方式。

合同发生纠纷时，当事人应首先考虑通过和解方式解决纠纷。事实上，很多纠纷都可以通过这种方式得到解决。但是在有些情况下，仅仅采用和解的方式往往难以奏效。例如：争议纠纷涉及的金额较大，双方都不愿或不可能做出太大的让步；一方故意毁约，没有协商的诚意；经过反复磋商，双方相持不下，各持己见，无法达成协议。

（2）和解的特点

1）简便易行，能经济、及时地解决纠纷。自行解决合同争议不必经过诉讼或者仲裁那样的法定程序，可以由当事人决定随时随地、以任何合法方法进行，因而能够迅速解决争议。

2）有利于维护合同当事人友好协作的关系。在这种方式下，纠纷的解决依靠当事人的妥协与让步，没有第三方的介入，有利于合同双方保持友好合作关系，使合同能更好地得到履行。

3）和解协议不具有强制执行的效力。和解协议的执行依靠当事人的自觉履行，一旦一方反悔，该协议就不能执行，需要通过其他方式来解决。

（3）和解的原则

1）合法原则。当事人自行协商达成的和解协议应符合有关法律、法规和政策，不得损害国家利益和社会公共利益。在没有法律、法规和政策的情况下，达成的和解协议不得损害国家利益和社会公共利益。

2）平等自愿原则。合同当事人之间的和解要遵循平等、自愿的原则，查清楚事实，分清责任，在互让互谅的基础上解决合同争议。不允许任何一方当事人以任何方式强迫对方当事人接受其提出的解决争议的方案。如果一方当事人强迫另一方在自己提出的解决协议上签字，该协议也无效。

3）及时原则。在协商解决过程中应注意法律规定的诉讼时效，不能久拖不决。否则，一旦超过诉讼时效，即使当事人申请仲裁或者起诉，法律也不保护其利益。

4）坚持原则。在履行项目合同中如果发生争议和纠纷，仅靠这种通过友好协商来解决纠纷的良好愿望是不够的，让步必须是有原则的让步，不能为了获得协商的解决而一味地让步。

2. 调解

（1）调解的含义　调解是指合同当事人对法律规定或合同约定的权利、义务发生纠纷后，在第三人的参加与主持下，依据一定的道德和法律规范，通过摆事实、讲道理，向争议的双方当事人提供解决方案，促使双方在互谅互让的基础上自愿达成协议从而解决争议的活动。

这里所讲的调解是狭义的调解，不包括诉讼和仲裁程序中在审判庭和仲裁庭的调解。它与进入法律程序的仲裁机构的调解和法院的调解的不同之处在于：

1）程序不同。第三人调解只要受合同当事人委托就可以进行，一般没有调解程序的限制；而仲裁机构或者法院的调解，不仅需要当事人履行一定的法律手续，还需要严格按照法律规定的程序进行。

2）协议的效力不同。合同双方当事人经过第三人调解达成的解决协议没有法律强制执行力，主要靠当事人自觉履行，不能向法院申请强制执行。仲裁机构或者法院经过调解达成协议制作的裁决书或者调解书，在生效后，一方当事人不履行的，另一方当事人有权向法院申请强制执行。

（2）调解的特点　调解与和解有一些共同的地方，如气氛都比较友好。调解不同于和解的最主要特点在于，调解由第三者（以双方都信任者为佳）主持，而和解由合同当事人直接进行。这里所说的"第三者"，可以是负责对合同进行监督、管理的有关主管部门（不包括仲裁机构和法院），也可以是其他任何适宜的合同当事人之外的第三者。

同当事人自行协商一样，调解方式也很灵活，不受时间限制，也不需要经过复杂的法律程序，能够较经济、较及时地解决纠纷。

由于调解是在互谅互让的基础上自愿达成协议，因此有利于消除合同当事人的对立情绪，维护双方的长期合作关系。

调解协议不具有强制执行的效力，调解协议的执行依靠当事人的自觉履行。

第三者处在公正的位置上，能够比较客观地看待双方当事人的分歧，可以判明是非，摆事实并晓之以理，从而有助于促使双方当事人达成解决协议。

（3）调解的原则　在运用调解这种方式解决合同争议时，应注意下列几个方面的原则：

1）合法原则。调解协议的内容要合法，不得损害国家利益或者社会公共利益。这一点同对当事人自行协商的要求一样。

2）自愿原则。当发生合同争议时，是否需要采取调解的方式解决，取决于合同双方当事人的自愿。任何一方当事人不同意通过调解解决的，就不能采用这种方式，对方当事人或者其他人不得强迫。在调解过程中，也应遵守这一原则，不得违背当事人的意愿，第三者也不得以任何方式压服当事人，尽可能促使双方当事人在自愿的基础上达成协议。

3）公正原则。在调解过程中，第三者应当站在公正的立场上，不偏袒任何一方当事人。第三者应客观、细致、实事求是地做好当事人的思想工作，弄清纠纷产生的原因、双方争执的焦点和各自应负的责任，协调双方当事人之间的分歧，从而促使当事人达成协议。

4）及时原则。与和解方式解决合同纠纷一样，在解决过程中应注意法律规定的诉讼时效。

3. 仲裁

（1）仲裁的概念　仲裁是指合同当事人根据仲裁协议将合同争议提交给仲裁机构，由仲裁机构对合同争议依法做出有法律效力的裁决的合同纠纷解决方式。这种纠纷解决方式必须是自愿的，必须有仲裁协议。

仲裁是解决合同纠纷的重要方式之一，其适用范围很广。根据《中华人民共和国仲裁法》第二条规定："平等主体的公民、法人和其他组织之间发生的合同纠纷和其他财产权益纠纷，可以仲裁。"由此看出，仲裁这种解决方式，适用于一切平等的主体之间发生的合同争议。

（2）仲裁的基本特征

1）作为仲裁者的第三方是具有特定身份的仲裁机构。仲裁是中立的第三者居中解决争议的一种方式，也就是在仲裁活动中，除了有申请人与被申请人外，还有双方当事人协议选定的第三方——仲裁机构，这是仲裁与其他解决方式的重要区别之一。仲裁与前述所说的调解虽然都是由第三方出面解决当事人之间的争议，但调解中的第三方作为调解人不需要特定的身份，即不是特定的第三方，普通人都可以作为调解人来调解当事人之间的争议；而仲裁中的仲裁者必须是依法成立并被法律授予仲裁资格的仲裁机构（各仲裁机构的仲裁员都是由各方面的专业人士组成），其他任何单位和个人都不得进行仲裁。

2)仲裁必须是基于当事人各方的一致选择。这一特征是仲裁和诉讼的一个重要区别。一项合同的争议是否采用仲裁方式解决，完全取决于合同各方当事人的自由选择，只有当各方当事人一致同意将其争议提交仲裁时方可采用。当事人所做出的仲裁选择的法律表现形式为仲裁协议（包括合同中的仲裁条款），这是对合同争议进行仲裁的法律依据。仲裁机构之所以出面解决争议，就是基于双方当事人的协议授权，如果当事人一方或双方不同意提交仲裁，则仲裁机构无权仲裁。如果双方事先没有仲裁协议，也可以在事后达成书面仲裁协议，向仲裁机构申请仲裁。当事人的意思自治不仅体现在仲裁的受理应当以仲裁协议为前提，还体现在仲裁的整个过程，许多内容都可以由当事人自主确定。

3）保密和不公开审理。仲裁原则上不公开审理，除当事人、代理人以及需要时的证人和鉴定人外，其他人员不得出席和旁听仲裁开庭审理。此举可以防止泄露当事人不愿公开的专利、专有技术、经营信息等，为当事人保守商业秘密，是仲裁制度的重要特点。仲裁从庭审到裁决结果的保密性，使当事人的商业信誉不受影响，也使双方当事人在感情上容易接受，有利于日后继续生意上的往来。当然，当事人协议公开的，可以公开进行，这也体现了尊重当事人意思自治的原则。

4）仲裁程序灵活、快捷。在仲裁审理中，仲裁程序灵活、简便、快捷，当事人可以自主决定诸多程序如何进行。仲裁案件是否采用简易程序或一般程序、是书面审理或开庭审理，仲裁规则如何选择、答辩期是否放弃、开庭是否延期等，双方当事人都可以以协议的方式确定和选择。在涉外仲裁当中，当事人双方还可以自愿约定采用哪些仲裁规则和适用的法律。

5）仲裁实行的是协议管辖。仲裁无级别、地域、专属的限制，对于仲裁机构的选定当事人有充分的选择权。除了可以自行选定仲裁机构外，当事人还有权选择仲裁员。审理仲裁案件的仲裁员，首先由双方当事人各自或共同选定或共同委托仲裁委员会指定。当一方当事人弃权或不能共同选定首席仲裁员后，才能由仲裁委员会来指定。

6）仲裁裁决具有强制执行的法律效力。虽然仲裁裁决不是由司法机关做出，仲裁机构对争议案件的仲裁权来自双方当事人的协议授权，但各国立法和实践都明确规定，如果双方当事人协议选择仲裁方式解决其争议，仲裁机构依法做出的仲裁裁决即具有强制执行的法律效力。双方当事人应当自觉履行仲裁裁决所确定的义务，一方当事人在规定的期限内不履行仲裁机构的仲裁裁决的，另一方当事人有权向人民法院申请强制执行。仲裁裁决这种法律强制力，是仲裁与协商、调解方式的重要区别之一。

(3)仲裁的基本原则　仲裁的基本原则，是指在仲裁活动的全过程或一定仲裁阶段起着指导和决定作用的重要法则，是用以指导仲裁组织进行仲裁活动和当事人进行仲裁活动必须遵循的基本行为准则。它主要包括如下原则：

1）自愿原则。当事人是自愿选择仲裁这种纠纷处理方式，达成仲裁协议，并且仲裁机构及仲裁人员由当事人自愿选定或自愿委托仲裁委员会主任指定。在仲裁审理活动过程中，双方当事人在自愿的基础上可以调解解决纠纷，当事人不愿调解或达不成协议的，由仲裁庭做出仲裁裁决。另外，当事人自愿引起仲裁程序的，只要双方当事人自愿，还可以自行和解，达成和解协议后，可以请求仲裁庭根据和解协议做出仲裁裁决书。当事人虽达成了仲裁协议，自愿交予仲裁庭审理，仲裁庭也受理了，引起了仲裁程序，当事人仍可自愿撤回仲裁申请。

2）公平合理原则。这一原则要求仲裁机构要充分收集证据，听取纠纷双方的意见，以反映客观真实情况的事实为根据，以法律为准绳，分清是非，不得歧视任何一方当事人，应公平合理地解决纠纷。

3）依法独立仲裁原则。仲裁机构应严格依法审理仲裁案件，享有独立仲裁权，不受任何行政机关、社会团体和个人的干涉。当然，仲裁机构独立行使仲裁权并不意味着仲裁活动不受监督，人民法院有权对仲裁活动进行监督，对违法的裁决有权予以撤销或者不予执行。

4）一裁终局原则。一裁终局原则是指裁决一经做出就具有法律效力，当事人对仲裁裁决不服，不可以就同一纠纷再向仲裁委员会申请复议，也不得另行向人民法院起诉。一裁终局有利于争议的迅速解决，以尽可能避免因争议久拖不决所带来的当事人损失的扩大，以及因此而造成的其他消极后果。

（4）仲裁协议　仲裁协议是指当事人愿意将他们之间的争端提交仲裁解决的一项协议，它可以是采购合同中的仲裁条款，也可以是一份专门的仲裁协议。仲裁协议必须采用书面形式，可以在事前签订，也可以在纠纷发生之后签订。但由于纠纷发生之后往往难于达成一致，所以最好是在签订合同时一并将仲裁协议或专门的仲裁条款签好。

仲裁协议是争端各方当事人处理其争端的自治意愿的体现，它一经签订，就将约束各方当事人的行为，任何一方不能任意改变仲裁协议中规定的事项，也不能就协议中规定的仲裁范围内的争端提起诉讼。另外，它还是仲裁机构管辖、审理和裁决争端的依据。仲裁协议或合同仲裁条款应当包括以下内容：①请求仲裁的意思表示；②仲裁事项；③选定的仲裁委员会。

（5）仲裁的程序　从当事人向仲裁委员会提出仲裁申请开始，就进入仲裁程序。所谓仲裁程序，是指由法律规定仲裁机构处理争议所需经过的步骤，一般包括申请、受理、组成仲裁庭、开庭和裁决等几个主要的必经环节。在整个仲裁过程中，当事人既可以亲自参加仲裁活动，也可以委托律师或其他代理人参加仲裁活动。

1）当事人提出申请。当事人依照法律的规定和仲裁协议的约定，以书面形式将争议提请约定的仲裁委员会予以仲裁。当事人申请仲裁必须符合下列条件：有仲裁协议，有具体的仲裁请求、事实和理由，属于仲裁委员会的受理范围。

2）仲裁机构受理。仲裁委员会收到仲裁申请书之日起 5 日内，认为符合受理条件的，应当受理，并通知当事人；认为不符合受理条件的，应当书面通知当事人不予受理，并说明理由。

仲裁委员会受理仲裁申请后，应当在仲裁规则规定的期限内将仲裁规则和仲裁员名册送达申请人，并将仲裁申请书副本和仲裁规则、仲裁员名册送达被申请人。被申请人收到仲裁申请书副本后，应当在仲裁规则规定的期限内向仲裁委员会提交答辩书。仲裁委员会收到答辩书后，应当在仲裁规则规定的期限内将答辩书副本送达申请人。被申请人未交答辩书的，不影响仲裁程序的进行。

3）组成仲裁庭。仲裁委员会受理当事人仲裁申请后，应依法组成仲裁庭来处理案件。与法庭由法院指定的审判人员组成不同，仲裁庭一般是根据双方当事人的意愿来组成，只有当事人没有在仲裁规则规定的限期内约定仲裁庭的组成方式或者选定仲裁员的，由仲裁委员会主任指定。

4）开庭和裁决。组成仲裁庭后，就应依法开庭进行仲裁。开庭仲裁的步骤主要包括：

听取当事人的主张，出示证据，辩论，仲裁庭评议，宣布裁决。当事人申请仲裁后，仲裁庭在做出裁决前，可以自行和解，也可以由仲裁庭调解。

5）仲裁中的和解与调解。当事人申请仲裁后，可以自行和解。达成和解协议的，可以请求仲裁庭根据和解协议做出裁决书，也可以撤回仲裁申请。当事人达成和解协议，撤回仲裁申请后反悔的，可以根据仲裁协议申请仲裁。

仲裁庭主持下的调解。仲裁庭在做出裁决前，可以先行调解。调解达成协议的，仲裁庭应当制作调解书或者根据协议的结果制作裁决书，调解书与裁决书具有同等法律效力。调解书经双方当事人签收后，即发生法律效力。在调解书签收前当事人反悔的，仲裁庭应当及时做出裁决。

6）裁决的执行。仲裁庭依法裁决后，一般就进入了裁决的执行程序。仲裁委员会的裁决做出后，当事人必须履行。当事人不履行裁决时，强制当事人履行。由于仲裁委员会本身并无强制执行的权力。因此，当一方当事人不履行仲裁裁决时，另一方当事人可以依照《中华人民共和国民事诉讼法》（以下简称《民事诉讼法》）的有关规定向人民法院申请执行，接受申请的人民法院应当执行。

4. 诉讼

（1）诉讼的概念　诉讼是指当事人为了解决合同纠纷而依法向人民法院提出请求的诉讼行为。主动提出诉讼请求的当事人为原告，受原告控告的当事人为被告。诉讼是解决合同纠纷的一种重要方式。

如果合同中规定以诉讼为争端解决方式，或者没有写明争端的解决方式且在发生纠纷后没能通过和解、调解方式解决，而且双方不同意提交仲裁作为最后解决争端的方式，那么就采用诉讼的方式。

（2）诉讼的特点

1）诉讼是各种主体严格依法进行的活动。诉讼是一种法律活动，不是任何人的一种随意行为，在诉讼中主体必须严格按照法律进行活动。这是与其他解决纠纷的方式相区别的一个重要特点。

2）当事人在诉讼中对抗的平等性。诉讼当事人在实体和程序上的地位平等。原告起诉，被告可以反诉；原告提出诉讼请求，被告可以反驳诉讼请求。

3）二审终审制。与仲裁不同，纠纷当事人如果不服第一审人民法院判决，可以上诉至第二审人民法院。合同纠纷经过两级人民法院审理，即告终结。

4）执行的强制性。与仲裁一样，诉讼判决具有强制执行的法律效力，当事人可以向人民法院申请强制执行。

（3）诉讼的基本原则　在采用诉讼的方式解决合同纠纷时，应遵循的基本原则主要包括诉讼原则和审判原则。

1）诉讼原则。诉讼原则主要包括当事人诉讼权利平等原则、辩论原则、处分原则、诉讼调解原则和支持起诉原则。

2）审判原则。审判原则主要包括民事案件的审判权由人民法院行使的原则，人民法院依照法律规定对民事案件独立进行审判的原则，以事实为依据、以法律为准绳的原则，对诉讼当事人在适用法律上一律平等原则，民族语言文字原则，同等原则，对等原则，检查监督原则。

（4）诉讼的程序 由于合同纠纷的诉讼属于民事诉讼的一种，所以诉讼程序也要按照《民事诉讼法》的规定进行。我国的《民事诉讼法》实行两审终审制度，第一审程序可以分为普通程序和简易程序。诉讼的程序一般分为以下几个步骤：

1）当事人起诉。如果当事人没有在合同中约定通过仲裁解决纠纷，那么只能通过诉讼作为解决纠纷的最终方式。纠纷发生后，如果需要通过诉讼解决纠纷，则首先应当向人民法院起诉。

2）人民法院受理。人民法院对符合规定的起诉必须受理，认为不符合起诉条件的，应当在7日内裁定不予受理；原告对裁定不服的，可以提起上诉。

3）审理前的准备。人民法院在受理案件后，在开庭审理之前要做的准备工作主要有：在法定期限内发送起诉状副本和答辩状副本；向当事人告知有关的诉讼权利义务与合议庭组成人员；审核诉讼材料，调查收集必要的证据；更换、追加当事人；其他必要的准备工作。

4）开庭审理。开庭审理是指人民法院在当事人和其他诉讼参与人的参加下，依照法定形式和程序，在法庭上对民事案件进行实体审理的诉讼活动过程。开庭审理是普通程序的中心环节。开庭审理的步骤依次是开庭准备、法庭调查、法庭辩论、案件评议、宣布判决。判决前能够调解的，还可进行调解，调解不成的，应当及时判决。

对于第一审判决，当事人不服的，还可以向更高级的人民法院上诉；第二审判决则为终审，不可再上诉，必须强制执行。

5）审判监督。各级人民法院院长对本院已经发生法律效力的判决、裁定，发现确有错误，认为需要再审的，应当提交审判委员会讨论决定。最高人民法院对地方各级人民法院已经发生法律效力的判决、裁定，上级人民法院对下级人民法院已经发生法律效力的判决、裁定，发现确有错误的，有权提审或者指令下级人民法院再审。当事人对已经发生法律效力的判决、裁定，认为有错误的，可以向原审人民法院或者上一级人民法院申请再审，但不停止判决、裁定的执行。

6）执行。执行又称强制执行，是法院依照法律规定的程序，运用国家强制力，强制当事人履行已生效的判决和其他法律文书所规定的义务的行为。

7.5 违约责任

违约责任是指合同当事人任何一方不履行合同义务或者履行合同义务不符合合同约定的，应依法承担的民事责任。《民法典》第五百七十七条规定："当事人一方不履行合同义务或者履行合同义务不符合约定的，应当承担继续履行、采取补救措施或者赔偿损失等违约责任。"

7.5.1 违约责任的特点

（1）违约责任以有效合同为前提 与侵权责任和缔约过失责任不同，违约责任必须以当事人双方事先存在的有效合同关系为前提。如果双方不存在合同关系，或者虽订立过合同，但合同无效或已被撤销，则当事人不可能承担违约责任。

（2）违约责任以违反合同义务为要件 违约责任是当事人违反合同义务的法律后果。

因此，只有当事人违反合同义务，不履行或者不适当履行合同时，才应承担违约责任。

（3）违约责任可由当事人在法定范围内约定　违约责任主要是一种赔偿责任，因此，可由当事人在法律规定的范围内自行约定。只要约定不违反法律，就具有法律约束力。

（4）违约责任是一种民事赔偿责任　首先，它是由违约方向守约方承担的民事责任，无论是违约金还是赔偿金，均是平等主体之间的支付关系；其次，违约责任的确定，通常应以补偿守约方的损失为标准，贯彻损益相当的原则。

7.5.2　合同违约行为的种类

违约行为是违约责任产生的根本原因，违约责任源于违约行为。违约行为是指合同当事人不履行合同义务或者履行合同义务不符合约定的行为。

1. 预期违约

预期违约又称为先期违约，是指当事人一方在合同规定的履行期限到来之前，无正当理由明示或者默示其将不履行合同义务的行为。预期违约表现为在未来将不履行义务，而不是现实的违反义务。

先期违约的构成要件：违约的时间必须在合同有效成立后至合同履行期限截止前；违约必须是对根本性合同义务的违反，即导致合同目的落空。当事人一方的预期违约行为发生后，另一方即享有法定的合同解除权，有权在合同履行期限届满之前要求预期违约方承担违约责任。

2. 实际违约

（1）不履行合同义务　不履行合同义务是指在合同生效后，当事人根本不按照约定履行合同义务。可分为履行不能、拒绝履行两种情况。

履行不能是指合同当事人一方出于某些特定的事由已经没有履行合同的能力。如果不履行或者不能履行是由于不可归责于债务人的事由产生的，那么可以就履行不能的范围免除债务人的违约责任。

拒绝履行是指合同履行期限尚未到来时，一方当事人无正当理由拒绝履行合同规定的全部义务。在一方拒绝履行的情况下，另一方有权要求其继续履行合同，也有权要求其承担违约金和损害赔偿责任。

（2）履行合同义务不符合约定　履行合同义务不符合约定又称为不适当履行或者不完全履行，是指虽然当事人一方有履行合同义务的行为，但是其履行违反了合同约定或者法律规定。不适当履行分为以下几种：

1）迟延履行，即违约方无正当理由在合同规定的履行期限将到来时，仍未履行合同债务。

2）瑕疵履行，即债务人没有完全按照合同约定履行合同义务。

3）提前履行，即债务人在约定的履行期限尚未届满时就履行完合同义务。

对于这些不适当履行，债务人都应当承担违约责任，但对提前履行，法律另有规定或者当事人另有约定的除外。

7.5.3　违约责任的承担方式

当事人方不履行合同义务或者履行合同义务不符合约定的，应当承担继续履行、采取补救措施或者赔偿损失等违约责任。

（1）继续履行　继续履行是指在合同当事人一方不履行合同义务或者履行合同义务不符合合同约定时，另一方合同当事人有权要求其在合同履行期限届满后继续按照原合同约定的主要条件履行合同义务的行为。继续履行是合同当事人一方违约时，其承担违约责任的首选方式。

1）违反金钱债务时的继续履行。《民法典》第五百七十九条规定："当事人一方未支付价款、报酬、租金、利息，或者不履行其他金钱债务的，对方可以请求其支付。"

2）违反非金钱债务时的继续履行。《民法典》第五百八十条规定："当事人一方不履行非金钱债务或者履行非金钱债务不符合约定的，对方可以请求履行，但是有下列情形之一的除外：①法律上或者事实上不能履行；②债务的标的不适于强制履行或者履行费用过高；③债权人在合理期限内未请求履行"。

（2）采取补救措施　如果合同标的物的质量不符合约定，应当按照当事人的约定承担违约责任，对违约责任没有约定或者约定不明确的，可以协议补充；不能达成补充协议的，按照合同有关条款或者交易习惯确定。依照上述办法仍不能确定的，受损害方根据标的性质以及损失的大小，可以合理选择请求对方承担修理、重作、更换、退货、减少价款或者报酬等违约责任。

（3）赔偿损失　赔偿损失是指当事人一方因违反合同造成对方损失时，按照法律规定或合同约定，由违约方以其财产赔偿对方所蒙受的财产损失的一种违约责任形式。赔偿损失的适用条件：违约方在履行合同义务过程中发生违约行为，债权人有损害的事实，违约行为与损害事实之间有必然的因果联系。

在履行建设工程合同的过程中，存在很多损失赔偿责任的情形。如《民法典》第八百条规定："勘察、设计的质量不符合要求或者未按照期限提交勘察、设计文件拖延工期，造成发包人损失的，勘察人、设计人应当继续完善勘察、设计，减收或者免收勘察、设计费并赔偿损失。"

（4）违约金　违约金是指当事人在合同中或合同订立后约定的，或者法律直接规定的，违约方发生违约行为时向另一方支付一定数额的货币。违约金可分为法定违约金和约定违约金。《民法典》第五百八十五条规定："当事人可以约定一方违约时应当根据违约情况向对方支付一定数额的违约金，也可以约定因违约产生的损失赔偿额的计算方法。约定的违约金低于造成的损失的，人民法院或者仲裁机构可以根据当事人的请求予以增加；约定的违约金过分高于造成的损失的，人民法院或者仲裁机构可以根据当事人的请求予以适当减少。当事人就迟延履行约定违约金的，违约方支付违约金后，还应当履行债务。"

（5）定金　定金是合同当事人一方预先支付给对方的款项，其目的在于担保合同债权的实现。定金是债权担保的一种形式，定金之债是从债务，因此，合同当事人对定金的约定是一种从属于被担保债权所依附的合同的从合同。债务人履行债务后，定金应当抵作价款或者收回。给付定金的一方不履行约定的债务的，无权要求返还定金；收受定金的一方不履行约定的债务的，应当双倍返还定金。

违约金和定金是不可并用的，合同当事人既约定违约金，又约定定金的，只能就违约金和定金中的一项进行选择，不能同时使用。《民法典》第五百八十八条规定："当事人既约定违约金，又约定定金的，一方违约时，对方可以选择适用违约金或者定金条款。定金不足以弥补一方违约造成的损失的，对方可以请求赔偿超过定金数额的损失。"

7.5.4 违约责任的免除

违约责任的免除是指没有履行或者没有完全履行合同义务的当事人，依法可以免除承担的违约责任。合同当事人在履行合同过程中如遇不可抗力，根据该不可抗力的影响，可以免除全部或者部分责任。

1. 不可抗力的概念

不可抗力是指不能预见、不能避免并不能克服的客观情况。这种客观情况既包括自然现象，如地震、海啸、水灾、火灾、雷击等；也包括社会现象，如战争、瘟疫、骚乱、戒严、暴动、罢工等。对不可抗力的范围，当事人可以在合同中以列举方式做出明确的约定。

2. 不可抗力的法律效力

《民法典》第五百九十条规定："当事人一方因不可抗力不能履行合同的，根据不可抗力的影响，部分或者全部免除责任，但是法律另有规定的除外。因不可抗力不能履行合同的，应当及时通知对方，以减轻可能给对方造成的损失，并应当在合理期限内提供证明。当事人迟延履行后发生不可抗力的，不免除其违约责任。"

思 考 题

1. 简述合同的法律特征。
2. 项目采购合同的主要内容有哪些？
3. 简述施工合同的特点及《建设工程施工合同（示范文本）》（GF—2017—0201）的主要内容。
4. 简述采购合同管理的过程。
5. 纠纷的解决方式有哪些？
6. 简述违约责任的种类及方式。

第 8 章
索赔管理

8.1 索赔概述

8.1.1 索赔的概念及特征

1. 索赔的概念

所谓索赔，是指在项目采购合同的履行过程中，合同一方因另一方不履行或没有恰当履行合同所设定的义务而遭受损失时，向对方所提出的赔偿要求或补偿要求。在项目采购管理中，索赔的种类繁多，其中建设工程项目索赔最为复杂且具有代表性，本节以工程索赔为例进行介绍。

工程索赔是法律和合同赋予当事人的正当权利。工程项目合同当事人应当树立索赔意识，重视索赔，善于索赔。索赔的含义一般包括以下三个方面：

第一，一方违约使另一方蒙受损失，受损方向对方提出赔偿损失的要求。

第二，发生了应由业主承担责任的特殊风险事件或遇到了不利的自然条件等情况，使承包商蒙受了较大损失而向业主提出补偿损失的要求。

第三，承包商本来应当获得的正当利益，由于没能及时得到监理工程师的确认业主应给予的支付，而以正式函件的方式向业主索要。

索赔是维护合同签约者合法利益的一项根本性管理措施。索赔的性质属于经济补偿行为，而不是惩罚。索赔在一般情况下都可以通过协商方式友好解决，若双方无法达成一致时，争议可通过仲裁或诉讼解决。

2. 工程索赔的特征

（1）索赔是双向的　不仅承包人可以向发包人索赔，发包人同样也可以向承包人索赔。实践中，发包人向承包人索赔发生的概率相对较低，而且在索赔处理中，发包人始终处于主动和有利地位，对承包人的违约行为也可以直接从应付工程款中扣抵、扣留保留金或通过履约保函向银行索赔来实现自己的索赔要求。因此，在工程实践中，大量发生的、处理比较困难的是承包人向发包人的索赔，这也是工程师进行合同管理的重点内容之一。

（2）只有实际发生了经济损失或权利损害，一方才能向对方索赔　经济损失是指因对方因素造成合同外的额外支出，如人工费、材料费、机械费、管理费等额外开支；权利损害是指虽然没有经济上的损失，但造成了一方权利上的损害，如由于恶劣气候条件对工程进度的不利影响，承包人有权要求工期延长等。因此，发生了实际的经济损失或权利损害，应是一方提出索赔的一个基本前提条件。有时上述两者同时存在，如发包人未及时交付合格的施工现场，既造成承包人的经济损失，又侵犯了承包人的工期权利，因此，承包人既要求经济赔偿，又要求工期延长；有时两者皆可单独存在，如恶劣气候条件影响、不可抗力事件等，承包人根据合同规定或惯例只能要求工期延长，不应要求经济补偿。

（3）索赔是一种未经对方确认的单方行为　索赔与我们通常所说的工程签证不同。在施工过程中签证是承包方与发包方就额外费用补偿或工期延长等达成一致的书面证明材料和补充协议，它可以直接作为工程款结算或最终增减工程造价的依据，而索赔则是单方面的行为，对对方尚未形成约束力，这种索赔要求能否得到最终实现，必须通过确认（如双方协商、调解、仲裁和诉讼）后才能实现。

索赔是一种正当的权利或要求，是合情、合理、合法的行为，它是在正确履行合同的基础上争取合理的偿付，不是无中生有，无理争利。索赔同守约、合作并不矛盾、对立。索赔本身就是市场经济中合作的一部分，只要是符合有关规定的、合法的或者符合有关惯例的，就应该理直气壮地、主动地向对方索赔。大部分索赔可以通过协商谈判和调解等方式获得解决，只有在双方坚持己见而无法达成一致时，才会提交仲裁或诉诸法院求得解决。

8.1.2　工程索赔的分类

1. 按索赔目的分类

按索赔目的不同，索赔分为工期索赔和费用索赔两类。

（1）工期索赔　由于非承包人责任导致施工进程延误，要求批准顺延合同工期的索赔，称为工期索赔。工期索赔形式上是对权利的要求，以避免在原定合同竣工日不能完工时，被发包人追究拖期违约责任。一旦获得批准合同工期顺延后，承包人不仅免除了承担拖期违约赔偿费的严重风险，而且可能因提前工期而得到奖励，最终仍反映在经济收益上。

（2）费用索赔　费用索赔的目的是要求经济补偿。若施工的客观条件改变导致承包人增加开支，可要求对超出计划成本的附加开支给予补偿，以挽回不应由其承担的经济损失。

2. 按索赔当事人分类

按索赔当事人分类，索赔可以分为：

（1）承包商与业主之间索赔　这类索赔大都是有关工程量计算、变更、工期、质量和价格方面的争议，也有中断或终止合同等其他违约行为的索赔。

（2）承包商与分包商之间索赔　这类索赔内容与前一类大致相似，但大多数是分包商向总包商索要付款和赔偿，以及承包商向分包商罚款或扣留支付款等。

（3）承包商与供货商之间索赔　这类索赔内容多是商贸方面的争议，如货物质量不符合技术要求、数量短缺、交货拖延、运输损坏等。

（4）承包商与保险公司之间索赔　此类索赔多是承包商受到灾害、事故或其他损害或损失，按保险单向其投保的保险公司索赔。

前两种发生在施工过程中的索赔，有时也称为施工索赔；后两种发生在物资采购、运输等过程中的索赔，有时也称为商务索赔。

3. 按索赔原因分类

按索赔原因的不同，索赔可分为工程延误索赔、工程范围变更索赔、施工加速索赔、不利现场条件索赔、合同条款引起的索赔和不可抗力引起的索赔六类。

（1）工程延误索赔　因发包人未按合同要求提供施工条件，如未及时交付设计图纸、施工现场、道路等，或因发包人指令工程暂停等造成工期拖延的，承包商对此提出索赔。

（2）工程范围变更索赔　工作范围的索赔是指发包人和承包商对合同中规定工作理解的不同而引起的索赔。

（3）施工加速索赔　施工加速索赔经常是延期或工作范围索赔的结果，有时也称为"赶工索赔"。加速施工索赔与劳动生产率的降低关系极大，因此又可称为劳动生产率损失索赔。

（4）不利现场条件索赔　不利现场条件索赔近似于工作范围索赔，然而又与大多数工作范围索赔有所不同。不利现场条件索赔应归咎于确实不易预知的某个事实。如现场的水文、地质条件在设计时全部弄得一清二楚几乎是不可能的，只能根据某些地质钻孔和土样试验资料来分析和判断。要对现场进行全面的调查将会耗费大量的成本和时间，一般发包人不会这样做，承包商在短短的投标报价时间内更不可能做这种现场调查工作。这种不利现场条件的风险由发包人来承担是合理的。

（5）合同条款引起的索赔　合同条款可能在两种情况下引发争议，进而引起索赔：①条款本身在客观上存在错误；②承包方与发包方在主观上对合同条款存在理解争议。从客观角度讲，如果合同存在条款不全、条款前后矛盾、关键性文字错误等明显问题，承包方存在据此提出索赔主张的可能性。如果是由于条款存在理解争议，承包方根据自己主观理解施工时造成损失或损害，也可向发包方主张索赔。但相比较而言，前者得到发包方认可的可能性更大一些。

（6）不可抗力引起的索赔　所谓不可抗力，是指不能预见、不能避免并且不能克服的客观情况。例如，在工程建设过程中发生地震、海啸、战争等情况，造成承包方的工期损失，承包方可据此不可抗力事由向发包方主张索赔。

4. 按索赔依据分类

按索赔依据的不同，索赔可分为合同内索赔、合同外索赔和道义索赔三类。

（1）合同内索赔　此类索赔是以合同条款为依据，在合同中有明文规定的索赔，如工期延误、工程变更、承包人提供的放线数据有误、发包人不按合同规定支付进度款等。这种索赔由于在合同中有明文规定，往往容易成功。

（2）合同外索赔　此类索赔在合同文件中没有明确的叙述，但可以根据合同文件的某些内容合理推断出可以进行此类索赔，而且此类索赔并不违反合同文件的其他任何内容。

（3）道义索赔　道义索赔也称为额外支付，是指承包商在合同内或合同外都找不到可以索赔的合同依据或法律根据，因而没有提出索赔的条件和理由，但承包商认为自己有要求补偿的道义基础，而对其遭受的损失提出具有优惠性质的补偿要求。

5. 按索赔处理方式分类

按索赔处理方式的不同，索赔可分为单项索赔和综合索赔两类。

（1）单项索赔　单项索赔是针对某一干扰事件提出的，在影响原合同正常运行的干扰事件发生时或发生后，由合同管理人员立即处理，并在合同规定的索赔有效期内向发包人或监理人提交索赔要求和报告。单项索赔通常原因单一、责任单一，分析起来相对容易。由于涉及的金额一般较小，双方容易达成协议，处理起来也比较简单。因此，合同双方应尽可能地用此种方式来处理索赔。

（2）综合索赔　综合索赔又称一揽子索赔。一般在工程竣工前和移交前，承包商将工程实施过程中因各种原因未能及时解决的单项索赔集中起来进行综合考虑，提出一份综合索赔报告，由合同双方在工程交付前后进行最终谈判，以一揽子方案解决索赔问题。

8.1.3　工程索赔的原因

1. 工程项目的特殊性

现代工程规模大、技术性强、投资额度大、工期长、材料设备价格变化快，使得工程项目在实施过程中存在许多不确定因素。

工程合同必须在工程开始时签订，合同双方绝不可能对项目中遇到的所有问题都做出合理的预见和规定，而且业主在实施过程中会有许多新的决策，这一切都会使合同变更更为频繁。然而，合同变更必然导致项目工期和成本的变化，这是索赔产生的主要原因之一。

2. 工程项目外部环境的复杂性和多变性

工程项目的技术环境、经济环境、法律环境的变化，也是索赔产生的原因之一。如地质条件变化、材料价格的变化、货币贬值、国家政策、法律法规变化会对工程实施过程产生影响，使工程的计划实施过程与实际情况不一致，导致工程工期和费用的变化。

3. 参与建设主体的多元化

由于工程参与单位多，一个项目往往会有业主、总承包、监理工程师、分包商、指定材料供应商等众多参与单位，各方面的技术、经济关系错综复杂，相互联系又互相影响，只要一方失误，不仅会造成自己的损失，而且会影响其他合作者，造成他人的损失，形成复杂的经济纠纷，进而导致索赔和争执。

4. 建设工程合同的复杂性和易出错性

建设工程合同文件多而复杂，经常会出现措辞不当、缺陷、图纸错误以及合同文件前后自相矛盾和意思解释上的偏差，容易造成合同双方对合同文件理解不一致而导致索赔。

5. 不同国家的文化差异

在国际承包工程中，合同双方来自不同的国家，使用不同的语言，适用不同的法律参照系，有不同的工程习惯，以及双方对合同责任理解的差异也是引起索赔的原因之一。

8.1.4　工程索赔的依据

索赔依据部分包括该索赔事件所涉及的一切证据资料，以及对这些索赔依据的说明。索赔依据是索赔报告的重要组成部分，没有翔实可靠的索赔依据，索赔是不能成功的。引用索赔依据时，要注意该依据的效力和可信程度。为此，对重要的索赔依据资料最好附以文字证明或确认件。例如：一个重要的电话内容，仅附上自己的记录是不够的，最好附上经过双方签字确认的电话记录；或附上发给对方要求确认该电话记录的函件，即使对方未给复函，也可以说明责任在对方，因为对方未复函确认或修改，按惯例应理解为已默认。

1. 对索赔依据的要求

（1）真实性　索赔依据必须是在实施合同过程中确定存在和发生的，必须完全反映实际情况，能经得住推敲。

（2）全面性　索赔依据应能说明事件的全过程。索赔报告中涉及的索赔理由、事件过程、影响、索赔数额等都应有相应依据，不能零乱和支离破碎。

（3）关联性　索赔依据应当能够相互说明、具有关联性，不能互相矛盾。

（4）及时性　索赔依据的取得及提出应当及时，符合合同约定。

（5）具有法律证明效力　索赔依据必须是书面文件，有关记录、协议、纪要必须是双方签署的；工程重大事件，特殊情况的记录、统计必须由合同约定的监理人签证认可。

2. 索赔证据的种类

1）招标文件、工程合同、发包人认可的施工组织设计、工程图纸、技术规范等。
2）工程各项有关的设计交底记录、变更图纸、变更施工指令等。
3）工程各项经发包人或合同中约定的发包人现场代表或监理人签认的签证。
4）工程各项往来信件、指令、信函、通知、答复等。
5）工程各项会议纪要。
6）施工计划及现场实施情况记录。
7）施工日志及工长工作日志、备忘录。
8）工程送电、送水、道路开通、封闭的日期及数量记录。
9）工程停电、停水和干扰事件影响的日期及恢复施工的日期记录。
10）工程预付款、进度款拨付的数额及日期记录。
11）工程图纸、图纸变更、交底记录的送达份数及日期记录。
12）工程有关施工部位的照片及录像等。
13）工程现场气候记录，如有关天气的温度、风力、雨雪等。
14）工程验收报告及各项技术鉴定报告等。
15）工程材料采购、订货、运输、进场、验收、使用等方面的凭据。
16）国家和省级或行业建设主管部门有关影响工程造价、工期的文件、规定等。

8.2　施工索赔程序

8.2.1　施工索赔的一般程序

承包人和发包人的索赔程序是按照《建设工程施工合同（示范文本）》通用条款第19条的相关规定。

1. 承包人的索赔程序

（1）承包人的索赔　根据合同约定，承包人认为有权得到追加付款和（或）延长工期的，应按以下程序向发包人提出索赔：

1）承包人应在知道或应当知道索赔事件发生后28天内，向监理人递交索赔意向通知书，并说明发生索赔事件的事由；承包人未在前述28天内发出索赔意向通知书的，丧失要求追加付款和（或）延长工期的权利。

2）承包人应在发出索赔意向通知书后28天内，向监理人正式递交索赔报告；索赔报告应详细说明索赔理由以及要求追加的付款金额和（或）延长的工期，并附必要的记录和证明材料。

3）索赔事件具有持续影响的，承包人应按合理时间间隔继续递交延续索赔通知，说明持续影响的实际情况和记录，列出累计的追加付款金额和（或）工期延长天数。

4）在索赔事件影响结束后28天内，承包人应向监理人递交最终索赔报告，说明最终要求索赔的追加付款金额和（或）延长的工期，并附必要的记录和证明材料。

（2）对承包人索赔的处理

1）监理人应在收到索赔报告后14天内完成审查并报送发包人。监理人对索赔报告存在异议的，有权要求承包人提交全部原始记录副本。

2）发包人应在监理人收到索赔报告或有关索赔的进一步证明材料后的28天内，由监理人向承包人出具经发包人签认的索赔处理结果。发包人逾期答复的，视为认可承包人的索赔要求。

3）承包人接受索赔处理结果的，索赔款项在当期进度款中进行支付；承包人不接受索赔处理结果的，按照通用条款"争议解决"条款的约定处理。

（3）提出索赔的期限

1）承包人按通用条款"竣工结算审核"条款约定接收竣工付款证书后，应被视为已无权再提出在工程接收证书颁发前所发生的任何索赔。

2）承包人按通用条款"最终结清"条款提交的最终结清申请单中，只限于提出工程接收证书颁发后发生的索赔。提出索赔的期限自接受最终结清证书时终止。

2. 发包人的索赔程序

（1）发包人的索赔　根据合同约定，发包人认为有权得到赔付金额和（或）延长缺陷责任期的，监理人应向承包人发出通知并附有详细的证明。

发包人应在知道或应当知道索赔事件发生后28天内，通过监理人向承包人提出索赔意向通知书，发包人未在前述28天内发出索赔意向通知书的，丧失要求赔付金额和（或）延长缺陷责任期的权利。发包人应在发出索赔意向通知书后28天内，通过监理人向承包人正式递交索赔报告。

（2）对发包人的索赔处理

1）承包人收到发包人提交的索赔报告后，应及时审查索赔报告的内容、查验发包人的证明材料。

2）承包人应在收到索赔报告或有关索赔的进一步证明材料后28天内，将索赔处理结果答复发包人。如果承包人未在上述期限内做出答复的，那么视为对发包人索赔要求的认可。

3）承包人接受索赔处理结果的，发包人可从应支付给承包人的合同价款中扣除赔付的金额或延长缺陷责任期；发包人不接受索赔处理结果的，按"争议解决"条款的约定处理。

8.2.2　索赔文件

索赔文件是承包商向业主索赔的正式书面材料，也是业主审议承包商索赔请求的主要依据，它包括索赔意向通知、索赔报告两个部分。

1. 索赔意向通知

索赔意向通知是指某一索赔事件发生后，承包人意识到该事件将要在以后工程进行中对己方产生额外损失,而当时又没有条件和资料确定以后所产生额外损失的数量时所采用的一种维护自身索赔权利的文件。

(1) 索赔意向通知的作用　对应延续时间比较长、涉及内容比较多的工程事件来说,索赔意向通知对以后的索赔处理起着较好的促进作用,具体表现在以下几个方面:

1) 对发包人起提醒作用,使发包人意识到所通知事件会引起事后索赔。

2) 对发包人起督促作用,使发包人要特别注意该事件持续过程中所产生的各种影响。

3) 给发包人创造挽救机会,使发包人接到索赔意向通知后,可以尽量采取必要措施减少事件的不利影响,降低额外费用的产生。

4) 对承包人合法利益起保护作用,避免事后发包人以承包人没有提出索赔而使索赔落空。

5) 承包人提出索赔意向通知后,应进一步观察事态的发展,有意识地收集用于后期索赔报告的有关证据。

6) 承包人可以根据发包人收到索赔意向通知的反应及提出的问题,有针对性地准备索赔资料,避免失去索赔机会。

(2) 索赔意向的通知内容　索赔意向通知没有统一的要求,一般可考虑下述内容:

1) 事件发生的时间、地点或工程部位。

2) 事件发生时的双方当事人或其他有关人员。

3) 事件发生的原因及性质,应特别说明是非承包人的责任或过错。

4) 承包人对事件发生后的态度,应说明承包人为控制事件对工程的不利发展、减少工程及其相关损失所采取的行动。

5) 写明事件的发生将会使承包人产生额外经济支出或其他不利影响。

6) 注明提出该项索赔意向的合同条款依据。

(3) 索赔意向通知编写实例　在某学校建设施工土方工程中,承包商在合同标明有松软石的地方没有遇到松软石,因此工期提前1个月。但在合同中另一未标明有坚硬岩石的地方遇到更多的坚硬岩石。开挖工作变得更加困难,由此造成了实际施工进度比原计划延后,经测算影响工期3个月。由于施工速度减慢,使得部分施工任务拖到雨季进行,按一般公认标准推算,又影响工期2个月。为此承包商准备提出索赔。承包商就此事件拟定的索赔通知范文如下:

索赔通知

致甲方代表(或监理工程师):

我方希望你方对工程地质条件变化问题引起重视:在合同文件未标明有坚硬岩石的地方遇到了坚硬岩石,致使我方实际施工进度比原计划延后,并不得不在雨季施工。

上述施工条件变化,造成我方施工现场设计与原设计有很大不同,为此向你方提出工期索赔及费用索赔要求,具体工期索赔及费用索赔依据与计算书在随后的索赔报告中。

承包商:
年　月　日

2. 索赔报告

索赔报告的具体内容,因索赔事件的性质和特点而有所不同。一般来说,完整的索赔报告应包括以下四个部分:

（1）总论部分　一般包括以下内容：序言、索赔事项概述、具体索赔要求、索赔报告编写及审核人员名单。

文中首先应概述索赔事件的发生日期与过程，施工单位为该索赔事件所付出的努力和附加开支，施工单位的具体索赔要求。在总论部分的最后，附上索赔报告编写组主要人员及审核人员的名单，注明有关人的职称、职务及施工经验，以表示该索赔报告的严肃性和权威性。总论部分的阐述要简明扼要地说明问题。

（2）根据部分　本部分主要是说明自己具有的索赔权利，这是索赔能否成立的关键。根据部分的内容主要来自该工程项目的合同文件，并参照有关法律规定。在这部分中施工单位应引用合同中的具体条款，说明自己理应获得经济补偿或工期延长。

根据部分的具体内容随各个索赔事件的情况而不同。一般情况下，根据部分应包括以下内容：索赔事件的发生情况、已递交索赔意向书的情况、索赔事件的处理过程、索赔要求的合同根据、所附的证据资料。

在写法结构上，按照索赔事件发生、发展、处理和最终解决的过程编写，并明确全文引用有关的合同条款，使建设单位和监理工程师能历史地、逻辑地了解索赔事件的始末，并充分认识该项索赔的合理性和合法性。

（3）计算部分　这部分是以具体的计算方法和计算过程，说明自己应得经济补偿的款额或延长时间。如果说根据部分的任务是解决索赔能否成立，那么计算部分的任务就是决定应得到多少索赔款额和工期。前者是定性的，后者是定量的。

在款额计算部分，施工单位必须阐明下列问题：索赔款的要求总额；各项索赔款的计算，如额外开支的人工费、材料费、管理费和损失利润；指明各项开支的计算依据及证据资料，施工单位应注意采用合适的计价方法。至于采用哪一种计价方法，应根据索赔事件的特点及自己所掌握的证据资料等因素来确定。此外，应注意每项开支款的合理性，并指出相应的证据资料的名称及编号。切忌采用笼统的计价方法和不实的开支款额。

（4）证据部分　证据部分包括该索赔事件所涉及的一切证据资料，以及对这些证据的说明。证据是索赔报告的重要组成部分。

任何索赔事件的确立，其前提条件是必须有正当的索赔理由。对正当的索赔理由的说明必须具有证据，因为进行索赔主要是靠证据说话。没有证据或证据不足，索赔是难以成功的。

8.3　工期索赔

8.3.1　工期延误的概念

工期延误又称为工程延误或进度延误，是指工程实施过程中任何一项或多项工作的实际完成日期迟于计划规定的完成日期，从而可能导致整个合同工期的延长。工期延误对合同双方一般都会造成损失，业主将不能按照计划达到投资效果，失去盈利机会。承包商会因工期延误增加工程成本，生产率降低，甚至会遭到误期损害赔偿的处罚。工期延误的后果是形式上的时间损失，实质上会造成经济损失。

承包商工期索赔的目的主要是：免去或减轻自身对已经产生的工期延长的合同责任，使自己不支付或尽可能少支付工期延长的罚款；对因工期延长造成的费用损失进行索赔。

对已经产生的工期延长，业主常采用的解决办法是：①不采取加速措施，将合同工期顺延，工程施工仍按原定方案和计划实施；②指令承包商采取加速措施，以全部或部分地弥补已经损失的工期。

8.3.2　工期延误的分类

1. 按照工期延误的原因划分

（1）由非承包商原因引起的工期延误　由下列非承包商原因造成的工期延误，承包商有权获得工期延长，包括：①业主未能及时交付合格的施工现场；②业主未能及时交付施工图；③业主或工程师未能及时审批图纸、施工方案、施工计划等；④业主未能及时支付预付款或工程款；⑤业主未能及时提供合同规定的材料或设施；⑥业主自行发包的工程未能及时完工或其他承包商违约导致的工期延误；⑦业主或工程师拖延关键线路上工序的验收时间导致下道工序的工期延误；⑧业主或工程师发布暂停施工指令导致延误；⑨业主或工程师设计变更导致工期延误或工程量增加；⑩业主或工程师提供的数据错误导致的工期延误。

延期的责任者是业主或工程师，承包商有权同时要求延长工期和经济补偿。

（2）由承包商原因引起的工期延误　由承包商原因引起的工期延误，一般是由于其管理不善所引起的，包括：①施工组织不当，出现窝工或停工待料等现象；②质量不符合合同要求而造成返工；③资源配置不足；④开工延误；⑤劳动生产率低；⑥分包商或供货商延误。

由承包商原因造成的工期延误，承包商须向业主支付延期损害赔偿费，并无权获得工期延长。

（3）由不可控制因素引起的工期延误　这类延误包括人类不可抗拒的自然灾害导致的工期延误、特殊风险如战争或叛乱等造成的工期延误、不利的施工条件或外界障碍引起的工期延误等。

不可控制因素引起的工期延误，业主可给予工期延长，但不能对相应经济损失给予补偿，因为是客观因素造成的延期。

2. 按照索赔要求和结果划分

按照承包商可能得到的要求和索赔结果划分，工期延误可以分为可索赔延误和不可索赔延误。

（1）可索赔延误　可索赔延误是指由非承包商原因引起的工期延误，包括业主或工程师的原因和双方不可控制的因素引起的索赔。根据补偿的内容不同，索赔可以进一步划分为以下三种情况：①只可索赔工期的延误；②只可索赔费用的延误；③可索赔工期和费用的延误。

（2）不可索赔延误　不可索赔延误是指由承包商原因引起的工期延误，承包商不应向业主提出索赔，而且应该采取措施赶工，否则应向业主支付误期损害赔偿。

3. 按照延误工作所在的工程网络计划的线路划分

按照延误工作所在的工程网络计划的线路性质，工程延误划分为关键线路延误和非关键线路延误。

由于关键线路上任何工作（或工序）的延误都会造成总工期的推迟，因此，由非承包商原因造成的关键线路延误都是可索赔延误。非关键线路上的工作一般都存在机动时间，其延误是否会影响到总工期的推迟取决于其总时差的大小和延误时间的长短。如果延误时间少于该工作的总时差，业主一般不会给予工期顺延，但可能给予费用补偿；如果延误时间大于该工作的总时差，非关键线路的工作就会转化为关键工作，从而成为可索赔延误。

4. 按照延误事件之间的关联性划分

（1）单一延误　单一延误是指在某一延误事件从发生到终止的时间间隔内，没有其他延误事件的发生，该延误事件引起的延误称为单一延误。

（2）共同延误　当两个或两个以上的延误事件从发生到终止的时间完全相同时，这些事件引起的延误称为共同延误。共同延误的补偿分析比单一延误要复杂一些。当由业主引起的延误或由双方不可控制因素引起的工期延误与由承包商引起的工期延误共同发生时，即可索赔延误与不可索赔延误同时发生时，可索赔延误就将变成不可索赔延误，这是工程索赔的惯例之一。

（3）交叉延误　当两个或两个以上的延误事件从发生到终止只有部分时间重合时，称为交叉延误。由于工程项目是一个较为复杂的系统工程，影响因素众多，常常会出现由多种原因引起的延误交织在一起的情况，这种交叉延误的补偿分析更加复杂。

比较交叉延误和共同延误，我们不难看出，共同延误是交叉延误的一种特例。

8.3.3　工期索赔的分析和计算方法

1. 工期索赔的分析

工期索赔的分析包括延误原因分析、延误责任的界定、关键线路法（Critical Path Method，CPM）分析（网络分析法）、工期索赔的计算等。

运用 CPM 分析延误事件是否发生在关键线路上，以决定延误是否可以索赔。在工期索赔中，一般只考虑对关键线路上的延误或者非关键线路因延误而变为关键线路时才给予工期顺延。

2. 工期索赔的计算方法

（1）网络分析法　通过分析干扰事件发生前后的网络计划，对比两种工期计算结果，计算索赔值。网络分析法实质是利用进度计划，分析其关键线路。如果延误的工作为关键工作，那么总延误的时间为批准顺延的工期；如果延误的工作为非关键工作，当该工作由于延误超过时差限制而成为关键工作时，可以批准延误时间为总时差的差值；若该工作延误后仍为非关键工作，则不存在工期索赔问题。

1）由非承包商自身原因的事件造成关键线路上的工序暂停施工：

$$工期索赔天数 = 关键线路上的工序暂停施工的日历天数$$

2）由非承包商自身原因的事件造成非关键线路上的工序暂停施工：

$$工期索赔天数 = 工序暂停施工的日历天数 - 该工序的总时差天数$$

工期索赔天数小于或等于 0 时，工期不能索赔。

【例 8-1】　已知某工程网络计划如图 8-1 所示。总工期 16 天，关键工作为 A、B、E、F。若由业主原因造成工作 B 延误 2 天，由于 B 为关键工作，对总工期将造成延误 2 天，故向业主索赔2天。若由业主原因造成工作C延误1天，承包商是否可以向业主提出1天的工期补偿？若由业主原因造成工作C延误3天，承包商是否可以向业主提出3天的工期补偿？

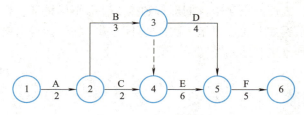

图 8-1　工程网络计划

解： 工作C总时差为1天，有1天的机动时间，由业主原因造成的1天延误对总工期不会有影响。实际上，将1天的延误代入原网络图，即工作C变为3天，计算结果工期仍为16天。

若由业主原因造成工作C延误3天，由于工作C本身有1天的机动时间，对总工期造成延误为3-1=2（天），故向业主索赔2天，或将工作C延误的3天代入网络图中，即工作C变为2+3=5（天），计算可以发现网络图关键线路发生了变化，工作C由非关键工作变成了关键工作，总工期为18天，索赔天数为18-16=2（天）。

（2）直接法　如果某干扰事件直接发生在关键线路上或一次性地发生在一个项目上，造成总工期的延误，这时可以通过查看施工日志、变更指令等资料，直接将这些资料中记载的延误时间作为工期索赔值。如承包商按工程师的书面工程变更指令，完成变更工程所用的实际工时即为工期索赔值。

（3）比例类推法　如果某干扰事件仅影响某单项工程、单位工程或分部分项工程的工期，要分析其对总工期的影响，可以采用较简单的比例类推法。比例类推法可分为两种情况：

1）按工程量进行比例类推。当计算出某一分部分项工程的工期延长后，还要把局部工期转变为整体工期，可以用局部工程的工程量占整个工程量的比例来折算。

【例 8-2】 某工程基础施工中出现了意外情况，业主指令承包商进行处理，土方工程量由原来的2800m³增加到3500m³，原定工期是40天，则承包商可以提出的工期索赔值是多少？

解： 工期索赔值=原工期×额外或新增工程量÷原工程量=40×（3500-2800）÷2800=10（天）。

若本例中合同规定工程量增减10%为承包商应承担的风险，则工期索赔值应该为

工期索赔值=40×（3500-2800×110%）÷2800=6（天）。

2）按造价进行比例类推法。若施工中出现了很多大小不等的工期索赔，较难准确地单独计算且又麻烦时，可经双方协商，采用造价比较法确定工期补充天数。

【例 8-3】 某工程合同总价380万元，总工期15个月。现业主指令增加附加工程的价格为76万元，则承包商提出工期索赔值是多少？

解：总工期索赔值＝原合同总工期×附加或新增工程量价格÷原合同总价＝15×76÷380＝3（月）

比例类推法简单、方便，易于被人们理解和接受，但不尽科学、合理，有时不符合工程实际情况，且对有些情况如业主变更施工次序等不适用，甚至会得出错误的结果，在实际工作中应予以注意，正确掌握其适用范围。

8.4 费用索赔

在现代承包工程中特别是在国际承包工程中索赔经常发生而且索赔额很大。在承包工程中对承包商施工单位来说索赔的范围十分广泛。一般只要不是承包商自身责任而是由于外界干扰造成工期延长或成本增加都有可能提出索赔，而索赔值的计算是十分复杂的，需要广博的知识和实践经验。本节根据近年来国内外建筑市场的发展并结合在现实施工索赔中遇到的问题分析费用索赔计算的基本原则和方法。

8.4.1 费用索赔计算的基本原则

费用索赔是整个合同索赔的重点和最终目标，工期索赔在很大程度上也是为了费用索赔。在承包工程中干扰事件对成本和费用的影响的定量分析和计算是极为困难和复杂的，目前还没有大家统一认可的、通用的计算方法，而选用不同的计算方法对索赔值影响很大。计算方法必须符合大家所公认的基本原则且能够被业主、监理工程师、调解人或仲裁人接受，如果计算方法不合理会使费用索赔值计算明显过高，从而使整个索赔报告和索赔要求被否定。所以费用索赔要注意以下几个计算原则：

1. 实际损失原则

费用索赔都以赔（补）偿实际损失为原则，在费用索赔计算中它体现在如下几个方面：

1）实际损失即为干扰事件对承包商工程成本和费用的实际影响，这个实际影响即可作为费用索赔值。按照索赔原则，承包商不能因为索赔事件而受到额外的收益或损失，索赔对业主不具有任何惩罚性质。实际损失包括两个方面：①直接损失，即承包商财产的直接减少。在实际工程中常常表现为成本的增加和实际费用的超支。②间接损失，即可能获得的利益的减少。例如，由于业主拖欠工程款使承包商失去这笔款的存款利息收入。

2）所有干扰事件引起的实际损失以及这些损失的计算都应有详细的具体的证明，在索赔报告中必须出具这些证据，没有证据，索赔要求是不能成立的。实际损失以及这些损失计算的证据通常有：各种费用支出的账单，工资表、工资单、现场用工、用料、用机的证明，财务报表，工程成本核算资料，甚至还包括承包商同期企业经营和成本核算资料等。监理工程师或业主代表在审核承包商索赔要求时常常要求承包商提供这些证据并全面审查。

3）当干扰事件属于对方的违约行为时，如果合同中有违约条款按照《民法典》合同原则先用违约金抵充实际损失，不足的部分再赔偿。

2. 合同原则

费用索赔计算方法必须符合合同的规定。赔偿实际损失原则并不能理解为必须赔偿承包商的全部实际费用超支和成本的增加。在实际工程中许多承包商常常以自己的实际生产值、实际生产效率、工资水平和费用开支水平来计算索赔值，他们认为这即为赔偿实际损失原则。这是一种误解。这样常常会过高地计算索赔值而使整个索赔报告被对方否定。在索赔值的计算中还必须考虑以下几个因素：

1) 扣除由承包商自己的责任造成的损失即由于承包商自己管理不善、组织失误等原因造成的损失应由他自己负责。

2) 符合合同规定的赔（补）偿条件，扣除承包商应承担的风险。任何工程承包合同都有承包商应承担的风险条款，对风险范围内的损失由承包商自己承担。如某合同规定合同价格是固定的，承包商不得以任何理由增加合同价格，如市场价格上涨、货币价格浮动、生活费用提高、工资的基限提高、调整税法等。在此范围内的损失是不能提出索赔的。此外超过索赔有效期提出的索赔要求无效。

3) 合同规定的计算基础。合同既是索赔的依据又是索赔值计算的依据，合同中的人工费单价、材料费单价、机械费单价、各种费用的取值标准和各分部、分项工程合同单价都是索赔值的计算基础。当然有时按合同规定可以对它们做调整。例如，由于社会福利费增加造成人工工资的基限提高而合同规定可以调整即可以提高人工费单价。

4) 有些合同对索赔值的计算规定了计算方法、计算公式、计算过程等。

3. 合理性原则

1) 符合规定的或通用的会计核算原则。索赔值的计算是在成本计算和成本核算基础上通过计划成本和实际成本对比进行的。实际成本的核算必须与计划成本、报价成本的核算有一致性而且符合通用的会计核算原则。例如，采用正确的成本项目的划分方法、各成本项目的核算方法、工地管理费和总部管理费的分摊方法等。

2) 符合工程惯例，即采用能被业主、调解人、仲裁人认可的在工程中常用的计算方法。

4. 有利原则

如果选用不利的计算方法会使索赔值计算过低，从而使自己的实际损失得不到应有的补偿或失去可能获得的利益。通常索赔值中应包括如下几个方面的因素：

（1）承包商所受的实际损失　它是索赔的实际期望值也是最低目标。如果最后承包商通过索赔从业主处获得的实际补偿低于这个值则导致亏本。有时承包商还希望通过索赔弥补自己其他方面的损失，如报价低、报价失误、合同规定风险范围内的损失、施工中管理失误造成的损失等。

（2）对方的反索赔　在承包商提出索赔后对方常常采取各种措施反索赔以抵销或降低承包商的索赔值。例如，在索赔报告中寻找薄弱环节以否定其索赔要求，抓住承包商工程中的失误或问题向承包商提出罚款、扣款或其他索赔以平衡承包商提出的索赔。业主的管理人员、监理工程师或业主代表需要反索赔的业绩和成就感故而会积极地进行反索赔。

（3）最终解决中的让步　对重大的索赔特别是对重大的一揽子索赔在最后解决中承包商常常必须做出让步，即在索赔值上打折扣以争取对方对索赔的认可，争取索赔的早日解决。这几个因素常常使索赔报告中的费用赔偿要求与最终解决即双方达成一致的实际赔偿值相差甚远。承包商在索赔值的计算中应考虑这几个因素而留有余地，索赔要求应大于实际损失值，这样最终解决才会有利于承包商。不过也应该提出理由，不能被对方轻易察觉。

8.4.2 索赔费用的组成与计算

1. 可索赔费用的组成

承包商有索赔权的事项，导致了工程成本的增加，承包商都可以提出费用索赔。一般索赔费用主要包括以下几个方面的内容：

（1）人工费　人工费是构成工程成本中直接费的主要项目之一，主要包括生产工人的基本工资、工资性质的津贴、辅助工资、劳保福利费、加班费、奖金等。索赔费用中的人工费，需要考虑以下几个方面：

1）完成合同计划以外的工作所花费的人工费用。
2）由于非承包商责任的施工效率降低所增加的人工费用。
3）超过法定工作时间的加班劳动费用。
4）法定人工费的增长。
5）由于非承包商的原因造成工期延误只是人员窝工增加的人工费等。

（2）材料费　材料费在直接费用中占有很大比重。由于索赔事项的影响，在某些情况下，会使材料费的支出超过原计划的材料费支出。索赔的材料费主要包括以下内容：

1）由于索赔事项材料实际用量超过计划用量而增加的材料费。
2）对于可调价格合同，由于客观原因材料价格大幅度上涨。
3）由于非承包商责任使工期延长导致材料价格上涨。
4）由于非承包商原因致使材料运杂费、材料采购与保管费的上涨等。

索赔的材料费中应包括材料原价、材料运输费、采保费、包装费、材料的运输损耗等。但由承包商自身管理不善等原因造成材料损坏、失效等费用损失不能计入材料费索赔。

（3）施工机械使用费　由于索赔事项的影响，使施工机械使用费的增加主要体现在以下几个方面：

1）由于完成工程师指示的、超出合同范围的工作所增加的施工机械使用费。
2）由非承包商的责任导致的施工效率降低增加的施工机械使用费。
3）由业主或者工程师原因导致的机械停工、窝工费等。

（4）管理费

1）工地管理费。工地管理费的索赔是指承包商为完成索赔事项工作、业主指示的额外工作及合理的工期延长期间所发生的工地管理费用，包括工地管理人员的工资、办公费、通信费、交通费等。

2）总部管理费。索赔款中的总部管理费是指索赔事项引起的工程延误期间所增加的管理费用，一般包括总部管理人员工资、办公费用、财务管理费用、通信费用等。

3）其他直接费和间接费。国内工程一般按照相应费用定额计取其他直接费用和间接费用等项，索赔时可以按照合同约定的相应费率计取。

（5）利润　承包商的利润是其正常合同报价中的一部分，也是承包商进行施工的根本目的。所以当索赔事项发生时，承包商会相应提出利润的索赔。但是对于不同性质的索赔，承包商可能得到的利润补偿也会不同。一般由于业主方工作失误造成承包商的损失，可以索赔利润。由业主方也难以预见的事项造成的损失，承包商一般不能索赔利润。在 FIDIC 合同条件中，对于以下几项索赔事项，明确规定了承包商可以得到相应的利润补偿：

1）工程师或者业主提供的施工图或指示延误。
2）业主未能及时提供施工现场。
3）合同规定或工程师通知的原始基准点、基准线、基准标高错误。
4）不可预见的自然条件。
5）承包商服从工程师的指示进行试验（不包括竣工试验），或由于雇主应负责的原因对竣工试验的干扰。
6）因业主违约，承包商暂停工作及终止合同。
7）一部分应属于雇主承担的风险等。

（6）利息　在实际施工过程中，由于工程变更和工期延误，会引起承包商投资的增加。业主拖期支付工程款，也会给承包商造成一定的经济损失，因此承包商会提出利息索赔。利息索赔一般包括以下几个方面：

1）业主拖期支付工程进度款或索赔款的利息。
2）由于工程变更和工期延长所增加投资的利息。
3）业主错误扣款的利息等。

无论是何种原因致使业主错误扣款，由承包商提出反驳并被证明是合理的情况下，业主一方错误扣除的任何款项都应该归还，并应支付扣款期间的利息。

如果工程部分进行分包，分包商的索赔款同样也包括上述各项费用。当分包商提出索赔时，其索赔要求如数列入总包商的索赔要求中，一并向工程师提交。

2. 费用索赔的计算

（1）人工费的计算　要计算索赔的人工费，就要知道人工费的单价和人工的消耗量。

人工费的单价，首先要按照报价单中的人工费标准确定。如果是额外工作，要按照国家或地区统一制定发布的人工费定额来计算。随着物价的上涨，人工费也在不断上涨。如果是可调价合同，在进行索赔人工费计算时，也要考虑到人工费的上涨可能带来的影响。如果因为工程拖期，使得大量工作推迟到人工费涨价以后的阶段进行，人工费会大大超过计算标准。这时再进行单价计算，一定要明确工程延期的责任，以确定相应人工费的合理单价。如果施工现场同时出现人工费单价的提高和施工效率的降低，那么在人工费计算时要分别考虑这两种情况对人工费的影响，分别进行计算。

人工的消耗量，要按照现场实际记录、工人的工资单据以及相应定额中的人工消耗量定额来确定。如果涉及现场施工效率降低，要做好实际效率的现场记录，与报价单中的施工效率相比，确定出实际增加的人工数量。

（2）材料费的计算　索赔的材料费，要计算增加的材料用量和相应材料的单价。

材料单价的计算，首先要明确材料价格的构成。材料的价格一般包括材料供应价、包装费、运输费、运输损耗费和采购保管费五部分。如果不涉及材料价格的上涨，可以直接按照投标报价中的材料价格进行计算。如果涉及材料价格的上涨，则按照材料价格的构成，按照正式的订货单、采购单，或者官方公布的材料价格调整指数，重新计算材料的市场价格。

$$材料单价 = (供应价 + 包装费 + 运输费 + 运输损耗费) \times (1 + 采购保管费率) - 包装品回收值 \tag{8-1}$$

增加的材料用量的计算，要依据增加的工程量和相应材料消耗定额规定的材料消耗量指标计算实际增加的材料用量。

(3) 施工机械使用费的计算 施工机械使用费的计算,按照不同机械的具体情况采用不同的处理方法。

1) 如果是工程量增加,可以按照报价单中的机械台班费用单价和相应工程增加的台班数量,计算增加的施工机械使用费。如果因工程量的变化双方协议对合同价进行了调整,则按照调整以后的新单价进行施工机械使用费的计算。

2) 如果是由非承包商的原因导致施工机械窝工闲置,窝工费的计算要区别是承包商自有机械还是租赁机械分别进行计算。

对于承包商自有机械设备,窝工机械费仅按照台班费计算。如果使用租赁的设备,并且租赁价格合理,又有正式的租赁收据,就可以按照租赁价格计算窝工的机械台班费。

3) 施工机械降效。如果实际施工中是由非承包商原因导致的施工效率降低,承包商将不能按照原定计划完成施工任务。工程拖期后,会增加相应的施工机械费用。确定施工机械降低效率导致机械费的增加,可以考虑按以下公式计算增加的机械台班数:

$$实际台班数量 = 计划台班数量 \times [1 + (原定效率 - 实际效率) \div 原定效率] \quad (8-2)$$

式中,原定效率是合同报价所报的施工效率;实际效率是受到干扰以后现场的实际施工效率。

知道了实际所需的机械台班数量,就可以按以下公式计算出施工机械降效增加的机械费:

$$增加的机械台班数量 = 实际台班数量 - 计划台班数量 \quad (8-3)$$

则机械降效增加的机械费为

$$机械降效增加的机械费 = 机械台班单价 \times 增加的机械台班数量 \quad (8-4)$$

(4) 管理费的计算

1) 工地管理费。工地管理费是按照人工费、材料费、施工机械使用费之和的一定百分率计算确定的。所以当承包商完成额外工程或者附加工程时,索赔的工地管理费也是按照同样的比例计取。但是,如果由其他非承包商原因导致现场施工工期延长,由此增加的工地管理费,可以按原报价中的工地管理费平均计取,计算公式为

$$索赔的工地管理费 = 合同价中工地管理费总额 \div 合同总工期 \times 工程延期的天数 \quad (8-5)$$

2) 总部管理费。总部管理费的计算,一般可以有以下几种计算方法:

① 按照投标书中总部管理费的比例计算,即

$$总部管理费 = 合同中总部管理费率 \times (直接费索赔款 + 工地管理费索赔款) \quad (8-6)$$

② 按照原合同价中的总部管理费平均记取,即

$$总部管理费 = 合同价中总部管理费 = (总额 \div 合同总工期) \times 工程延期的天数 \quad (8-7)$$

(5) 利润的计算 一般来说,对于工程暂停的索赔,由于利润通常是包括在每项实施工程内容的价格之内的,而延长工期并未影响削减某些项目的实施,也未导致利润减少。所以,一般监理工程师很难同意在工程暂停的费用索赔中加入利润损失。索赔利润款额的计算通常是与原中标合同中的利润保持一致,即

$$利润索赔额 = 合同价中的利润率 \times (直接费用索赔额 + 工地管理费索赔额 + 总部管理费索赔额) \quad (8-8)$$

(6) 利息的计算 承包商对利息索赔额可以采用以下方法计算:

1) 按当时的银行贷款利率计算。

2）按当时的银行透支利率计算。
3）按合同双方协议的利率计算。

8.5 反索赔

8.5.1 概述

1. 反索赔的含义

反索赔是指一方提出索赔时，另一方对索赔要求提出反驳、反击，防止对方提出索赔，不让对方的索赔成功或全部成功，并借此机会向对方提出索赔以保护自身合法权益的管理行为。

在工程实践中，当合同方提出索赔要求时，作为另一方面对对方的索赔时应做出如下抉择：如果对方提出的索赔依据充分，证据确凿，计算合理，那么应实事求是地认可对方的索赔要求，赔偿或补偿对方的经济损失或损害；反之，则应以事实为根据，以法律（合同）为准绳，反驳、拒绝对方不合理的索赔要求或索赔要求中的不合理部分，这就是反索赔。因而，反索赔不是不认可、不批准对方的索赔，而是应有理有据地反驳，拒绝对方索赔要求中不合理的部分，进而维护自身的合法权益。

2. 反索赔的意义

反索赔对合同双方有同等重要的意义。主要表现在以下三个方面：

（1）**减少和防止损失的发生**　如果不能进行有效的反索赔，不能避免自己对干扰事件的合同责任，则必须满足对方的索赔要求，支付赔偿费用，致使自己蒙受损失。由于合同双方利益不一致，索赔和反索赔又是一对矛盾，所以一个索赔成功的案例，常常又是反索赔不成功的案例。因而对合同双方来说，反索赔同样直接关系工程经济效益的高低，反映着工程管理水平。

（2）**反索赔成功可以鼓舞人心**　成功的反索赔有利于鼓舞管理者的信心，有利于整个工程及合同的管理，提高工程管理的水平，取得在合同管理中的主动权。在工程承包中，常有这种情况：由于不能进行有效的反索赔，一方管理者处于被动地位，在工作中缩手缩脚，与对方交往诚惶诚恐，丧失主动权，这样必然会影响自身的利益。

（3）**成功的反索赔可以变守为攻**　成功的反索赔工作不仅可以反驳、否定或全部否定对方的不合理要求，而且可以寻找索赔机会，维护自身利益。因为反索赔同样要进行合同分析、事态调查、责任分析、审查对方的索赔报告。用这种方法可以摆脱被动局面，变不利为有利，使守中有攻，能达到更好的索赔效果，并为自己的索赔工作的顺利开展提供帮助。

3. 索赔与反索赔的关系

（1）**索赔与反索赔是完整意义上索赔管理的两个方面**　在合同管理中，既要做好索赔工作，又应做好反索赔工作，以最大限度地维护自身利益。索赔表现为当事人自觉地将索赔管理作为工程及合同管理的重要组成部分，成立专门机构认真研究索赔方法，总结索赔经验，不断提高索赔成功率，在工程实施过程中，能仔细分析合同缺陷，主动寻找索赔机会，为己方争取应得的利益；反索赔在索赔管理策略上表现为防止被索赔，不给对方留下可以索赔的漏洞，使对方找不到索赔机会。在工程管理中反索赔体现为签署严密合理、责任明确的合同条款，并在合同实施过程中，避免己方违约。在反索赔解决过程中表现为：当对方提出索赔时，对其索赔理由予以反驳，对其索赔证据进行质疑，指出其索赔计算的问题，以达到尽量减少索赔额度，甚至完全否定对方索赔要求的目的。

（2）索赔与反索赔是进攻与防守的关系　如果把索赔比作进攻，那么反索赔就是防守，没有积极的进攻，就没有有效的防守；同样，没有积极的防守，也就没有有效的进攻。在工程合同实施过程中，一方提出索赔，一般都会遇到对方的反索赔，对方不可能立即予以认可。索赔和反索赔都不太可能一次性成功，合同当事人必须能攻善守，攻守相济，才能立于不败之地。

（3）索赔与反索赔都是双向的，合同双方均可向对方提出索赔与反索赔　由于工程项目的复杂性，对于干扰事件常常双方都负有责任，所以索赔中有反索赔，反索赔中又有索赔，业主或承包商不仅要对对方提出的索赔进行反驳，而且要防止对方对己方索赔的反驳。

8.5.2　反索赔的内容

反索赔的工作内容可包括两个方面：一是防止对方提出索赔；二是反击或反驳对方的索赔要求。

1. 防止对方提出索赔

这是一种积极防守的反索赔措施，其主要表现为以下几个方面：

1）认真履行合同，避免自身违约给对方留下索赔的机会。这就要求当事人自身加强合同管理及内部管理，使对方找不到索赔的理由和依据。

2）出现了应由自身承担责任或风险的干扰事件时，给对方造成了损失时，力争主动与对方协商提出补偿办法，这样做到先发制人，可能比被动等待对方向自己提出索赔更有利。

3）在出现了双方都有责任的干扰事件时，应采取先发制人的策略。干扰事件（索赔事件）一旦发生，就应着手研究，收集证据。先向对方提出索赔要求，同时又准备反驳对方的索赔。这样做的作用有：可以避免超过索赔有效期而失去索赔机会，同时可使自身处于有利地位。因为对方要花时间和精力分析研究己方的索赔要求，可以打乱对方的索赔计划。再者可为最终解决索赔留下余地，因为通常在索赔的处理过程中双方都可能做出让步，而先提出索赔的一方其索赔额可能较高而处在有利位置。

2. 反驳对方的索赔要求

为了减少己方的损失必须反驳对方的索赔。反驳对方的措施及应注意的问题主要有以下几个方面：

1）利用己方的索赔来对抗对方的索赔要求，抓住对方的失误或不作为行为对抗对方的要求。如我国《民法典》中依据诚实信用的原则，规定了当事人双方有减损义务，即在合同履行中发生了应由对方承担责任或风险的事件使自身有损失时，这时受损者一方应采取有效的措施使损失降低或避免损失进一步的发生。若受损方能采取措施但没有采取措施，使损失扩大了，则受损一方将失去补偿和索赔的权利。因而可以利用此原则来分析索赔方是否有这方面的行为，若有，就可对其进行反驳。

2）反驳对方的索赔报告，找出理由和证据，证明对方的索赔报告不符合事实情况，不符合合同规定，没有根据，计算不准确，以避免或减轻自己的赔偿责任，使自己不受或少受损失。

3）在反索赔中，应当以事实为依据，以法律（合同）为准绳，实事求是、有理有据地认可对方合理的索赔，反驳拒绝对方不合理的索赔，按照公平、诚信的原则解决索赔问题。

8.5.3 反索赔的主要步骤

反索赔要取得成功，必须坚持一定的工作步骤，一般工作步骤如图 8-2 所示。

1. 制订反索赔策略和计划

反索赔一方应加强工程管理与合同分析，并利用以往的经验，对对方在哪些地方、哪些事件可能提出索赔进行预测，制订相应的反索赔应急计划，一旦对方提出索赔要求后，结合实际的索赔要求及反索赔应急计划来制订本次反索赔的详细计划和方法。

2. 合同总体分析

合同总体分析主要对索赔事件产生的原因进行合同分析，分析索赔是否符合合同约定、法律法规及交易习惯。同时通过对这些索赔依据的分析，寻找出对对方不利的条款或相关规定，使对方的要求无立足之地。

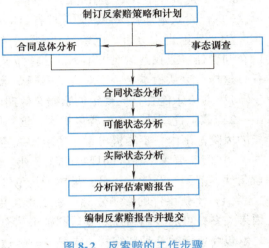

图 8-2 反索赔的工作步骤

3. 事态调查

在反索赔的处理中，应以各种实际工程资料作为证据，用以对照索赔报告所描述的事情经过和所附证据。通过调查可以确定干扰事件的起因、事件经过、持续时间、影响范围等真实的详细的情况，以反驳不真实、不肯定，没有证据的索赔事件。

在此应收集整理所有与反索赔相关的工程资料。

4. 三种状态分析

在事态调查和收集、整理工程资料的基础上进行合同状态、可能状态、实际状态分析，通过三种状态的分析可以达到以下几种目的：

1）全面地评价合同、合同实施状况，评价双方合同责任的履行情况。

2）对对方有理由提出索赔的部分进行总概括，分析出对方有理由提出索赔的干扰事件有哪些、索赔的大约值或最高值。

3）对对方的失误和风险范围进行具体指认，这样在谈判中有攻击点。

4）针对对方的失误做进一步分析，以准备向对方提出索赔，这是在反索赔中同时使用索赔手段。国外的承包商和业主在进行反索赔时，特别注意寻找向对方索赔的机会。

5. 索赔报告分析

对对方的索赔报告进行反驳和分析，指出其不合理的地方，可以从以下几个方面进行：

（1）索赔事件的真实性　不真实、不肯定、没有根据或仅出于猜测的事件是不能提出索赔的。事件的真实性可以从以下两个方面证实：

1）对方索赔报告中列出的证据。不管事实怎样，只要对方索赔报告形成后未提出事件经过的得力证据，本方即可要求对方补充证据，或否定索赔要求。

2）本方合同跟踪的结果。从本方合同跟踪的结果中寻找对对方不利的、构成否定对方索赔要求的证据。

从这两个方面的对比，即可得到干扰事件的实情。

（2）干扰事件责任分析

1）责任在于索赔者自己，由于疏忽大意、管理不善造成损失，或在于干扰事件发生后未采取有效的措施降低损失等，或未遵守工程师的指令、通知等。

2）干扰事件是其他方引起的，不应由本方赔偿。

3）合同双方都有责任，则应按各自的责任分担损失。

（3）索赔理由分析　反索赔和索赔一样，要能找到对自己有利的法律条文，规避自己的合同责任；或找到对对方不利的法律条文，使对方不能推卸或不能完全推卸自己的合同责任。这样可以从根本上否定对方的索赔要求，如以下几种情况：

1）对方未能在合同规定的索赔有效期内提出索赔，故该索赔无效。

2）该干扰事件（如工程量扩大、通货膨胀、外汇汇率变化等）在合同规定的对方应承担的风险范围内，不能提出索赔要求，或应从索赔中扣除这部分。

3）索赔要求不在合同规定的赔（补）偿范围内，如合同未明确规定，或未具体规定补偿条件、范围、补偿方法等，虽然干扰事件为本方责任，但按合同规定本方没有赔偿责任。

（4）干扰事件的影响分析　对于干扰事件的影响，分析索赔事件和影响之间是否存在因果关系，可通过网络计划分析和施工状态分析两个方面的工期影响范围。如在某工程中，总承包商负责的某种装饰材料未能及时运达工地，使分包商装饰工程受到干扰而拖延，但拖延天数在该工程活动的时差范围内，不影响工期。如果总包已事先通知分包，而施工计划又允许人力做调整，那么不能对工期和劳动力损失做索赔。

（5）证据分析　证据不足，证据不当或仅有片面的证据，索赔是不成立的。

（6）索赔值的审核　如果经过上面的各种分析、评价，仍不能从根本上否定该索赔要求，那么必须对最终认可的合情合理的索赔要求进行认真细致的索赔值的审核。因为索赔值计算的工作量大、涉及资料多、过程复杂，要花费许多时间和精力。主要包括以下两个方面的审核。

1）各数据的准确性。对索赔报告中所涉及的各个计算基础数据都必须进行审查、核对，找出其中的错误和不恰当的地方。例如：工程量增加或附加工程的实际用量结果，工地上劳动力、管理人员、材料、机械设备的实际用量，支出凭据上的各种费用支出，各个项目的计划、实际量差分析，索赔报告中所引用的单价、价格指数等。

2）计算方法的选用是否合情合理。尽管通常用分项法计算，但不同的计算方法对计算结果影响很大。在实际工程中，这种争执常常很多，对于重大的索赔，需经过双方协商谈判才能使计算方法达到一致。

6. 编制反索赔报告并提交

反索赔报告也是正规的法律文件。在调解或仲裁中，反索赔报告应递交给调解人或仲裁人。

8.5.4　反索赔报告

反索赔报告是对反索赔工作的总结，向对方（索赔者）表明自己的分析结果、立场，对索赔要求的处理意见以及反索赔的证据。根据索赔事件的性质、索赔值的大小、复杂程度及对索赔认可程度的不同，反索赔报告的内容不同，其形式也不一样。目前，对反索赔报告没有一个统一的格式，但作为一份反索赔报告应包括以下的内容：

1. 向索赔方的致函

在向索赔方的致函中表明反索赔方的态度和立场，提出解决双方有关索赔问题的意见或安排等。

2. 合同责任的分析

这里对合同做总体分析，主要分析合同的法律基础、合同语言、合同文件及变更、合同价格、工程范围、工程变更补偿条件、施工工期的规定及延长的条件、合同违约责任、争执的解决规定等。

3. 合同实施情况的简述和评价

合同实施情况的简述和评价主要包括合同状态、可能状态、实际状态的分析。这里重点针对对方索赔报告中的问题和干扰事件，叙述事实情况，应包括三种状态的分析结果，对双方合同的履行情况和工程实施情况作评价。

4. 对对方索赔报告的分析

对对方索赔报告的分析主要分析对方索赔的理由是否充分，证据是否可靠可信，索赔值是否合理，指出其不合理的地方，同时表明反索赔方处理的意见和态度。

5. 反索赔的意见和结论

反索赔的意见和结论主要针对对方提出的索赔值等结论给出明确的答复意见。

6. 各种附件

附件主要包括反索赔方提出反索赔的各种证据资料等。

思 考 题

1. 按索赔的原因划分，索赔有哪些方式？
2. 简述工程索赔的原因。
3. 索赔的证据有哪些？
4. 简述施工索赔的程序。
5. 简述工期延误的分类。
6. 工期索赔常用的计算方法有哪些？
7. 简述费用索赔计算的基本原则。
8. 可索赔费用由哪几个方面组成？
9. 费用索赔常用的计算方法是什么？
10. 简述反索赔的步骤。

参 考 文 献

[1] 关秀霞，高影．建筑工程项目管理［M］．2版．北京：清华大学出版社，2020．
[2] 吴守荣．项目采购管理［M］．北京：机械工业出版社，2018．
[3] 杨志勇，简迎辉，鲍莉荣，等．工程项目采购与合同管理［M］．北京：中国水利水电出版社，2016．
[4] 李效飞，马卫周，卢毅，等．工程项目采购管理［M］．北京：中国建筑工业出版社，2014．
[5] 赖一飞，张清，余群舟．项目采购与合同管理［M］．北京：机械工业出版社，2008．
[6] 宋玉卿，沈小静．采购管理［M］．2版．北京：中国财富出版社，2018．
[7] 李启明．工程项目采购与合同管理［M］．北京：中国建筑工业出版社，2009．
[8] 李启明，邓小鹏．建设项目采购模式与管理［M］．北京：中国建筑工业出版社，2011．
[9] 吴芳，胡季英．工程项目采购管理［M］．北京：中国建筑工业出版社，2008．
[10] 乌云娜．项目采购与合同管理［M］．2版．北京：电子工业出版社，2010．
[11] 刘尔烈，刘戈．项目采购与合同管理［M］．天津：天津大学出版社，2010．
[12] 《建设工程项目采购管理》编委会．建设工程项目采购管理［M］．北京：中国计划出版社，2007．
[13] 徐杰．采购管理［M］．3版．北京：机械工业出版社，2014．
[14] 温卫娟，郑秀恋．采购管理［M］．北京：清华大学出版社，2013．
[15] 陈利民．采购管理实务［M］．2版．北京：机械工业出版社，2020．
[16] 周跃进．采购管理［M］．北京：机械工业出版社，2015．
[17] 秦小辉．采购管理［M］．北京：高等教育出版社，2014．